翻译名师
讲评系列

丛书主编 叶子南

A CASEBOOK IN

ENGLISH-CHINESE TRANSLATION

英汉翻译
译·注·评

叶子南 著

清華大学出版社
北京

内容简介

本书强调翻译的准确性，通过学生具体的翻译作业，以改错、讲解、提问、加注的方式，把英汉翻译中常出现的错误或其他问题提出来，并加以解决。文后还附有参考答案。另外，作者还针对文中涉及的具体翻译问题，用简短的方式，重点讲解相关的理论或技巧，使学习者不仅停留在"知其然"的阶段，还要达到"知其所以然"的水平。供讲解的文章多为200字到300字的英文节选，每篇文章构成一个短小精悍的单元，不至于使读者陷于冗长的阅读过程。

本书适合大学翻译专业学生、翻译从业人员及翻译爱好者阅读。

版权所有，侵权必究。举报：010-62782989，beiqinquan@tup.tsinghua.edu.cn。

图书在版编目（CIP）数据

英汉翻译：译·注·评 / 叶子南著. —北京：清华大学出版社，2016（2024.7重印）
（翻译名师讲评系列）
ISBN 978-7-302-44360-5

Ⅰ.英… Ⅱ.①叶… Ⅲ.英语–翻译–研究 Ⅳ.①H315.9

中国版本图书馆CIP数据核字（2016）第167545号

责任编辑：蔡心奕
封面设计：平　原
责任校对：王荣静
责任印制：刘海龙

出版发行：清华大学出版社
网　　址：https://www.tup.com.cn, https://www.wqxuetang.com
地　　址：北京清华大学学研大厦A座　　邮　编：100084
社 总 机：010-83470000　　邮　购：010-62786544
投稿与读者服务：010-62776969，c-service@tup.tsinghua.edu.cn
质量反馈：010-62772015，zhiliang@tup.tsinghua.edu.cn

印 装 者：三河市龙大印装有限公司
经　　销：全国新华书店
开　　本：185mm×260mm　　印　张：16.5　　字　数：379千字
版　　次：2016年7月第1版　　印　次：2024年 7月第10次印刷
定　　价：69.00元

产品编号：062862-04

丛书总序

面对目前翻译质量不尽人意的局面，我们感到有工作可做。

应该说，沿学术体系写的教科书为数已相当可观，有些在翻译教学上也起到一些作用。但是总体看来，汗牛充栋的教程、津要、指南、技巧目不暇接，却并未对学生翻译水平的提高有多大影响。

沿学术体系展开的翻译教学是否必要？当然必要；但这类翻译教学是否有效？却值得怀疑。教科书把翻译纳入体系讲解，但是翻译的实际情况从来都是纷杂繁乱、有悖体系的。过于条陈缕析、逻辑严密的教学对于学术研究至关重要，但却并不是指导翻译实践的最佳途径。学生会把系统的课堂知识机械地应用到纷杂的翻译实践上，结果他们脑子里总想着那些成体系的知识，却拿不出解决实际问题的方案。

这套丛书就是提供具体解决方案的。系列中的每一本书都从翻译实践出发，从具体的文本中引出点评、注释、分析、讨论的话题，如需讲技巧就讲技巧，若该谈理论则谈理论，不凭空营造议题，不刻意强谈理论。具体而言，书以单元编排，大部分的书每单元都以一篇短小的原文和学生或新手的译文开始，辅以简明扼要的点评，再加上一篇或多篇参考译文，最后是短文一则，或借文中问题发挥，或择宏观题目议论，语言浅显易懂，力避故作高深的长篇大论。

本丛书循循教导，指点迷津，是一套适合自学的读物，但它也是一套与众不同的翻译教材。丛书抛弃了从技巧、议题、理论切入的编排方式，让学生开门见山，马上面对文本。传统教材中讲解的方方面面，都自然地融汇在文本的分析、点评、讲解中，所涉内容广泛，点评深入浅出，议论提纲挈领。为方便起见，有的分册书后另附原文数段，供布置作业之用。教师可将这套丛书作为主要教材，也可当成辅助材料。

我们有幸邀请到翻译界几位著名专家撰写这套丛书。他们都是各自领域的顶尖人物，都有多年的教学或实践经验。可以说，丛书是这几位作者多年教学与实践的结晶。

读者若能从这套书中有些收获，进而提高了自己的翻译水平，那么我们的目的也就达到了。

叶子南
明德大学蒙特雷国际研究学院

序 言

在短短两百多页里，将英译汉的实践、技巧、经验、理论，用点评、讲解、欣赏、对比等多种形式囊括其中，信息容量巨大、分析无微不至、讲解深入浅出，一卷在手，英汉翻译的要旨几可尽收眼底。

本书的几个特点概述如下。编排分类一反传统做法，既不按题材分，也不照功能分，而是从文本质地着眼，将55篇短文，以单元形式分成四类，分类理念详见开卷短文"翻译文本分类新思路"。每单元含原文、点评、参考译文、短文。原文约200左右英文词，长文则分成多个单元。每单元均有文本定位，对文本背景及翻译策略作了简说概述。点评主要针对翻译的理解与表达，但也不放过原文语言难点。参考译文有时附上两篇，有时仅有一篇，视文本不同而异。一千字左右的短文谈难点、示技巧、传经验、说理论，脚踏实地、点到为止，无长篇大论之恶习。

本书意在一箭双雕，既可用来自学阅读，也能当作授课教程。单元短小精悍，忙碌的上班族不妨在地铁上择一单元细读。至于用作教材，本书也万事俱备，甚至附有英文短文数则，供练习之用。

书海浩瀚，百舸争游，在舟楫无数、白帆点点的书海上，作者邀你踏上这艘与众不同的翻译之舟，与它一道探索翻译的奥妙。走在这条跨文化的山阴道上，你定会应接不暇，不虚此行。

叶子南

明德大学蒙特雷国际研究学院

2016年4月

致　谢

本书写作过程中,得到不少帮助。我的同学、联合国高级译审蔡力坚先生阅读了大部分书稿,提出了宝贵意见。本校翻译专业学生刘畅和王靖蕊核对了全书。有些参考译文由于取自学生作业,历经多年,已和译者"脱钩",所以只写上"学生作业"或笔名,若谁能认出译文,可于重印时补上。有些原文的使用已获原作者书面同意,遗漏疏忽处,也可于重印时补上。编辑出版过程中,清华大学出版社蔡心奕女士认真负责,功不可没。最后,明德大学蒙特雷国际研究学院 Faculty Development Funds 也为本书的写作提供了资助。作者特向上述个人和机构表示感谢。书中谬误,文责自负。

使用说明

◇ 由于原文是节选，译者在翻译前应寻找可提供完整语境的全文。大部分情况下，读者都能在网上找到相关的全文。个别情况网上没有全文，但是所选原文一般不需要更大语境就能解读。

◇ 英文原文旁的学生译文没有大幅改动，原因主要是排版的考虑。若想进一步提高译文质量，就需要对译文做更多增删替换等改动，结果译文将呈现"大花脸"的样貌，不便读者阅读。读者可阅读参考译文以求更满意的译文。

◇ 书后所附的补充练习，可用来留作业。学生可以在网上找到相关的全文，以了解更大语境。翻译前应该就"文本定位""翻译目的""翻译策略"先有所讨论，然后再着手翻译。

翻译文本分类新思路

我们翻译的东西五花八门，比如翻译莎士比亚的十四行诗是一种翻译，翻译哈代的小说是另一种翻译，但是历史、地理、哲学、心理等方面的翻译却和前面的文学翻译完全不同，而科学技术的翻译和文史哲等也不相同，还有广告宣传的翻译更是独树一帜。总之，无法理出个头绪。但我们又必须有一个基本的分辨，因为不同的文本，翻译的策略与方法也不尽相同。

于是有些人就以文本的主题或题材来分类，如医学、法律、小说、农业、机械类等。这种分类有些作用，老师可分类讲解如何翻译，比如集中一段时间讲电脑相关文本的翻译，学生能基本了解这类翻译的特征。但这种分法并不完美，因为同类文本可能差异甚大，都是法律类的文本，翻译的方法可能完全不同，如一份法律合同的翻译和一个普法文本的翻译就很不同。

于是有些学者就想出了新办法，他们深入文本来看文本的功能，按照功能分类，于是种类就少了，如最常见的三分法：expressive，informative 和 vocative。结果五花八门的文本都被纳入这三类，如第一种所谓的"表述类"就包括文学等强调写作者个人特征的文本，而"信息类"则包括传达信息为主，文字本身并不重要的文本，而"呼唤类"则包括广告宣传类的文本。学者们认为，"表述类"的文本多强调写作者的特征，翻译时不能忽视了原文写作的精妙之处，比如这类文本一般最好保留原文的隐喻，因为也许隐喻恰恰是作者刻意营造的"卖点"。而"信息类"的文本则不必在乎原文的写法，关键是要传达原文的信息，译者应该排除原文的干扰，直逼信息。至于"呼唤类"的文本，就更不需要在乎原文的文字了，因为原文的目的在于影响读者，说不同语言的读者对同样的语言表达法反应可能不同，需要变换说法才能起到相同的作用。这些话乍一听都很有道理，但也有漏洞，谁说文学作品就一定都一个样，处处都要在细小处模仿原文？毕竟一个作品和另一个作品也会不同，很难千篇一律；谁说信息类文本中的语言就总是不重要？隐喻在信息类文本中有时也需要保留。至于广告类文本，其中的语言有时会是作者拿来"说事儿"的手段，若没有文化障碍，保留下来才能起到更好的宣传效果。总之，这类分法很有效，但也不是没有弱点。

我这里提出另外一个更为简单的方法：软文本和硬文本。其实在社科人文领域用隐喻特征很强的"软""硬"这一对概念来区别事物或现象并不罕见。最著名的就是哈佛大学政治学家约瑟夫·奈提出的"软实力"和"硬实力"，前者用价值观、文化、政策等手段吸引说服你，后者用军事或经济手段压服你。再如美国国内政治中的"软钱"和"硬钱"，前者指不受法规监管的捐款，后者指受法规严格监管的政治捐款。在文本分析中，用"软"和"硬"这种文本"质地"的差异来分有一个很大的优点："硬""软"这两个字的隐喻特征很直观，容易和实际的文本联系起来，而且很简单，只有两个选项。"硬"和"软"文本的特征如下：

"硬"文本	"软"文本
1. 词义边缘清晰	1. 词义边缘模糊
2. 词的解释余地小	2. 词的解释余地大
3. 文本个体特征弱	3. 文本个体特征强
4. 译者介入不宜	4. 译者常可介入
5. 句法逻辑严密	5. 逻辑严密非其特征
6. 标准常态语法为主	6. 常有非标准常态语法
7. 本土文化含量低	7. 本土文化含量可能高
8. 功能多为实用，常有功利目的	8. 功能多样，常无直接功利目的
代表文本：政治、法律、经贸、科技等正规文本	代表文本：某些诗文、杂文、讲说、广告等

显然，"硬"文本翻译时要非常注意原文逻辑思路的展开，不宜随便打破原文逻辑，选词要精准，译文不要突显个人风格，跳脱原文的机会相对少些，灵活度相对较小。而"软"文本翻译时不宜完全被原文逻辑牵着走，选词可有自己的特征，一些译文有个人风格，跳脱原文的机会较多，灵活度相对较大。当然，这是这两类文本的核心特征，而且这些特征也并不是相互排斥的，如"硬"文本特别注重逻辑的严密，但这并不是说"软"文本就没有逻辑可言。毕竟任何一个人在写作时都需要靠逻辑思维引导，否则那人就一定是思维混乱的"疯子"。但是我们毕竟不会在谈情说爱这类"软"文本中把逻辑思维发挥到极致，因为情书要打动女友，光靠滴水不漏的逻辑是不够的。另外，译者的介入也是不可避免的。翻译科技类的"硬"文本不应该像翻译散文那样不停地介入，但也不可能完全接受原文的思路和写法，译者不同程度地介入仍然是翻译过程中经常有的。概括地说，硬文本的翻译不宜过多受语境左右，因人而异的余地不大，软文本的译作则常会因人而异，成为特定时空的产物。从译者自由度的角度看，假如译者被锁在一间十平方的"牢房"中，硬文本译者也许有一平方的自由空间，软文本的译者就会有三平方的自由空间，而一个好的译者会尽可能利用这个空间；硬文本的译者允许活动的空间虽小，但是也不应该浪费了那一平方的自由天地。

有人会说，实际情况不可能仅仅是两类，灵活处理的程度毕竟会各不相同。我建议以这两个为基本选项，再创造出一个多元的格局，可有不同程度的"偏软""偏硬"等选项。活动余地也可在一平方和三平方之间不等。总之，一个学翻译的人，在翻译之前能通过一个基本的框架对所译文本有一个认识，找出文本的特征和与之对应的翻译策略，这是有益无害的。

本书正是从这个思路区分文本、编排单元的。

目 录

第一部分　软　文　本

1 Melodies Their Composer Never Heard (1) 2
　短文　软文本译者自由度探底
2 Melodies Their Composer Never Heard (2) 8
　短文　翻译的对等原则
3 Ansel Adams 12
　短文　摆脱原文的束缚
4 Susan Sontag 16
　短文　隐喻的解读与翻译
5 Nelson Mandela (1) 20
　短文　译文需要沿原文逻辑走吗?
6 Nelson Mandela (2) 24
　短文　到底要准确到什么地步?
7 If-by-whiskey 27
　短文　Bloody的译法是怎样决定的?
8 Three Passions 32
　短文　文学翻译是否可以发挥?
9 It's Cold Out There 38
　短文　翻译中的互文联想
10 Kingdom of Heaven 42
　短文　什么叫"够好了"理论?
11 Ronald Reagan Is Dead 47
　短文　译者有时要见细不查
12 O Baby, Baby 51
　短文　幽默等类杂文的翻译
13 A Sermon 56
　短文　如何翻译有鼓动宣传功能的文字?

14 Three Advertisements 61
　　短文　广告类文本翻译的大致原则
15 I Want Beauty in My Life 65
　　短文　文学翻译不宜过度解释
16 Foreword for *Here Is New York* 70
　　短文　保留原文的语言特色
17 El Dorado (1) 74
　　短文　浅谈翻译单位
18 El Dorado (2) 79
　　短文　身在文学心不在
19 The Story of an Hour (1) 83
　　短文　保留文学中的"异质"成分
20 The Story of an Hour (2) 87
　　短文　文学翻译是否应该归化?

第二部分　偏软文本

21 Reflects on Manchester (1) 92
　　短文　复杂长句的处理
22 Reflects on Manchester (2) 97
　　短文　文学语言俯拾皆是
23 Huntington on Terrorism 102
　　短文　Seal一词的隐喻图像与翻译
24 Gross National Product (1) 107
　　短文　翻译中的不可译问题
25 Gross National Product (2) 111
　　短文　动词名词化后的可数特征
26 American Geography (1) 114
　　短文　翻译中目的论的应用
27 American Geography (2) 118
　　短文　汉语的节奏和工整
28 The Polarized Mind (1) 122
　　短文　原文主观态度的强弱与翻译策略

29 The Polarized Mind (2) 127
　短文　"解包袱法"（Unpacking）在翻译中的价值

第三部分　偏　硬　文　本

30 The Dumbest Generation (1) 134
　短文　Shower和Bath这两个隐喻的处理
31 The Dumbest Generation (2) 138
　短文　看看能否抛弃隐喻
32 The Ancien Régime and the French Revolution (1) 143
　短文　翻译时借助百科知识
33 The Ancien Régime and the French Revolution (2) 148
　短文　英汉词典和英英词典的使用
34 The Splendor of Greece (1) 152
　短文　词性不同词义不变
35 The Splendor of Greece (2) 157
　短文　Dark一词的不同隐喻含义
36 Possible Unification (1) 161
　短文　翻译时不宜过度关注细节
37 Possible Unification (2) 165
　短文　我的译文我做主
38 The West: Unique, Not Universal 169
　短文　翻译中的连贯问题
39 Crop Evolution and Human Civilization (1) 175
　短文　Develop一词的翻译
40 Crop Evolution and Human Civilization (2) 179
　短文　理论在翻译实践中是否有作用？
41 Genetically Modified Food (1) 183
　短文　并列语言单位的处理
42 Genetically Modified Food (2) 187
　短文　借助上下文解读原文语义
43 The Saddest Period of My Life (1) 190
　短文　翻译中句子焦点的转换

44 The Saddest Period of My Life (2) 195
　　短文　守住标准汉语这个底线
45 The Saddest Period of My Life (3) 198
　　短文　对照两位大师的译文
46 Race in the United States 203
　　短文　Force一词的理解和翻译
47 The Loss of Public Sanity 208
　　短文　读社科文章未必味同嚼蜡

第四部分　硬　文　本

48 Guide to E-Business Integration 214
　　短文　计算机及网络相关文本的翻译
49 Memorandum of Understanding 219
　　短文　正规文本翻译较死板的原因
50 China's WTO Accession (1) 223
　　短文　正规文本的句型转换
51 China's WTO Accession (2) 227
　　短文　关于address这个词的翻译
52 Infrastructure Investment (1) 231
　　短文　By doing结构的处理
53 Infrastructure Investment (2) 234
　　短文　硬文本翻译中句型转换的原则
54 A Protocol (1) 238
　　短文　翻译议定书等正式文本的注意事项
55 A Protocol (2) 242
　　短文　Interest一词的意思和翻译

附录：补充练习 247

第一部分
软文本

这类文本中，作者都有明显的个人态度，语言主观因素较强，因此翻译时不宜过度规范，译者发挥主观能动性的机会较多，能否灵活处理会是翻译成败的关键。但是灵活不等于任意发挥，所以译者仍需松紧有度，把握适当。

Melodies Their Composer Never Heard (1)

▶ 原文

It is wrong to think of Beethoven as purely a musician. Had he destroyed his manuscripts, including that of the glorious Fifth Symphony, there would have remained the life-story of a man whose character was supreme in resistance of evil, and in defiance of the blows of fate.

Often, as his letters show, his powers of expression overflowed the bounds of the medium which he mastered. He might have been a poet, and his command of language was such as might well have aroused the envy of accomplished men of letters. His will, written at a time when he thought that death was very near, is a magnificent human document; probably the greatest of its kind that has ever been penned.

Men who possess great character as well as genius have always been sure of their worth to the world. With them a powerful natural pride takes the place of the empty conceit of the charlatan. Keats knew that he would be among the world's famous poets after his death. Shakespeare expressed his foreknowledge of his own immortality. There are many episodes in Beethoven's life that illustrate this serene self-confidence of the truly great.

(原文出处不详)

✎ 批改

~~单纯地~~只把贝多芬看作音乐家是不对的。即便[1]他毁掉了自己的手稿，包括[2]最知名的第五交响曲，他的生平故事依然因其抵制邪恶、藐视命运打击的崇高品格而打动世人[3]。

从他的信件中，我们发现他的表达力远远超出其所掌握的表达技巧[4]。他本可能[5]是个诗人，因为他对语言的驾驭是如此的娴熟，乃至引发了知名文人雅士对他的嫉妒[6]。当他感到死亡即将降临时所写下的遗嘱，是一部气势磅礴的人类文件[7]，或许是有史以来最伟大的作品[8]。

品格高尚的人和天才对于自己对世界的价值总是充满自信[9]。在他们身上，由内向外散发着[10]一种强大的自豪感，而在江湖骗子身上看到的只有目空一切的自负。济慈知道，他死后或许会成为世界上最有名的诗人。莎士比亚也预见到~~了~~自己~~的~~能千古垂名。贝多芬一生中的许多故事都彰显了这一伟大人物[11]对自己的坚定信心。

文本定位 本单元和下单元的文本主要介绍音乐家贝多芬，其中有信息内容，也有赞扬之语。译者的态度倾向明显。这类文本属于软文本，翻译的时候不应该太谨慎，译者应该把行文掌握在自己手中，不应过多被原文牵制。

Melodies Their Composer Never Heard (1)

★ 点评

1 这里的 had he destroyed...there would have remained 是一个与事实相反的虚拟语气，可用不同的表达办法，如"即便他毁了……仍然有他的""如果当初他毁了……仍然有"都可以考虑。destroyed 一词不译似乎也可以，如"就算是没有……仍然有"，但会有争议。

2 在正规文本中，如法律、商贸等较硬的文本，一般都保留"包括"这个词，不宜省略，就算换掉或省略这个词句子大意不变，仍应在译文中保留 including 这个词。但是在软文本中，这个 including 到底要不要保留，就应由译者根据情况决定，比如此处完全可以不用（就算没有他的音乐，没有那光辉灿烂的命运交响曲）。这个语言的结构基本属于语言体系，...something, including... 已经成为一个固定结构，但结构本身没有什么意义，所以软文本中未必要遵循这个结构。在硬文本中，目前有一个倾向，就是尽量保留原文的结构，以期最大程度地避免语义失真，结果我们就反复不断地看到"……，包括……"这个结构。

3 这句处理得基本到位，当然仍可有完全不同的处理方法，如"他留下的也将是一段人生历练的故事，故事里的主人公坚韧顽强，与命运一次次的打击抗争到底""他也仍是一位具有崇高人格的伟人：敢于直面恶魔，勇于对抗邪恶，直面命运的打击"。总之这样的句子译者必须灵活处理，没有固定的译法。要注意的是，句子中有的词应该抓住大意，忽略细节，不必斤斤计较，如 glorious 这个词，"辉煌"也好，"气势恢宏"也罢，都可考虑，其至本译文的"最知名的"，虽然会有争议，但是原词赞扬的大意未变。Supreme 这个词也是一样，参考译文翻译成"不同凡响""可圈可点"都可接受，至于本译文的"打动世人"虽不算大错，但汉语的词义和 supreme 并没有直接的联系，值得商榷。

4 这句理解有问题。译文说"表达力超出表达技巧"，这是将 powers 和 medium 都看作是语言了。但是原文的 the medium which he mastered 应该是指贝多芬擅长的音乐，即他总的表达能力并不局限于音乐领域，其他方面也擅长，而根据这个上下文，作者这里要强调的是语言的表达能力。

5 这里的 might have been 当然是表示与事实相反，"本可以"不错，但有未成诗人略有遗憾的潜台词，用"完全可以是个诗人"似乎更好。至于"成为一个诗人"和"是个诗人"，严格按照原文来说，应是"是"（have been），而不是"成为"（have become），但这个差异在这里不重要。

6 本句的 might well have aroused 和前面的 might have been 一致，所以表达时应该将这个与事实相反的口气表达出来，译者这里用"乃至引发了知名文人雅士对他的嫉妒"就明显地在说嫉妒是事实，关键是"了"的使用有问题。其实译者未必要用"本会"（引起）

这样明显的表达与事实相反的词，上下文可以把这个意思表达出来，如参考译文二"他完全可以是位诗人，他驾驭语言的能力已经炉火纯青，足以让名作家心生妒意"，虽没有用"本会"，但意思仍然清楚，关键是不能用"了"。另外，was such as 给译者无限空间，可译成"娴熟""高超""炉火纯青"等都可以，甚至参考译文一什么都不用也可以："他对语言的掌握足以引起名作家的妒嫉"。

7 这里的 a magnificent human document 也需要推敲，magnificent 当然可有很多选择，但是也必须和语境相符，这里在说遗嘱，所以"气势磅礴"这种宏大的字眼就和遗嘱不相符，一个自感临近死亡的人，怎还会有气势磅礴的口气？其实这样的文本中，这类词分量较轻，不必太计较，简单的一个"佳作"（magnificent human document）就差不多，human当然可提出来放到另外的地方。还有，最好不要见到 document 就用"文件"，可以替换的词不少。当然这与文本的性质有关，在正规文本中，这个词大部分情况下翻译成"文件"是应该的。

8 "有史以来最伟大的作品"和原文有出入，因为原文仅说是 greatest of its kind，也就是说，这类文本中最好的，而译文似乎是所有作品中最好的。另外，也不能说"有史以来"，而要限制在 that has ever been penned 的范围内，就是诉诸笔端的这类文字中最佳的，即"可能是付诸文字的同类作品中的顶尖作品"。

9 这句中至少有两个问题。首先，"品格高尚的人和天才"在译文中成了两种人，但是在原文是一个人身上所具有的两种品质，所以说是错译，应该是"有超群天才和卓越人格的人"。另外，sure of their worth to the world 翻译成"对于自己对世界的价值总是充满自信"当然并不错，但是比较累赘。这里这个"世界"说不说都无所谓，仅仅说"确信自己的价值""自信自己的重要性"等都和原文的意思接近。当然这又要看语境和翻译目的，在一些硬文本中，人们一般的做法都是照样翻译过来，但有时译者应"因地制宜"。若将这部分翻译成"总坚信天生我材必有用"，就大意而言并不错，汉语的"天生我材必有用"源自李白的《将进酒》，表达人生下来就必有用处的意思。我们不完全排除这样的翻译，但是觉得这句汉语有强调生下来有用的意思，和本文不完全相符；此外，完全按原样把原诗搬到译文中还会有行文不协调的问题，所以贴近些原文的译法未必不行："确信自己的价值"。

10 "由内向外散发着一种强大的自豪感"基本意思并不错，但是原文的 natural 用"由内向外散发"表达值得商榷。这句的大意应该和后面的半句对照，即 the empty conceit of the charlatan，意思是说喜欢向外张扬显露自己，但自己却偏偏没有什么货色。而这部分就刚刚相反，确实有傲气，但是人家有傲的资本，而且人家不张扬，那傲也显得非常自然，不做作、不故意张扬，就那么自自然然地流露出来。根据这样的理解，我觉得首选不必躲开"自然"这个词，就说"骄傲来得自然"也未尝不可。而 powerful 一词是表示程度的，用"强大的"很牵强，若不便安排，略去也无伤大雅，因为这毕竟不是什么重要的词。参考译文二译成"天才人物的高傲却流露得毫无嚣张之嫌"，大意并不离谱，却有勉强添加之嫌，还不如说"流露得自然"。

11 用"这一伟大人物"来翻译 the truly great 可商榷，因为英文由 the + *adjective* 这个词组一般指一部分人，而不指一个人，如 the rich, the poor 等都在说一部分人，所以翻译成"表现出伟人的自信"更合适。句中的 serene 和前面的 natural 有关联，与半桶水晃来晃去、大肆张扬的人相反，伟人稳重、沉静、自信。万一不便安排，把修饰关系转换成并列也是一个解法，如"沉静与自信"。

参考译文一

认为贝多芬仅是音乐家是错误的。若他将所有的乐谱都毁掉，包括那辉煌的第五交响乐，我们仍然还有他的生活故事，他的人格在抗拒邪恶和蔑视命运打击过程中仍然不同凡响。

正如他写的信件所显示，他的表达能力常超出他得心应手的音乐领域。他完全可以是位诗人，他对语言的掌握足以引起名作家的妒嫉。当觉得死亡已临近自己时，他写下了遗嘱，那是一份杰出的人类档案，可能是付诸文字的同类作品中的顶尖作品。

有超群天才和卓越人格的人非常确定他们对世界的价值。对他们来说，自然流露的高傲取代了浮夸者空洞的自负。济慈知道他死后将会名列著名诗人之列。莎士比亚也预知他自己会永世流传。贝多芬的生活中有无数的插曲，记录着真正伟大人物沉静的自信。

（学生作业）

参考译文二

不能认为贝多芬仅是音乐家。就算没有他的音乐，没有那光辉灿烂的命运交响曲，他的一生仍然光辉灿烂，他不向邪恶妥协、不向厄运低头的人格魅力也已可圈可点。

只要读一下他的信件就不难发现，贝多芬不仅只会借曲抒怀。他完全可以是位诗人，他驾驭语言的能力已经炉火纯青，足以让名作家心生妒意。当觉得自己将不久于人世，他写下了遗嘱，那一纸掷地有声的文字可谓是人世间同类文字中的顶尖作品。

集天才智慧和超群人格于一身的人总确信自己的价值。江湖术士有的是浮夸与自负，而天才人物的高傲却流露得毫无嚣张之嫌。济慈知道他死后定能名列大诗人之列。莎士比亚自言会永世留名。而贝多芬一生中无数次表现出伟人的坦然与自信。

（叶子南译）

> 短 文

软文本译者自由度探底

我们常谈翻译的准确性、准确的程度，有时"准确"这一要求还会受文本外因素的影响。也就是说，"准确"这一概念是动态的，没有一个放之四海而皆准的原则，或者说脱离了具体的文本，很难讨论"准确"这个议题。现在让我们用"软文本"为例，从译者自由度的角度讨论翻译的准确性。

应该说，和硬文本相比，软文本中译者享有的自由度要大得多。说自由度大，并不是说译者有无限自由。在某一点上，仍然需要划出一条红线，警告译者，越过这条线就可能很难称为翻译。让我们用贝多芬这两个单元中的一些句子为例讨论：

1. Destroyed：将所有的乐谱都毁掉 vs 就算没有他的音乐
2. Supreme：他的人格……不同凡响 vs 人格魅力……可圈可点
3. Magnificent：辉煌的文件 vs 顶尖作品
4. Last：最后一个微不足道的小事 vs 这微不足道的插曲最终让……
5. A powerful natural pride：自然流露的高傲取代浮夸者空洞的自负 vs 江湖术士有的是浮夸与自负，而天才人物的高傲却流露得无嚣张之嫌
6. Sure of their worth to the world：品格高尚的人和天才对于自己对世界的价值总是充满自信 vs 集天才智慧和超群人格于一身的人总坚信天生我材必有用

这篇文章属于软文本，译法可比较灵活。总体来说，参考译文一比较拘谨，参考译文二比较灵活，也更具可读性。文中有些译法偏离原文，如第一个例子的destroyed一词，参考译文一用"毁掉"，译文二则用"若没有"，根本不是原文那个词的意思，但是在上下文中并无不妥。第二个例子中无论是"不同凡响"还是"可圈可点"都是说他好，此类软文本中不用对这种差别太计较。第三个例子中的"辉煌"和"顶尖"都说作品好，译者也不必把它们放到显微镜下察看甄别。第四个例子中的last转换成"最终"似乎也不错，未必要死盯着"最后"这个词。所以，一般的形容词在不是以语言取胜的软文本中，真不必太计较。如果译者不停地推敲magnificent怎么翻译，花去大量时间，那实在是杀鸡用牛刀。原作者随便用了个形容词，他本可以用另一个同义词，甚至有数个选择，但他那天没有推敲，就用了magnificent，译者何必大动干戈？在这类软文本中，译者应有些自由。

再看第五个例子。原文的a powerful natural pride看似简单，但是中文表达颇费思量，总不能译成"强大的自然的骄傲"吧？于是译者就开动脑筋，希望找出一个意思和原文差不多，但是又不受原文结构约束的译法。参考译文一译成"自然流露的高傲取代了浮夸者空洞的自

负",这里添加了"流露"似无不妥。另外,译者若实在感到无法将powerful这个词加进去,省略也无大碍。在一篇牵涉政治经济的正规文本中,译者也许应保留这个词,但是这里保留的压力就不那么大,因为该词无非就是增加骄傲的程度,而程度在这样的语境中并不太重要,我们应给译者这个自由。再看译文二,"天才人物的高傲却流露得毫无嚣张之嫌",这里译者非常自由。和上面的译文一样,这里也未译powerful一词,也添加了"流露",对此不必苛求。但是这个译文最让人警惕的是"无嚣张之嫌"。这是原文根本没有的文字。原文中与natural对应的就是empty conceit,或者说,下面的serene似乎也与natural有关。conceit一词有自负自大、不切实用、花哨的意思,用"不嚣张"翻译其相反的意思似乎也并无不妥。看看下面的例子,济慈、莎士比亚等都是很自傲,却又不让人觉得嚣张的人物。但这样解释性的翻译,过多依靠上下文,自由度显得大了些。最后看第六个例子。把sure of their worth to the world译成"坚信天生我材必有用"其实也有值得肯定的地方。贝多芬和李白一样都是天才人物,贝多芬非常确定他对世界的价值,这和李白的"天生我材必有用"真是差不多。但是将李白原句直接搬入贝多芬的语境中,却似不妥当。简言之,在最后两个例子中,上面自由的译法已经在"红线"边缘,译者的自由度应开始收敛。即便这是软文本,也应该亮起红灯,不能往前走了。**至于这两个自由的译法能不能用,也许会有不同看法,但大家可能都会同意应该向译者亮起红灯。**

奈达曾认为阐释就是翻译,解释一下并无不妥(与作者的个人谈话)。但是,奈达是在帮助译者摆脱原文束缚的前提下说这话的,这个观点不应拿来为过度自由译法背书。

Melodies Their Composer Never Heard (2)

▶ 原文

Perhaps the most striking of these is that in which another eminent man is shown in a moment of weakness. Once, when walking through the streets of Weimar, Beethoven and Goethe became aware that the Imperial family, accompanied by a glittering cavalcade of courtiers, was approaching them. Goethe instantly removed his hat and stood with bowed head. In his anxiety to show his respect to royalty, he neglected to answer a question that Beethoven had just put to him.

Perhaps it was this last trivial circumstance that set off the fiery spark of indignation in Beethoven, who under ordinary conditions would have acted just as one of the crowd. Keeping his hat on his head, he strode through the princes and courtiers and boldly faced the Emperor and Empress. Greatness of two different kinds exchanged mutual glances of respect, but it was the Emperor who bowed first to the famous Beethoven.

（原文出处不详）

✎ 批改

其中最为鲜明的对比是另一显赫人物在他面前所表现出的片刻懦弱¹。当时，贝多芬和歌德一起走在魏玛大街上，发现皇室成员在王公大臣的 ~~护卫~~ 陪同下正朝他们走来。歌德立刻摘下帽子，立正鞠躬。因急于表现对皇室的敬意 ~~重~~ 而忘记²回答贝多芬刚刚问他的问题。

通常，他也会和人群中其他人有同样的举止³，但歌德这一看似毫不起眼的举动却点燃了贝多芬心中的火花⁴。~~于是~~他戴着帽子，大步穿过王子 ~~和~~、大臣 ~~们的队伍~~，勇敢地朝着 ~~皇帝皇后~~ 国王和王后⁵走去。两种不同类型的伟人相互交换眼神，以示敬意⁶，但却是国王首先向伟大的贝多芬鞠躬致敬。

★ 点评

1 说"对比是……的片刻懦弱"汉语不通，有逻辑和语法问题。本句中的 these 是指前面第一部分的 many episodes，所以可借语境引申为"自信"。表达这句，关键是要把两个放在一起对比，然后显出这个自信，所以可译成"这种自信在与另一位名人的懦弱对照时便显得尤为突出"，其中的最高级（most striking）未必要还原成最高级。

2 原文的 neglected to answer 容易翻译成"忘记回答"，但是这个语境中"忘记"一词不很合适，因为汉语的"忘记"常是有一段时间的间隔，如你昨天让我还你书，可我忘记了。

Melodies Their Composer Never Heard (2)

但是这里发问和回答仅仅是几秒钟之内的事,最好避免用"忘记",如参考译文二"竟然置问题于不顾",或译成"没顾上"或索性不译这个词,如参考译文一"竟没有回答贝多芬的问题"。当然这是个小问题,指出来仅为提醒大家关注细节,同时也提醒大家有些词可不译。

3 文中 who under ordinary conditions would have acted just as one of the crowd 这个定语从句被放到前面了,这样处理完全可以,但也可以和原文一样放到后面,如参考译文一"也许正是这最后一个微不足道的小事燃起了贝多芬胸中的愤怒。若在平时,他的举止会和众人一样"。这一点主要应该看汉语怎么写更自然,前后位置不重要。另外,would have acted just as one of the crowd 可以和原文一样抽象地翻译,如"举止会和众人一样",但似也可以具体地翻译成"会像众人一样向皇室脱帽致敬",不过前者更合适。

4 "这一看似毫不起眼的举动却点燃了贝多芬心中的火花"中"火花"一词的选择值得商榷。此处关键词 indignation 有激烈、爆发的性质,而汉语中的"火花"总是和小规模的活动相匹配,而且常常是正面的词,不是负面的,如"爱情的火花""创造的火花"。其实 spark 这里更强调"点燃"的意思。最好用"燃起了怒火""激起了愤怒"等。另外,鉴于原文的 last 有一连串中最后一个的意思,译文甚至可以写成"最终让贝多芬忍无可忍"。当然这是小问题,不影响大意的传达。

5 一般情况下,在王国中我们有国王和王后(kingdom, king and queen),但在帝国中我们有皇帝和皇后(empire, emperor and empress),所以这里最好译成"皇帝和皇后"。另外,boldly 未必一定要翻译成"勇敢地",换个角度翻译成"面无怯色",或如参考译文二略加解读翻译成"不卑不亢地"都可以考虑。

6 greatness of two different kinds 这个直译似乎也行,如"两种不同的伟大",但矛盾在于伟大不是人,无法交换眼神,就算是启动隐喻思维,也比较难自圆其说。所以这里译者加上"人"似乎可以摆脱困境(两种不同的伟人)。但是这一变化也会有些小问题,因为汉语的"伟人"都是非常正面的,可是原文的 greatness of two different kinds 却未必都是正面的,我们觉得作者对贝多芬的肯定似乎比较明确,但对于皇帝是否持那么肯定的态度,肯定到要用"伟人"形容,并不明显。所以这就引出了第三种译法,即在原文的基础上添加一个原文没有的隐喻,如参考译文二"权势的巅峰与艺术的高山礼貌地互视对方",这个隐喻中"权势的巅峰"的正面程度就相对含糊了,而"艺术的高山"却明显是非常正面的。当然也可以译成"身份完全不同的两个大人物"。

参考译文一

　　这种自信在另一位著名人物表现出懦弱的时刻得到最佳展现。一次,贝多芬和歌德走在魏玛的街上,此时他们看到一队皇室人马在众臣的簇拥下走来。歌德马上脱帽,低头立于道旁。他因急于对皇室表示敬意,竟没有回答贝多芬刚刚向他提的一个问题。

　　也许正是这最后一个微不足道的小事燃起了贝多芬胸中的愤怒。若在平时,他的举止会和众人一样。但这回他却戴着帽子,大步走过皇室成员和众大臣,大胆地面对着皇帝和皇后。两种不同的伟大交换了尊敬的目光,但却是皇帝先向著名的贝多芬欠身致意。

（学生作业）

参考译文二

　　这种自信在与另一位名人的懦弱对照时便显得尤为突出。一次贝多芬和歌德走在威玛的街上,见到一队皇家人马在众大臣的簇拥下走来。歌德马上脱帽站在一旁,低头致意。恰在同时贝多芬向他问了个问题,而歌德只顾得对皇家示敬,竟然置问题于不顾。

　　通常情况下,贝多芬本也会随规从俗,但可能正是这微不足道的插曲最终让贝多芬忍无可忍。他不顾免冠致礼那一套,大步走过王公大臣,不卑不亢地直视皇帝皇后。权势的巅峰与艺术的高山礼貌地互视对方,不过倒是皇帝先向贝多芬欠身致意。

（叶子南译）

短文

翻译的对等原则

　　"对等"不是什么新概念,自从有翻译以来就有这个概念,只是没有用这个术语。**用最简单的话说,对等就是在原文和译文之间建立起对等的关系**。用经贸语言说,原文的价值如果是十元,那么译文的价值也应该是十元,比如Monterey is in California这句话翻译成"蒙特雷在加州"就是对等了,价值等同。

　　但是上面只是个简单的例子,复杂的情况就不好说,比如But if you look back at the sweep of history, it's striking how fleeting supremacy is, particularly for individual cities这句译成"然而你若纵观历史,便会惊觉兴盛繁华转瞬即逝,城市的兴衰更是弹指间的事",这算不算对等? 推崇这种译法的人会说,这当然是对等,因为原文实际的意思就是译文呈现的意思,求翻译对等未必要在文字上对应,有人甚至用比喻的语言总结说**"翻译家的债务就是要偿还同样的数额,**

而不一定要用同样的钱币"。换句话说，对等应该是意思的对等，不是语言表面形式的对应。著名翻译理论家奈达把这种对应称为"灵活对等"，后来别人说他用"灵活"不科学，于是他又改为"功能对等"，但实际他的观念根本没变。

可是有些学术界的人却说，"对等"这个概念误导人，它让人们相信，语言之间确实有对等存在。他们认为，没有绝对的对等，文本从一个语言转换到另一个语言时，词句的意思已经失真。信奉对等的人却回应说，我们并没有说绝对的对等呀！我们只是说，原文和译文之间总该有一个对等的关系，未必绝对，近似对等总该争取吧？没有对等的话，那还不乱套了。译者动笔时，总得有个参照的东西，什么都没有的话，就成创作了。所以连劳伦斯•韦努蒂都认为**"没有这种对应观念就没有翻译。或者说那不是翻译，只能是阐释、戏仿或改编，等等"**。（见"劳伦斯•韦努蒂访谈录"，《中国翻译》2013年第6期）

但是，对等理论遭遇的挑战还没结束，"目的论"的信奉者也对"对等"概念发起进攻，认为对等理论两眼紧盯着文本，好像翻译时所有的东西都在文本中，却忽视了最重要的一个因素，即翻译的使用者。他们认为，**在实际翻译中，我们虽然看着文本翻译，但是我们不得不时刻想着译文的使用者**，而且在具体处理译文时，需要根据使用者的要求，做些改变。（详见本书有关目的论的短文）

我们初学翻译的人，对于这些不同的观念都可以听一听，因为这些观念多少对翻译会有些帮助。但是翻译毕竟是要把一种语言中的意思转换到另一种语言中去，把原文和译文在语义，甚至更多层面上对等起来，应该是译者努力的目标。就算达不到绝对的对等（精准），尽可能接近对等总应该可以吧？况且，有些情况下译者取得的对等和绝对对等也相差不多，比如说China is in Asia翻译成"中国在亚洲"，应该不算太失真吧？

③ Ansel Adams

▶ 原文

Ansel Adams was fundamentally self-taught as a photographer—as were most of his important contemporaries. Also like them he did his first important work as an amateur. Adams continued in this provisional mode for a decade before committing himself, when he was twenty-eight, to a life in photography.

In the absence of the authority provided by a master, or the prescribed curriculum of a school, the character of the artistic world in which the novice begins his work, and in which his education progresses, is especially important. It is in this various and contradictory resource that he is likely to find the clues that will lead him to his own formulation of artistic truth.

(A promotional text for an art exhibition)

✎ 批改

安塞尔·亚当斯基本上是个完全自学成才的摄影师——正如[1]他大多数重要的同代人[2]一样。也像他们一样[3]，他是以业余摄影师的身份接的第一份重要工作[4]。亚当斯整整做了十年的业余摄影师[5]，28岁的时候才决定把整个人一生投入奉献给摄影事业。

在既没有大师的权威指导，又没有学校规定课程规范的情况下[6]，初学者所处艺术世界的特性就显得格外重要，因为他们要在这里开始工作，也要在这里磨炼技能[7]。正是在这多彩[8]而充满矛盾的环境里，他才有可能找到线索，引导[9]他挖掘出属于自己的艺术真理[10]。

文本定位

文本选自摄影展中的摄影师介绍。由于直接放在展厅的入口处，所以文本有几分宣传介绍的色彩，不过语言基本平实，没有过度华丽的文字，无文字取胜的倾向。文本质地属软文本，或偏向软文本。译者应灵活处理。

★ 点评

1 "——正如"这个原文的结构照原样放在宣传介绍性的文本里不好。处理时译者应有更多自由。见参考译文。

2 应指同时代的摄影师，不是同代所有的人。这个不依靠上下文也应该清楚，因为不可能大多数同代人都靠自学，科学家、医生、律师的同代人就不可能自学。

Ansel Adams

3 意思当然没有问题，但刚刚用了"一样"，马上再用总非上策。不要被原文的结构束缚。翻译不仅需要意思正确，行文也很重要，特别是这类起宣传作用的文本，就更要把读得顺畅这点考虑进去。

4 尽量不要把 as 译成"以……身份"。另外原文没有"接工作"的意思。大意是第一个作品问世时，还只是业余摄影爱好者。work 当可数名词时，一般是作品，不是工作。

5 译成"业余摄影师"也可以。但也可用词性转换法换用动词，如"业余摄影创作十年"。

6 意思应该没错。但原文的 authority 最好不译成"权威"。这个词的一个意思是 a reliable source of information (provided by a master)。另外，"大师指导，课程规范"是并列的，所以译者应该尽量照顾到汉语的平衡，前面"大师指导"四个字，后面"学校规定课程"六个字就有压缩的空间，前者是主谓结构，后者为名词短语，也有改善空间。其实译文"在……下"这个结构也可调整，因为"在"和"下"中间居然有 24 个字，太长，译成"由于既无大师指导，又无课程规范，初学者……"意思和原文一样，school 未必要译出来，因为"课程"就暗示学校。

7 尽管这句原文没有"因为"的意思，但是在这类文本中，添加这个连接词可以考虑。另外 education 一词在此处基本就是自己学习，自己琢磨，自己进步。所以"教育"一词不用也可以。

8 翻译成"多彩"未必不行，但是"彩"字仍可商榷，"多元"更合适。

9 过去严格的语文老师不让用前半句的宾语（线索）当后半句的主语（线索引导），但目前这类句子常看到。最好多观察一下语言是否在变化，尽量避免这类句子。

10 很有意思的隐喻变换，原文的 lead to the formulation，这里译成"挖掘"。这个译文勉强可接受，但最好还是用"引领"之类的词。另外在理解上，formulation 应该是 entity，不是动作"形成"，因为采用隐喻思维，原文的 formulation 是你可以被带去的地点，就像我们可以 lead you to a room 一样。当然译者翻译时不用按这个思路翻译。最后，有人将这句译成"获得灵感"，不合适，因为 find the clues 是寻找的过程，灵感是突然感到的。还有，artistic truth 是美学领域会用的词，如"康德的艺术真理""艺术真理和科学真理"等说法。此处可以翻译成"艺术真理"，但是也可以用其他的译法，因为这不是专业文本，而是有不少宣传性质的文字。

参考译文一

　　摄影家安塞尔·亚当斯可谓无师自通——大多数与他同辈的摄影名家都是如此。也和他们一样，亚当斯拍摄第一部作品时只是业余爱好者。他保持这一非正式的身份有十年之久。随后，在二十八岁时，他决意将毕生精力都奉献给摄影艺术。

　　初涉创作的新手，如果既得不到大师的权威指导，又无法去院校学习指定的课程，那么艺术世界对他的熏陶和塑造就显得尤为重要。正是在这片多姿多彩而又矛盾频生的天地中，他摸索前行，最终形成个人独特的艺术真理观。

（学生作业）

参考译文二

　　安索·亚当斯和当时许多重要的摄影大师一样，基本上也是一位无师自通的摄影师。另外，他和这些艺术家还有一点相同，第一个主要作品问世时，也只是一个业余摄影爱好者。亚当斯业余创作历经十载，终于在二十八岁时决意毕生投身摄影事业。

　　由于没有大师指点，又无课程规范，新手在艺术世界里开始创作，自学进步，因此这个艺术世界的特性对他尤为重要。这种自学的环境免不了纷杂与矛盾。但唯其如此，他才可能摸索出那条引领他形成自己艺术特色的道路。

（叶子南译）

短文

摆脱原文的束缚

　　本单元有这么一句Adams continued in this provisional mode for a decade before committing himself, when he was twenty-eight, to a life in photography，有人译成"亚当斯在这种<u>临时的状态下</u>持续了十年，然后在二十八岁时全心全意投入摄影事业"。应该说这个译文意思不错，译者也不是没有灵活的地方，比如before这个词的处理（然后）就很灵活。但是，其中in this provisional mode的译法（这种临时的状态下）就显得生硬。考虑到本段是选自摄影展的欢迎辞，所以应尽量避免文字拘谨。

　　参考译文二就完全避开了原文的束缚："亚当斯业余创作历经十载，终于在二十八岁时决心毕生投身摄影事业"。所谓"临时的状态"，在上下文中已经很清楚，就是指业余摄影，所以译者索性用"业余创作"。一般情况下，如果译者的眼光能超出句子本身，到上下文中去寻求解读的依据，往往就能摆脱原文文字的束缚。原文越是具有人文色彩，越能从周围的语境中寻求帮助，而相对来说比较正规的正式文本，即所谓的"硬"文本，往往不宜过多借助语境的帮助，因为政经法之类的文章中词和专业短语都是约定俗成、概念清晰的，过多的语境解读会导致潜在的问题产生。像in this provisional mode这个词组，在正规文本中，如法律、经贸、科技文本中，翻译成类似"临时模式"的可能性就很大，而过多地解读，完全抛弃表面文字的译法往往不是翻译那类文本的常态。倒不是完全不可能，只是大多数情况下不背离原文的译法似乎更多地被大家采用。

然而，需要强调的是"摆脱原文束缚"是翻译的永恒主题。尽管有时我们需要贴近原文才能更精准地表达原文的意思，但是在译者的基本训练中，最关键的一环仍然是如何摆脱原文的束缚。比如下一单元Susan Sontag中有这么一句But in their separate ways, both were nourished by the endless possibilities offered by their native city. 若翻译成"虽然两人的道路截然不同，但是他们都是在自己家乡所提供的无限机遇中成长起来的"，当然意思差不多，但是这类文本并非一定要贴近原文，译者可以有自己的选择。参考译文二的处理就脱离了原文的束缚"但是尽管走的路不同，两人却都从家乡获得了无尽的机遇，从纽约吸取了充足的养料"。译者未必一定需要这样翻译，但至少应该知道也可以这样灵活处理。

越是"软"文本，译者就越有机会脱离原文的束缚，翻译时更能灵活处理。

4 Susan Sontag

原文

In its tough, often remorseless way, New York is a crucible for every manner of talent. Some of the talented young are swiftly defeated, and retreat into more ordinary lives. Others are shooting stars, here and gone. Those made of sterner stuff last longer, and it helps if they have lived on our streets. Two such people were Susan Sontag and Jerry Orbach, who died within days of each other. Each was born in New York, went away as a child, and returned to stay. They lived and died as members of the same tribe, the New York tribe.

On the surface, of course, they seemed to be inhabitants of entirely different worlds. Sontag was the severe Manhattan-born intellectual. Orbach was out of the Bronx, a song-and-dance man at the beginning who would become one of the durable stars of dramatic television. But in their separate ways, both were nourished by the endless possibilities offered by their native city.

From *The New York Times*

批改

纽约是各方[1]人才的大熔炉[2]，这里的生活既艰难又无情[3]。有些青年才俊很快就被打败了，只能回归到更平凡的生活中去。还有些人的成功犹如流星般一闪即逝。在我们这条街上住过能[4]帮助那些内心坚强的人[5]在纽约生存更久。这其中就有[6]苏珊·桑塔格和杰瑞·奥巴赫。他们两个在几天之内相继去世。他们都生在纽约，儿时离开，后又回到那这里生活。无论出生[7]还是死亡，他们都是纽约人[8]。

当然，从表面上看，这两人似乎生活在完全不同的世界里。桑塔格是在曼哈顿艰难的环境下出生的知识分子[9]。奥巴赫则出生在布朗克斯区，从一个歌舞表演者起步，最终成为了[10]明星生涯最长的电视剧演员之一。虽然他们俩成名的方式不同[11]，但他们都得益于是在家乡所提供的无尽机遇可能中成长大的。

文本定位 这个文本摘自《纽约时报》的一篇专栏文章，是在文中两位人物去世后马上发表的纪念文章。专栏文章的特点均有个性，本文有介绍人物的信息，也有对人物的评论，所以肯定不属于硬文本，归为软文本或偏软文本都可以。翻译时应偏向灵活处理。

Susan Sontag

⊛ 点 评

1 "各方"多指不同地方，但every manner却是指各种。

2 这个汉语的词表示把不同的东西同化掉，熔于一炉。但crucible在这个语境中强调锤炼，锻炼，含义不同。

3 容易被误解为纽约的生活艰难，但原文没有扩大泛指纽约是那样的地方。原文中之艰难主要针对人才（a crucible for every manner of talent）。另外，often在严肃文本中应反映出来，此处忽略无大碍。

4 此处不是指某一条街，应取其隐喻的意思，指在纽约普通人的生活中历练过的意思。这里主要是指后天因素。另外，"在我们这条街上住过"当主语也不很合适。

5 直译也是一种考虑，原文就是"坚硬材料做成的（made of sterner stuff）"，这是先天因素，后面的是后天因素。另外，本句的结构不宜像该译句这样合起来。

6 或"桑塔格和奥巴赫就是这样的两个例子"。

7 出生仅指那短短的一点时间。"无论是生还是死"或"无论生死"。

8 更正式的场合，还可以考虑保留tribe。

9 severe应该是修饰intellectual的，不是"艰苦条件"的意思。

10 意思基本没问题，但需要指出原文是would become，角度不同，原文说，他后来会成为，不是成为了，是从他起步时向前看，所以才用would。

11 原文的in their separate ways仍然是修饰下面的were nourished的，与成名没有关系。当然，两个人成名的方式不同确实是实际情况，但不是这句话本身的意思。译文倒未必需要那么死板，但理解不应有误。

参考译文一

　　对于那些有才华的人来说，在纽约立足是一场严峻的考验。一些年轻人很快就知难而退，还有些人只是昙花一现；坚强的人会坚持得更久，他们在纽约的生活经验也会带来好处。苏珊·桑塔格和杰里·奥巴赫便是两名代表人物；他们在最近几天内相继去世。这两个人都是在这里出生，儿童时就离开了纽约，后来又回来定居。他们无论生和死，都是纽约这个大家族的成员。

当然，在表面上看，他们生活在完全不同的世界里。桑塔格是曼哈顿出生的严肃的知识分子；在布朗克斯出生的奥巴赫一开始是名歌舞演员，后来成为了电视明星。但是，他们都各自以自己的方式从这片充满了机遇的土地得到了滋养。

（学生作业）

参考译文二

纽约，严酷无情地磨炼各种人才。有些年轻人才华横溢，却迅速败下阵来，随后默默地过起常人的生活。有些是划破长空的流星，转瞬即逝。那些用坚硬材料做成的人不会这样迅速销声匿迹，而如果他们又在纽约的生活中历练过，就更经得起纽约的磨练。最近在几天之内先后去世的苏珊·桑塔格和杰瑞·奥巴赫就是这样的两个人。他们都出生在纽约，都在幼年时离开纽约，后来又都回到纽约定居。他们生死都是同一部族的成员，这个部族就是纽约。

从表面看，两人似乎是生活在两个截然不同世界中的人。桑塔格是出生于曼哈顿的严肃的知识分子，而奥巴赫则是出生在布鲁克斯的艺人，早年出道时是歌舞表演家，后来成为经久不衰的电视剧明星。但是尽管走的路不同，两人却都从家乡获得了无尽的机遇，从纽约汲取了的充足养料。

（叶子南译）

短文

隐喻的解读与翻译

本单元中有个词crucible，有的学生译成"大熔炉"，基本意思正确，因为"熔炉"在汉语中确实有"锤炼"的意思。可目前有时更多用"熔炉"指熔炼不同物质于一炉的意思，如"美国是个大熔炉"（melting pot）。再来看英文crucible的意思。查Oxford Dictionary发现，这个词的意思同样也有两个，一个是把不同的东西熔于一炉，另一个是锤炼，和中文完全一样。其实用crucible描写纽约，上面两个词义的解释都通，因为纽约确实熔不同人于一炉，且纽约确实也锤炼那里的人。但是看了这个单元的语境，我们感到这个词主要仍然强调对人的"锤炼"（character is metal），并不是熔不同人于一炉（human is liquid）。所以译者若想排除熔于一炉的意思，最好不用"大熔炉"，又鉴于此处隐喻不很重要，译者甚至可考虑不用原隐喻的译法，而改用不同的隐喻，如"磨炼各种人才"。不过，"磨炼"这个词也具有隐喻属性。

对任何一个隐喻，译者都需要弄清楚它要确切表达的意思，这是下笔翻译的前提。比方说本段中的shooting stars想说的是既明亮又短暂的意思，durable stars指经久不衰，made of sterner stuff表示性格坚强，have lived on our streets则表示生活并不容易，were nourished表示吸收营养。每个隐喻都是用一个很形象的说法来描写一个较抽象的概念。有趣的是，在上面几个隐喻中，英汉之间似乎并没有文化障碍。译者如果仅仅想把意思说清楚，有时确实可以将隐喻用大白话解释一下，比如见了shooting star就可说某人很成功但是没持续多久，但你一定感到这么说意思虽然不错，不过确实有些不"给力"，很平淡，无色彩。有时人们不仅仅满足于意思，还希望有些让人耳目一新的说法，如On Manchester一单元中有这么一句There are cities that reveal their charms on introduction, shamelessly, and there are others that give you more time to get to know them, cities which are not voluptuous but viable, easy to get around, good humored, self-effacing without being apologetic. 这虽然不是文学作品，但文字中隐喻连篇，整段背后的隐喻思维是CITIES ARE HUMAN，作者用对人的描写手法来描写城市。翻译时很难避开隐喻，相反，保留隐喻反而容易，况且读者也能理解，文字还更生动，译文若能像原文描写人一样描写城市，何乐而不为呢？

简而言之，隐喻的处理是译者的一大任务，不能太轻率。**一般情况下，译者首先应该确定某个隐喻对文本到底有多大价值，才能决定是否需要保留隐喻。**而一旦决定要保留一个隐喻，译者最好能找到其背后的概念隐喻，这样才能准确地锁定隐喻的涵义，翻译时的选词才能较为精准。

5　Nelson Mandela (1)

原　文

Among Nelson Mandela's many achievements, two stand out. First, he was the world's most inspiring example of fortitude, magnanimity and dignity in the face of oppression, serving more than 27 years in prison for his belief that all men and women are created equal. During the brutal years of his imprisonment on Robben Island, thanks to his own patience, humor and capacity for forgiveness, he seemed freer behind bars than the men who kept him there, locked up as they were in their own self-demeaning prejudices. Indeed, his warders were among those who came to admire him most.

Second, and little short of miraculous, was the way in which he engineered and oversaw South Africa's transformation from a byword for nastiness and narrowness into, at least in intent, a rainbow nation in which people, no matter what their color, were entitled to be treated with respect. That the country has not always lived up to his standards goes to show how high they were.

From *The Economist*

批　改

纵观纳尔逊·曼德拉一生，众多[1]成就中有两项最令世人瞩目。第一，他因坚信"男女生而平等"而入狱达[2]27年之久。然而，在此期间，他面对压迫百折不挠、以德报怨、品德高尚[3]，是全世界振奋人心的最佳榜样。服刑于罗本岛的艰苦岁月中，因为他自身的耐心、幽默感、宽容心，使[4]所以他比囚禁他的人更加自由，仿佛身陷囹圄的不是他自己，而是自取其辱、抱有偏见的对手[5]。实际上，监狱看守们也对他敬佩不已[6]。

他的第二项成就，着实令人不可思议[7]。在他的带领和治理[8]下，南非从一个受人耻笑的贫穷肮脏、思想狭隘的国家向一个不分肤色、平等尊重的"彩虹之国"迈进[9]。南非的发展并未总能达到"彩虹之国"的标准，但这恰恰说明他设置的标准颇高。

文本定位　本段选自 *The Economist* 的纪念文章，属于盖棺定论类的评论，作者对曼德拉有很正面的评价。尽管文章也提供些客观信息，如他的牢狱经历，但是作者的主观态度比较明显，文本属于软文本或偏软文本都恰当。翻译策略应该偏向较灵活。

⭐ 点 评

1 前面的"纵"和这个"众"发音接近，应尽量避免。其实换个结构就可以，如"曼德拉一生成就无数，两个最为突出"，省去好多文字。

2 这个翻译使人感到是在强调男女之间的不平等，但原文并不是在强调男女之间的平等，南非的焦点主要是种族。

3 名词 dignity 用"品德高尚"不准确。另外，"以德报怨"的选词也可商榷。原文三个名词最好不要用三个"四字结构"翻译，太长了些。

4 "使"这个词的主语是什么？前面的"由于"不能引导主语，所以这是个无主语的句子。可换成"所以"来避免语法错误。

5 这个解释好像可以接受，只是觉得解释的力度大了点。如果基本按照原文的思路也能翻译，不妨回归原文的思路，比如参考译文是"铁窗内的曼德拉似乎比铁窗外关押他的人更自由，因为后者被自囚在使自己失去尊严的偏见中"，离原文更近一点。

6 原文由 among those who 表达的意思译文中没有了。原文提示这些看守是很多敬佩他的人中的一部分（参考译文：逐渐对他崇拜有加的人里不乏关押他的看守）。另外，原文的 came to admire 说明那些人是慢慢开始敬佩他的，这些译文中都没有了。不过，在这类文章中，这些细节未必需要面面俱到。重要的文件中则不可忽视。

7 此处最好用正面的词（如"堪称奇迹"），"不可思议"不是最佳选择。另外，little short of 的口气用"着实"似乎不如"堪称"，应区别于 a little short of。

8 这两个词都和原文出入较大，原文的 engineered 是设计，oversaw 则是监督之意。不管怎么灵活，engineered 还是不能处理成"带领"的意思。Oversaw 直译成"监督"等不很恰当，因为汉语的"监督"总会有比较具体的语境，稍微偏离一点原文翻译成"主导"似可接受。"设计并主导"更合适。

9 一些细节遗漏，如 byword, at least in intent 都没有了。byword 没用倒也可以通融，但是 at least in intent 却有实质意思，不该遗漏。见参考译文。

参考译文

　　曼德拉一生有很多成就，其中两个最为突出。首先，他因坚信所有人生来平等而服刑27年，是在压迫面前尽显坚毅、宽容、尊严的典范，极大地鼓舞激励着全世界的人们。在被囚禁在罗本岛的那些残酷岁月里，因他的忍耐、幽默、宽容，铁窗内的曼德拉似乎比铁窗外关押他的人更自由，因为后者被自囚在自取其辱的偏见中。逐渐对他崇拜有加的人里不乏关押他的看守。

　　另一件成就也堪称奇迹，那就是他设计并主导的南非社会转型。正是由于这一转型，南非甩掉了卑劣狭隘的恶名，成为了一个"彩虹"国家，其人民不管是什么肤色，都有权受到尊重，至少其初衷如此。这个国家并非总能达到这些标准，但这恰恰说明标准设立得有多高。

（叶子南译）

短文

译文需要沿原文逻辑走吗？

　　第一段中有这么一句During the brutal years of his imprisonment on Robben Island, thanks to his own patience, humor and capacity for forgiveness, he seemed freer behind bars than the men who kept him there, locked up as they were in their own self-demeaning prejudices，有一位同学是这样翻译的："他的耐心、幽默和宽恕力支撑他度过了在罗本岛监狱的牢狱之灾。他虽然身陷囹圄，但却比看守监狱的人更加自由。他的看守们恰恰被自取其辱的偏见所禁锢。"仅仅就语义来说，译文包括了原文所有的信息，因此似乎也不必提出什么意见了。但是只要细看，就会发现译文的轻重缓急、前因后果和原文有颇大的差异。原文的逻辑思路基本是：在坐牢期间，因为某些气质，他更自由。但译文的逻辑就比较松散混乱：某些气质支撑他度过牢狱。虽然坐牢，但他更自由。看守被偏见所禁锢。你一下就看出译文至少有三个意群，因为句号使句子分成三句。第一个意群是"气质支撑他"，这个"支撑"的意思原文根本没有；第二个意群是"虽然坐牢，但更自由"，这个"虽然……但是"的关系原文也没有，原文"更自由"是因为那三个气质（耐心、幽默和宽恕），由thanks to清楚地表达出来。第三个意群是"看守被偏见禁锢"，这个原文虽然有，但是看守和曼德拉比较的意思没有了。说实话，译文第二部分说曼德拉"更自由"都不知道和谁比较更自由，因为看守这时还没在句子中出现，未出现的人物怎么比较？另外还有些小的地方，如"之灾"的概念，原文也没有。

　　这就提出一个问题：翻译时难道也需要注意这些牵涉到轻重缓急、前因后果的逻辑关系吗？就原文和译文的对等来说，这些问题当然需要照应到。这个问题目前看来很严重，我们经常会看到类似的译文，意思不算大错，但就是思路和原文很不同。当然，我们也不完全排除个别情况下，译者为行文方便，有些变动，如这段中serving more than 27 years in prison for his belief that all men and women are created equal这部分，严格来说应该和原文前半部分有关系，也就是说，后面的27年恰恰是前面展现的时间或是实现前者的条件，没有后者前半句中的榜样也就没有了。有人把坐牢27年放到前面，放在"第一"后面，但这样逻辑不通，因为坐牢并非成就之一，成就之一是榜样，坐牢是榜样得以展现的舞台背景。可是若放到句子后面就很难把前后连成一句，所以我们也不反对忽视原文serving和主语间严格的逻辑关系，略作些调整。

  总之，译者要灵活处理，无关紧要的关系放弃一些倒也并非完全不可，但总体上看，随便不顾原文逻辑思维会有改变原文信息的危险。

6 Nelson Mandela (2)

▶ 原文

　　As a politician, and as a man, Mr. Mandela had his contradictions. He was neither a genius nor, as he often said himself, a saint. Some of his early writings were banal Marxist ramblings, even if the sense of anger with which they were infused was justifiable. But his charisma was evident from his youth. He was a born leader who feared nobody, debased himself before no one and never lost his sense of humour. He was handsome and comfortable in his own skin. In a country in which the myth of racial superiority was enshrined in law, he never for a moment doubted his right, and that of all his compatriots, to equal treatment. Perhaps no less remarkably, once the majority of citizens were able to have their say he never for a moment denied the right of his white compatriots to equality. For all the humiliation he suffered at the hands of white racists before he was released in 1990, he was never animated by feelings of revenge. He was himself utterly without prejudice, which is why he became a symbol of tolerance and justice across the globe.

From *The Economist*

✎ 批改

　　曼德拉是位政治家，也是个普通人，性格中也有矛盾之处[1]。他常这样评价自己[2]：我不是天才也非圣贤。他的早期文章中都是些乏味的马克思主义论调，其中充斥着疾恶如仇[3]的思想还是可以让人理解。但在年轻时，曼德拉就已显出领袖魅力。他是天生的领导者，无所畏惧，不向任何人屈服，时刻幽默感十足。黝黑的肤色让他看起来英俊潇洒[4]，充满自信。在南非这样一个连法律都刻上种族歧视烙印[5]的国度，他从未怀疑自己坚持的信念，即应平等对待所有国民[6]。他的伟大之处还在于[7]：当大多数公民获得发言权时，他也从不否认未剥夺过[8]白人同胞的平等权利。在1990年出狱之前，他虽遭到白人种族歧视者的百般凌辱，但从未有过复仇的念头。他是个正直无偏见的人[9]，因而是全世界人民心中宽容和正义的象征。

✴ 点评

[1] 显然严格按原文的逻辑来说，原文并没有陈述他是政治家和他是人这个事实。原文的重点是说，作为政治家并作为一个人，他有矛盾。但是这点差异是否重要？还是完全可以忽略？译文虽没有"作为"，但基本意思相似。另外，添加的"普通"和"也"应该在允许的范围内。译者需要点儿自由！当然，更稳妥的翻译仍然是"作为一个政治家……"。

Nelson Mandela (2)

2 从原文来看，as he often said himself 和前面的有关系？还是仅仅和 saint 有关？见本单元短文。

3 "疾恶如仇"这个成语用在这里合适吗？作者在这里对曼德拉的早期作品是持否定态度的，"疾恶如仇"并不是一个负面的词（指对坏人坏事如同对仇敌一样憎恨）。

4 comfortable in his own skin 是一个成语，表示 confident in oneself 的意思，如 He spoke flawlessly in front of thousands. He is really comfortable in his skin。有同学说，作者是黑人，肤色是一个因素，是否会有双关的意思？双关也许不能排除。但译者有几个选择。若仅取 comfortable 这个核心意思，可译成"他长得英俊，显得大方自信"；若希望将双关也表达进去，可译成"他英俊潇洒，皮肤黝黑，充满自信"。但上面的译文"黝黑的肤色让他看起来英俊潇洒，充满自信"有个问题，这样翻译是将 handsome 和 comfortable 都置于 in his own skin 下面，显然 handsome 与 in his own skin 不能搭配。

5 这个译法可以接受。另外一个译法就是保留原文的 myth，可译成"错误观点""鬼话""谎言"或"迷思"（台湾用法）。此处这个词不是一般意义上的神话。

6 这又是一个大意不错，但细节有差异的句子。原文应该是他不怀疑自己有获得平等对待的权利，他的同胞也有这种权利，因为原文是 his right to equal treatment 和 the right of all his compatriots to equal treatment。但是译者会争辩说，"对于所有国民都应平等对待"里面已经包含了 his right。这类翻译当然不能说是错误，但是值得译者警惕。在细节很重要的文本中也许就是一个不可原谅的问题。请参考本单元短文。

7 用"伟大之处还在于"来翻译 perhaps no less remarkably 基本意思没有错，但是口气仍有些差别，译者完全可以回到原文的口气上来"可能同样了不起的是"。

8 never denied the right 最好说成是"不否认"。"未剥夺过"是指行为，这里不是在说他的行为，不是在谈他剥夺过别人权利与否的问题，而似乎更强调理念。

9 句子里如果拿掉 himself，基本意思一样，但是放上 himself 更强调他自己与他人的区别和对比。但差别细微，译者似可不计。

参考译文

曼德拉既是一个政治家，也是一个普通人，自有其矛盾之处。他并非天才，且亦如他常说的，并非圣人。他早期连篇累牍的都是些马克思主义的陈词滥调，当然文中的激愤确有道理。但曼德拉感召人的魅力在青年时已经有所展现。他是天生的领袖人物，不惧怕任何人，不在任何人面前自惭形秽，也从不丧失幽默感。他长得英俊，显得大方自信。在一个种族优越的错误观点已写入法律的国家里，他却没有一刻怀疑过他自己以及他所有的同胞享受公平待遇的权利。可能同样了不起的是，当大多数的公民都能有发言权的时候，他没有一刻否认白人同胞应有的公平权利。尽管1990年前，曼德拉在白人种族主义分子的手里饱受羞辱，但报复情绪却从不在他胸中燃起。他完全没有偏见，因此曼德拉才成为全世界宽容和正义的象征。

（叶子南译）

短文

到底要准确到什么地步？

在本节翻译评论中有这样一个句子He was neither a genius nor, as he often said himself, a saint。原来的译文是"他常这样评价自己：我不是天才也非圣贤"（As he often said himself, he was neither a genius nor a saint）。就一般大意而言，其实意思和原文也没有大相径庭的地方。你如果这么把译文读给曼德拉听，他肯定会频频点头，谦虚地说，我确实两个都不是。

但是严格地从逻辑角度看，这句话掺杂了两个人的观点，一个是作者的观点，另一个是曼德拉的观点。作者否定了两个，即他既不是天才，也不是圣人，但是曼德拉否定了后面的一个（他不是圣人），却没有提及前面的那个（他不是天才）。

可是从更大的语境来看，曼德拉肯定也否定前面那个，我们几乎找不出任何理由来说明曼德拉不否认自己是天才。但是句子本身只涉及曼德拉对后者的态度。那么我们怎么来看上面的译文呢？

我们最好不要从一元思维看这个问题，而应该把语言解读过程中可能参与的因素都考虑进去。就本文而言，我们也许应该接受更贴近原文的译法"他并非天才，且亦如他常说的，也非圣人"，但仍然应该看译文发表在什么场合，普通大众读物中未必要计较这点微小的差异，但较为正规的语境则应该排除任何逻辑上有偏差的译文。

比如说，逻辑严密的文本，如法律文本中，"他常这样评价自己：我不是天才也非圣贤"这样的译法就不宜容忍，但抒情的、随意的、非正规的文本中，特别是翻译略带改写的情况下，译者未必需要那么斤斤计较。但是就严格意义的翻译而言，或者说仅从文本本身的意义而言，"他常这样评价自己：我不是天才也非圣贤"这个译法是错误的。

有时我们容忍一些不够准确的译法，因为翻译的决策除掉文本还有很多文本外因素需要考虑。

7 If-by-whiskey

原文

My friends, I had not intended to discuss this controversial subject at this particular time. However, I want you to know that I do not shun controversy. On the contrary, I will take a stand on any issue at any time, regardless of how fraught with controversy it might be. You have asked me how I feel about whiskey. All right, here is how I feel about whiskey:

If when you say whiskey you mean the devil's brew, the poison scourge, the bloody monster, that defiles innocence, dethrones reason, destroys the home, creates misery and poverty, yea, literally takes the bread from the mouths of little children; if you mean the evil drink that topples the Christian man and woman from the pinnacle of righteous, gracious living into the bottomless pit of degradation, and despair, and shame and helplessness, and hopelessness, then certainly I am against it.

But, if when you say whiskey you mean the oil of conversation, the philosophic wine, the ale that is consumed when good fellows get together, that puts a song in their hearts and laughter on their lips, and the warm glow of contentment in their eyes; if you mean Christmas cheer; if you mean the stimulating drink that puts the spring in the old gentleman's step on a frosty, crispy morning; if you mean the drink which enables a man to magnify his joy, and his happiness, and to forget, if only for a little while, life's great tragedies, and heartaches, and sorrows; if you mean that drink, the sale of which pours into our treasuries untold millions of dollars, which are used to provide tender care for our little crippled children, our blind, our deaf, our dumb, our pitiful aged and infirm; to build highways and hospitals and schools, then certainly I am for it.

This is my stand. I will not retreat from it. I will not compromise.

If-by-whiskey by Noah S. Sweat

批改

各位朋友，我本不希望在此刻讨论这个充满争议性的议题；然而，我希望让大家知道，碰到争议，我绝不会退避三舍[1]，反而会在任何时间点，对任何议题表达立场，无论其争议性有多大[2]。各位问我对威士忌酒[3]的看法，所以[4]现在就让我来说说我的立场。

谈到威士忌酒，若各位认为这杯中之物是魔鬼的迷魂汤、是毒鞭、是血淋淋的怪物[5]；会玷污纯真、蒙蔽理性、摧毁家庭、造成痛苦、带来贫困，还会夺走[6]小孩口中的食物；若各位认为威士忌酒，会让上帝的儿女忘记礼义廉耻并无限堕落，坠入绝望、羞愧与无助的万丈深渊[7]，那么我当然反对饮酒。

然而，若各位说的[8]威士忌酒，是哲理的活水、是朋友欢聚畅饮之物[9]；能保鲜、能舒心、能开怀、能让双眼都是笑[10]；若各位说的酒，能在圣诞节助兴，能在寒天的早晨让老者步履轻盈[11]、让幸福快乐长驻[12]，并且能让人短暂忘却生命之悲郁苦痛[13]；若各位说的酒，能让国库充盈、能为盲聋哑残与老弱人士提供一点慰藉[14]、能盖造高速公路、医院与学校，那么我当然支持饮酒。

这就是我的立场。我绝不退缩，也绝不妥协。

> **文本定位**　这是一篇非常有"个性"的讲演稿，作者对于威士忌有非常强烈的立场，但却不在争论中站到任何一边，在纽马克的分类中分到 vocative 一类没问题，用本书的分类就是软文本。由于作者的态度鲜明，势必造成行文冲破规范，用一般"循规蹈矩"的译法可能无法反映出原作者的情感与态度。灵活处理非常重要。

★ 点评

1 成语当然可以使用，但是要避免为用成语而用成语。"退避三舍"是一个用滥了的说法，简单说就是"不回避争议"。

2 fraught with 表示 loaded with, full of 的意思。译成"其争议有多大"不错，但注意 it 的解释应该搞清楚，此处的 it 应该是 issue 而不是"立场"，这里用"其"模棱两可。

3 建议用"威士忌"。尽管当时谈的议题是开放酒禁，并非仅针对威士忌，但是这篇文章的题目是谈威士忌。

4 用"所以"表达因果在这里不合适，原文此处没有明显的因果关系。最好保留原文的口气，如"好，我就跟大家说说我的立场"。

5 首先，"杯中之物"可用，但简单说"这酒"更好，未必一定要用成语。用"迷魂汤"译 brew 可考虑，但舍弃这个译法的理由似乎更充足，如原文没有直接说出"迷魂"的意思。多大程度上添加原文字面没有但可通过引申解释进去的文字，这是个有趣的议题。引申与否有时不是对错的问题，而是恰当与否的问题。另外，汉语的习惯是并列的东西最好在结构上比较相近，如这里的"是毒鞭"仅三个字，但前后与之并列的都是 7 个字，不协调。scourge 是"苦难的根源"，"毒鞭"和这个意思有些出入。"血淋淋的"的译法可商榷。见本单元短文。

6 literally 一词若能在译文中反映出来会更形象。有人译成"不折不扣地""毫不夸张地""活生生地"，都有些道理，但"活生生地"更好。译者需要权衡掂量。

7 把"上帝"和儒家文化中的"礼义廉耻"放在一起不恰当。另外，righteous, gracious 一般意思就是正义和优雅，但是此处是讲基督徒。在《圣经》中这两个词有特殊说法，前者一般译成"义""公义"，后者则是"恩典""蒙恩"，视上下文取舍。最后，原文的 topples... from... into... 这个隐喻结构应保留，如"使基督徒从……跌入……"。由于这是一篇名篇，翻译时建议尽量保留原文词义，不要综合，如 degradation, and despair, and shame and helplessness, and hopelessness 最好也用五个汉语的词对应。

8 "若各位说的"用这个句型开句不是最好。此处完全不要被原文限制住,应灵活处理,如"如果说威士忌是",省掉了"各位",或如"假如你眼中的威士忌是"也行。

9 显然这里有点乱。也许译者的理念是不要过于被原文牵制,译出大意就行。但此处的 the oil of conversation, the philosophic wine, the ale that is consumed 和前面的 if when you say whiskey you mean 不一样,后者可灵活处理,因为它没有特殊意思,可是这里 oil, wine, ale 都有具体内容,最好不合并,不增删。译文缺了 the oil of conversation,应该译出来。直译(交谈的润滑油)不很合适,但"润滑剂"似乎好些,参考译文二意译,抛弃 oil 似乎更好。philosophic 直译成"哲学之酒"当然也是一种译法,但是什么叫"哲学之酒"?读者未必懂。此处可以用 having a calm attitude toward a difficult or unpleasant situation(Merriam-Webster)这个定义来表达 philosophic。见参考译文二。

10 和上面一样,比较乱,如"能保鲜"对应的英文是什么?且原文的隐喻最好保留,如 that puts a song in their hearts and laughter on their lips, and the warm glow in their eyes 是三个有地点的隐喻(hearts, lips, eyes),这类文本中以保留比喻为上策。参考译文二就全保留了(心中、嘴边、眼中)。

11 这句中的 drink that puts the spring in the old gentleman's step 显然也不宜做太多解释,如"这酒让老人在寒冷的早晨焕发了青春"这个译法解释原文的力度还是大了些。这里有个成语(a spring in your step),其中的 the spring 是"弹簧"的意思,不是"春天"的意思,表达的隐喻意思是精力充沛。见参考译文。

12 原文是 magnify his joy, and his happiness,并不是"幸福快乐长驻"的意思,译者不应只译大意。magnify his joy 并不是增加了快乐,实际的快乐还是那一点儿,只是把它放大了,直译就是"放大喜悦和幸福",或"让人更觉快乐,更感幸福","感"字说明是感觉,不是真正增加。

13 if only for a little while 这个口气该译文没有传达。仅从语义来说,译文没错,但原文意思是忘掉悲伤痛苦,哪怕仅是片刻也好。译文的"暂时"还是不能完全转达"哪怕"的口气。这里是否需要那么仔细,大家会有不同观点,但是译者至少需要知道这个区别。

14 care 用"慰藉"表达不很到位。care 这里可以是实质的照顾,不仅是精神的安慰。

参考译文一

朋友们，我本来没想现在讨论这个富有争议的问题。但我想告诉大家我不会回避争议。恰恰相反，我随时都可以对任何问题发表立场，不管这个问题陷入多么大的争议。你们刚刚问我对威士忌有什么看法。那好，我就谈谈我对威士忌的看法：

如果说威士忌是魔鬼私酿，毒药之源，嗜血狂魔，能玷污纯真，剥夺理性，摧毁家庭，带来痛苦贫困，夺走小孩子口中的面包；如果说威士忌是种邪恶饮料，能让基督徒跌下正义蒙恩的生活之巅，掉入堕落、绝望、羞耻、无助和无望的深渊，那么我当然持反对态度。

话又说回来，如果说威士忌是谈话的润滑剂，是哲学之酒，是好友聚首时饮下的甘露美酒，让他们满心欢歌，笑声满溢，从眼底透出满足的暖光；如果说威士忌是圣诞节的怡情小酒，是种提神饮料，让老人在寒冷清冽的早晨步履轻快；可以让人放大喜悦和幸福，忘却人生的种种悲剧、心痛和忧愁，即使仅仅是暂时忘记；如果说卖酒的钱将汇入我们国库数不清的资产中，用来为我们的残疾儿童、盲人、聋人、哑人、可怜的年迈老人提供悉心关怀，用来建设高速公路、医院和学校，那我当然支持。

这就是我的立场。我绝不放弃我的立场，我也绝不妥协。

（张心语译）

参考译文二

各位朋友，我原来没打算在此刻讨论这一有争议的话题。然而，我不躲避争议。相反，任何时候我都会对任何议题表明立场，不管这议题会引起多大争议。你们问我对威士忌持何立场，好，那就听我说来。

假如说，你眼中的威士忌是那魔鬼之饮，酿灾之鸩，嗜血之魔，它使你纯真不再，理性全无，倾家荡产，穷困痛苦，活生生地将面包从孩童的嘴边夺走；假如你眼中的威士忌是把信基督的男男女女从正义、蒙恩的巅峰推入堕落、绝望、羞辱、无助、无望的无底深渊，那么我坚决反对。

但是，假如你眼中的威士忌促人谈锋健旺，让人看淡人生的坎坷，让相聚的伙伴心中歌声荡漾，嘴边笑声飞扬，眼中闪烁着知足常乐的光芒；假如你眼中的威士忌唤起圣诞的欢声笑语，让冷冽霜晨中的那位老人精神抖擞步履健朗；假如你眼中的威士忌让人更觉快乐，更感幸福，忘掉人间的辛酸痛苦，哪怕那仅是片刻；假如你眼中的威士忌能换来国库中无尽的钱财，让钱财用来照顾伤残的孩童、失明者、聋哑人、可怜的老人和弱者，还能用来建公路、造医院、办学堂，那么我完全赞同。

这就是我的立场。我不会在这个立场上退却，我不会在这个问题上妥协。

（叶子南译）

> **短文**

Bloody的译法是怎样决定的?

本单元中the bloody monster译者翻译成"血淋淋的怪物",仅就大意来说,应该不错。查一下字典,bloody最常用的意思就是covered or stained with blood。但是在这个上下文中,"血淋淋的"的译法不是最佳选择,需要再斟酌。

在翻译所谓的"硬"文本(如技术、法律等)时,译者不常碰到这类困境,因专业词不必自己决定怎么翻译,别人已有定论,你只需要拿来用就行,而非专业词(如形容词、副词)也不那么举足轻重,不需要投注很大的精力。但是在"软"文本中,译者往往要自己掂量决定,如何选择主要基于译者自己对文字的体会,特别是形容词等修饰词,在这类文本中分量往往不轻,需要认真地权衡利弊,但选词过程却有诸多因素制约,比如这个bloody就很让译者纠结。下面是bloody这个词在Collins English Dictionary中的定义:

1. covered or stained with blood
2. resembling or composed of blood
3. marked by much killing and bloodshed ⇒ a bloody war
4. cruel or murderous ⇒ a bloody tyrant
5. of a deep red color; blood-red

译者选"血淋淋的"应该是根据第一条定义,但是该词另外还有几条定义。在这种情况下,应该根据这段的上下文选择一个更恰当的词,比如第四条就比第一条合适,也就是说,这个词就是cruel or murderous的意思。但这个选择是在该词与monster连用的情况下做出的,没有考虑到转换到译文中的语境。如果这个词组在译文中的前后分别是"魔鬼之饮"和"酿灾之鸩",那么译者在决定如何翻译bloody monster时就要考虑到和前后的译文协调,如译者应考虑也用"之"字,因为前后两个词组都有"之"字结构。那么用"之魔"译monster应该不错,但是bloody怎么办呢?其实此时译者已经被逼到一个很狭窄的空间,因为只能用两个汉字。仅就语义而言,译者的选择空间很大,因为可以用来翻译cruel的词很多,如"残暴之魔""凶残之魔"等,大意都对。可是译者这时又有点"贪心"了,总希望还能从原文中拿过来更多东西,如能否将"血"这个词也翻译过来,因为原文毕竟有bloody这个词。于是译者想到了"嗜血之魔"的译法,也许"嗜血"和词典的定义没有直接的联系,但是"嗜血"当然是残酷的。译者在这里不会像翻译科技法律那类"硬"文本时那么在乎词义严格的对应,因为这类"软"文本中,词语不是那么棱角分明的,"嗜血"应该八九不离十。

以上是以参考译文二为背景而做的分析。另外一个译者也许根本不想用"之"字结构,结果决策的具体过程就会完全不同,但译者同样面临一系列选择,同样会受到各种因素的制约。**总之,这类"软"文本留给译者解释的空间不小,于是很多词,特别是形容词,都得经过反复的掂量权衡才能决定怎么翻译。**

8 Three Passions

▶ 原文

Three passions, simple but overwhelmingly strong, have governed my life: the longing for love, the search for knowledge, and the unbearable pity for the suffering of mankind. These passions, like great winds, have blown me hither and thither, in a wayward course, over a deep ocean of anguish, reaching to the very verge of despair.

I have sought love, first, because it brings ecstasy—ecstasy so great that I would often have sacrificed all the rest of life for a few hours of this joy. I have sought it, next, because it relieves loneliness—that terrible loneliness in which one shivering consciousness looks over the rim of the world into the cold unfathomable lifeless abyss. I have sought it, finally, because in the union of love I have seen, in a mystic miniature, the prefiguring vision of the heaven that saints and poets have imagined. This is what I sought, and though it might seem too good for human life, this is what- at last- I have found.

With equal passion I have sought knowledge. I have wished to understand the hearts of men. I have wished to know why the stars shine. And I have tried to apprehend the Pythagorean power by which number holds sway above the flux. A little of this, but not much, I have achieved.

Love and knowledge, so far as they were possible, led upward toward the heavens. But always pity brought me back to earth. Echoes of cries of pain reverberate in my heart. Children of famine, victims tortured by

✍ 批改

有三种单纯但却极为强烈的热情感支配了我的生活：爱的渴望、知识的追求和对人类苦难的深切同情¹。这些热情如强风将我吹向四方，迫我行在无常的道路，置身痛苦的深海，终至濒临绝望的边缘²。

首先，我寻找了爱，首先³因为它带给我无比的喜悦。其感受是如此强烈，我宁愿以余生换取数小时如许快乐⁴。再者，我寻找爱，还因它使我远离孤独。在那可怕的孤寂中，颤抖的意识在世界的边缘孤伶地凝望着冰冷无生气的无底深渊⁵。最后，我寻找爱，最后是因为在爱的结合中，我看到圣哲与诗人们异象中天堂的神秘缩影⁶。这就是我所寻找的，虽然远超过人类所求所想，但我终于寻到了。

怀着相同的热情，我追求了知识。我渴望了解人心，也希望知道星星为何发光。我试图了解毕氏学说的力量，在此学说中数字掌握着万有的变化⁷。虽然我所知有限，但总算略有收获。⁸

爱和知识，引我通向天堂的大门，但怜悯之情总又使我回到现实。那些痛苦的哀号不断在我心中回荡。饥饿的孩童、遭压迫者凌虐的人们、成

Three Passions 8

oppressors, helpless old people a hated burden to their sons and the whole world of loneliness, poverty, and pain make a mockery of what human life should be. I long to alleviate the evil, but I cannot, and I too suffer.

　　This has been my life. I have found it worth living, and would gladly live it again if the chance were offered me.

From *The Three Passions* by Bertrand Russell

为儿子厌恶负担的无助老人，以及整个世界的⁹孤单、贫困和苦痛都使人类生活的理想成了一大讽刺。我渴望减轻人们的苦楚，却无法做到，结果连我自己也身陷苦海。

　　这就是我的生活，我认为一切都值得。假如有机会，我乐意再如此活一次。

文本定位 本文是罗素的散文，既表达作者的理念，也流露出他的情感，作者的主观因素明显，一看就能把这篇归入软文本，因此翻译的策略应该偏向灵活处理。处理得死板些，也能推出一篇让人看懂的译文，但感染力就未必和原文相同了。虽然这可归入文学散文类，但是本篇不以文字取胜，译者不宜在细节处雕琢。不过原作者的行文特征、言谈口气却应该尽量保留。

★ 点 评

1 这句话意思不错（有三种单纯但却极为强烈的热情支配了我的生活），但是 simple but overwhelmingly strong 这部分却未必需要翻译成 three passions 的定语而放在前面。虽然怎么放置都不影响基本语义，但如果译者还希望多少反映一点原作者的口气、说法，那么原文如何停顿，如何行文等因素就也应照顾到。参考译文二就基本按照原文的停顿展开句子（三种情感，三种纯朴，但却极为强烈的情感，一直主宰着我的生活）。另外，passions 译成"热情"本来不错，但是与第三个搭配似乎不合适，我们一般不把热情和怜悯之情联系起来，所以"情感"或"激情"更合适些。另外，unbearable pity 中的 unbearable 不是修饰 suffering 的，而是修饰 pity 的，所以不宜译成"深切的苦难"，译成"深切的同情""不能自已的同情""极度的同情"似都可以。总之，原文是说由痛苦引起的怜悯本身对作者造成痛苦，痛苦到让他无法忍受，就是怜悯同情已达极致。鉴于本篇并非玩弄词藻的作品，接近上述解释的译法都可接受，甚至偏离一些也未必不可。

2 原文的基本结构是 blown me... in a wayward course, over a deep ocean, reaching to the verge，译者的翻译应该灵活，但不宜完全脱离原文的这个思路。"迫我行在无常的道路，

33

置身痛苦的深海，终至濒临绝望的边缘"这个译法由于放弃了被风吹的过程，结果就出现了动词"行走""置身"，脱离了 blown... in wayward way 和 over a deep ocean 的结构，造成连贯缺失，因为"行走""置身"都不像是被大风吹后的动作。Over an ocean, reaching to 有很强的图式图像，这些意象在译文中都没有了。参考译文二则尽可能保留这些语言特征，人始终被风吹着，直到绝望的边缘，但又没有使汉语显得牵强（这些情感，犹如狂风，将我吹得四处飘零，茫无既定路线，把我吹过深不可测的苦海，吹到绝望的边缘）。另外，"无常"二字是否会有较强的文化色彩？未必不行，但可商榷。还有 ocean of anguish 译成"苦海"也许会有纠结，因为"苦海"也会有佛教的文化内涵，但鉴于这个词已经广为使用，佛教内涵似已淡化，此处使用似无不妥。

3 第二段一开始的 first 和后面的 next 以及 finally 虽然是十分简单的词，但不少学生翻译时理解有误，结果译成"我一开始追求爱情"。这里的三个词主要是举出三个为何追求爱情的理由，这在 because 从句中动词的时态就可看出（brings, relieves, have seen），并不是在说过去的某次经历。

4 有同学将 sacrificed all the rest of life 翻译成"牺牲生命中其他的一切"，但是原文是说 all the rest of life，不是 all the rest of things in life，所以应该是"余生"。但"余生"在这个场合未必最好，所以在这样的语境中就用"生命"也可以。当然在非文学的正式文本中，有时删除"剩余"这个意思就不恰当了。

5 这里 one shivering consciousness 后面跟的词（looks over the rim...into the...abyss）已将 consciousness 隐喻化了，仿佛这个词就是指人，完全能 look into the abyss。这种拟人化的隐喻是否需要保留会有不同意见。有的译者就觉得放弃隐喻特征更好，结果索性将这个词翻译成人，参考译文一就是这样处理的（形单影只时，世界就变成冰冷、了无生气的地狱底层，那种寒意教人光想就要发颤了），因此颤抖的就是人。参考译文二则保留了 consciousness 这个词，不去解释（孤独中一个颤抖的灵魂在世界的边缘探视）。其实 abyss 以及相关的 cold, unfathomable 和 lifeless 都源于比喻，在译文中保留为好。在很多文学作品里，保留隐喻的特征似乎更好。

6 这句中的 in a mystic miniature 应表示在爱情中看到的那个小天堂（a smaller copy of the heaven），在罗素看来，天堂存在于圣人和诗人的想象中。应该指出的是，罗素眼中的天堂不是我们一般意义上的天堂（或言基督教的天堂），因为罗素是无神论者，所以这个天堂也可理解为最理想的境地。至于说后面的 prefiguring vision of the heaven，应该是指预见到的天堂（a pre-version of the heaven）。

7 这段说的三件事是心理学 (hearts of men)，天文学 (stars shine) 和数学 (Pythagorean power)。但 Pythagorean power 一句所说的应该不只是那个勾股定理，而是指数学或逻辑学知识有其普遍的科学指导意义。具体说，flux 应指变化，而数学的定理的力量高于变化，或者说，变化虽不断，但某个数学定理却依然如故。当然这是对生动比喻的解释说法。

8 "虽然我所知有限，但总算略有收获"这个译法并不违背事实，但是强调的重点和原文不同，原文强调有收获，但不多，但这个译文强调虽不多，但有收获。这类细微的差异不应忽视。可译成"我略有心得，但没有多大成就"。

9 这里的 the whole world of loneliness, poverty, and pain 不应该是"全世界"的意思，而是指"很多"的意思，如 It is a whole world of wickedness, the whole world of ear-related humor before you, The whole world of table, kitchen and household products 等都不应翻译成"全世界的"，一般指"很多"的意思。

参考译文一

　　我的生命完全被三股热情给主宰了，它们是那样单纯，却又强烈地使我无可抵御。这包括对爱情的渴求、对知识的追寻以及目睹人类苦难，心中那份难以自已的悲悯。这三股热情就像强风，将我吹到东又吹到西，没有既定路线，却又顽强地挟我越过痛苦的汪洋，直濒绝望边缘。

　　我是追寻过爱情的；这首先，是因为它让人心醉神迷——为攀这极乐至悦之峰，我宁愿用尽余生，也要换得几小时的欢愉。我是追寻过爱情的；再其次，全为它能解寂寞之苦。形单影只时，世界就变成冰冷、了无生气的地狱底层，那种寒意让人光想就要发颤了。我是追寻过爱情的；说到底，就为我看到两个人因爱结合，圣人诗人所描绘的天堂，彷佛也就具体而微地提早映现在眼前。这就是我所追寻的，此景原应天上有，但最终，真让我给找着了。

　　以同等的热情，我也对知识展开了追寻。我一直希望能了解人心，也渴望洞悉星星闪烁的奥秘。我也试着领会毕达哥拉斯的力量，他主张数字比涨潮更能支配人类。这方面我略有心得，但没有多大成就。

　　爱与知识，迄今在可能的范围内，将我们领进天堂。但总是那股悲天悯人的情怀，使我又重回人间。人间处处回荡的哭声与苦痛，时常在我心中萦绕不息。我眼见挨饿的小孩及饱受压迫的人民，也目睹无助的老人变成子孙嫌恶的负累，还有这无穷尽的寂寞、贫穷及痛苦，就生命真谛而言，实是一大嘲讽。我但愿自己能冲淡这丑恶，但又心有余而力不足，于是也只能跟着痛苦。

　　这就是我一路走来的人生。活上这么一遭很值得，如果有机会，我还要高高兴兴地再活它一遍。

（李翠蓉译）

> **参考译文二**
>
> 　　三种情感，三种纯朴，但却极为强烈的情感，一直主宰着我的生活：对爱的渴望、对知识的追求和对人类苦难极度的同情。这三种情感，犹如狂风，将我吹得恰如蓬转，茫无既定路线，把我吹过深不可测的苦海，吹到绝望的边缘。
>
> 　　我追求爱，首先是因为爱带给我极致的喜悦，这喜悦堪称极致，我甚至常常愿意牺牲我的生命，换取几小时这种快乐。我追求爱，还因为爱能驱散我的孤独，那可怕的孤独，孤独中一个颤抖的灵魂在世界的边缘，直视那寒冷的、深不可测的、没有生命的深渊。我追求爱，最后是因为在爱的结合中，我在一个神秘的小天地里，预先见到了的天堂，那个圣人和诗人想象中存在的天堂。这就是我所追求的。尽管这个追求对于人类来说似乎可望而不可即，但它却是我最终寻到的。
>
> 　　带着同样的激情，我追求知识。我希望了解人心，我想要知道星星为何发光，我试图了解数字定律亘古不变的力量。这方面我略有收获，但成绩微薄。
>
> 　　爱和知识常能把我引向通往天堂之路。但同情却把我带回尘界。痛苦呻吟的回响在我的心中回荡。饥饿的孩童，被压迫的受难者，成为子女累赘的无助老人，以及无尽的孤独、贫困与痛苦，人生竟至如此，真是莫大的讽刺。我渴望减少邪恶，但我不能，因此我也跟着受难。
>
> 　　这就是我的生活。我觉得它值得一活。如果我有机会再活一遍，我乐意将这人生再走一遭。
>
> 　　　　　　　　　　　　　　　　　　　　　　　　　　　　　　　　（叶子南译）

短文

文学翻译是否可以发挥？

　　在另一单元（I Want Beauty in My Life）的短文中，我们谈了文学翻译不宜过度解释。**不过度解释这个基本原则绝对必要，但是关键是"过度"一词怎么界定**。空谈其实毫无意义，还是让我们来看看本单元的两个参考译文吧。

　　参考译文一共有618个汉字，参考译文二则仅有528个汉字，相差90个字。把320个英文词翻译成中文后居然有90个汉字的差别，不能算不大。显然两个译者的处理方法肯定不同，翻译理念也有差异。比如说，参考译文一在下面的地方都在原文的基础上有所发挥：

1. 却又强烈地教我无可抵御（overwhelmingly strong）
2. 为攀这极乐至悦之峰（ecstasy so great）

Three Passions

3. 那种寒意教人光想就要发颤了（which one shivering consciousness）
4. 仿佛也就具体而微地提早映现在眼前（in a mystic miniature, prefiguring ...）
5. 此景原应天上有（too good for human life）
6. 我眼见，也目睹（children of famine, victims...）
7. 就生命真谛而言（what human life should be）

我们核对原文后，发现所有这些添加均非空穴来风，原文文字虽没有，却蕴含在语境内。这些添加当然就增加了译文的长度。反观参考译文二，在所有上面的例子中基本没有发挥，或有发挥，但发挥幅度不大：

1. 极为强烈
2. 这喜悦堪称极致
3. 一个颤抖的灵魂
4. 我在一个神秘的小天地里，预先见到了的天堂
5. 可望而不可即
6. 饥饿的孩童……（没有添加眼见、目睹等动词）
7. 对人生的……

这种不同应看作是风格之异，而非优劣之别，其根源也许是文学翻译理念的差异。只要你决定翻译，不管文学还是非文学，一定程度的发挥在所难免。但是任何添加都有潜在偏离原文的危险，至少会转移原文的侧重，比如overwhelmingly strong翻译成"却又强烈地让我无可抵御"，就是把原文很简单的短语拔高成句子，无意中抬高了原文的地位，这也是一种偏离原文的表现。但是，参考译文二翻译成"极为强烈"却又略显不足，因为原文overwhelmingly的接受方一定是人，而"极为"明显缺少那个含义，只是客观描述。于是译者的判断就决定了取舍之不同，反正无法百分之百准确，就挑选一个。怎么选呢？此时译者本身的特质就起了作用。有不同翻译理念的译者就会选择不同的译法。锲而不舍的译者也许还会去寻找更准确但又不甚发挥的译法，但是翻译的目的考量也许会促使译者就此放弃，不再继续推敲，毕竟这样的译法已经"够好了"（参考本书短文"够好了理论"）。

上面说的主要是文学作品，非文学文本，特别是较正式的文本，发挥的余地就狭小多了。

9 It's Cold Out There

▶ 原　文

　　It's been cold out. Really cold, not just normal New York, scarf-and-overcoat December cold but Canadian cold, Arctic cold—the kind of cold that insinuates its way through window frames, and whispers under doors, and chills even perpetually overheated New York apartments. The city may have missed the big snows that have been falling elsewhere in America, crushing the roof of the Metrodome and forcing the Giants into a game in Detroit, but, with the weather this cold, can the snow be too far off?

　　All this makes the people who cackle with derision at the notion of global warming cackle even more, and though we like to shake our heads at the folly of those who choose to ignore the inarguable proof that this year is one of the hottest years on record—still, at the bone, the human genome does seem to conspire against the truth.

(From *All Alike* by Adam Gopnik, The NewYorker, January 3, 2011)

✎ 批　改

　　现在的纽约寒风嗖嗖潇潇[1]，冰冷刺骨。以往的[2]十二月，一条围巾、一件外套足矣。当下，纽约的冷拼得过[3]加拿大，斗得过北极圈。即使有窗有门[4]，送寒风也能鬼鬼祟祟，透过门窗，见缝插针地钻入热得快要烧起来了[5]的家家户户。这雪迟迟不肯光顾纽约，倒是在美国其他地方玩儿得正欢，压塌了都会巨蛋的屋顶，转移了[6]巨人队的比赛地点。但是纽约这天冷得这么不像话，下雪难道不是迟早的事吗[7]？

　　这样的寒冷可正中了一些人的下怀，他们可以逮住机会，冷眼嘲笑全球变暖有多荒谬了。无疑，今年的气温之高在多年来看都是数一数二，可他们才不管。对于这种睁眼说瞎话，我们无可奈何，追根究底，应当是因为"团结起来"[8]反对真相是人性的一大弱点吧。

文本定位　本单元的文字选自《纽约时报》的专栏文章，作者多年来为该报写专栏文章。这是一篇借天气寒冷，发时政议论的文章，一看就知道作者反对那种无视气候变暖的态度。文本归类明显偏向软文本，翻译策略也应该偏向灵活处理。

It's Cold Out There

★ 点 评

1 "潇潇"形容雨,有时形容风雨,但仅是风的话,不用潇潇。另外,接下来的"冰冷刺骨"可以用,尽管原文没有刺骨。这类文章里,这样的添加不仅可以,有时甚至应该鼓励。

2 此处将"正常"换成"以往的",完全可以接受。

3 "拼得过"和下面的"斗得过"都是灵活之译法。

4 这个"即使有窗有门",译文的结构就离开了原文的行文思路,但此处虽"异军突起",却不应给译者泼冷水。只要译者不随便乱用本译文中的灵活方法,不在正规文本中这样用,就应该鼓励。有必要跟踪译者在其他文本翻译中的表现。

5 一路下来,译者添加形象频繁。但"快烧起来"建议忍痛割爱,"过热"就够了。前面的"鬼鬼祟祟"也不必添加。

6 逼走了?因为大雪比赛场地不得不换,所以"转移了"不如"逼走了"好。

7 原文也许有个典故,段落结尾处的 can the snow be too far off 令人想起雪莱《西风颂》中的名句:If winter comes, can Spring be far behind. 如译者想把这层互文关系表达出来,则最好模仿目前雪莱名句的常见译法,如"大雪还会远吗?"详见本单元短文。

8 conspire against 是习惯用法,即"一起反对某事"。此处指人类天性(human genome)有一起不顾事实的毛病。可以弱化 conspire against 的意思,见参考译文。总之,本译文处理灵活,特别是敢于放弃不重要的细节,值得肯定。有关这点请参考本书短文"译者有时要见细不查"。

参考译文一

　　外面异常寒冷,它不是纽约十二月围巾大衣裹身便可抵御的寒冷,而是加拿大的冷,北极的冷。这寒冷从窗框、门缝中钻进屋里,甚至让纽约永远暖气大开的公寓都冰冷了起来。美国其他地区早已大雪纷飞,雪压塌了都会巨蛋的棚顶,使巨人队不得不到底特律比赛,纽约尽管还未下雪,可天气已经这样冷,大雪还会远吗?

　　所有这些都让那些本就对全球变暖嗤之以鼻的人更加得意扬扬。如今,仍有人不理会今年是人类史上最热一年的这一不争事实,尽管我们常对这样的愚昧摇头叹息,然而骨子里,反对真理似乎就是人类的天性。

(刘畅译)

> **参考译文二**
>
> 　　外面冷得厉害。真冷，不是纽约人习惯了的冷，不是寒冬十二月穿上大衣围上围脖就能抵御的冷，而是加拿大的冷，北极地的冷，那种冷会从窗框的隙缝中钻进来，会在门底下呼啸，会冷却室温总是过热的纽约公寓。今年美国其他地方大雪铺天盖地，压垮了明尼苏达大都会巨蛋的天棚，巨人队的球赛只能被迫转到底特律，不过纽约也许已躲过了这场大雪。可是天这么冷，雪还会太远吗？
>
> 　　天这么冷，于是嘲弄全球暖化观点的人就更得意了。可今年其实是有记录以来最热的一年，这些人却偏偏无视这一无可争议的事实。虽然对于他们的愚昧我们只能摇头，可是骨子里人的天性似乎确实不愿意接受真相。
>
> （叶子南译）

短文

翻译中的互文联想

　　本单元的原文中有这么一句：with the weather this cold, can the snow be too far off? 乍一看，这就是一句简简单单的话，没有生僻的词语，没有复杂的句型，谁都看得懂。可是，有文学阅历的人却透过这句话，想到了一句英国文学史上的名言：If winter comes, can spring be far behind?（冬天来了，春天还会远吗？）这是英国著名诗人雪莱《西风颂》里最有名的一句话。

　　显然作者没有完全照搬雪莱的原句，而是改头换面了一下。但是不管它改变有多大，总还是逃不过文学爱好者的目光，让很多人一下子想到了雪莱的原诗。这种在新的文本中浮现旧文本影子的现象并不罕见。比如下面这句：

　　Audiences know Russell Crowe. Russell Crowe is their friend. Orlando Bloom is no Russell Crowe.

　　这是影评中的一句话。作者将著名的Russell Crowe和相对不那么著名的Orlando Bloom比较，却在文中放置了一个经典语段的基本结构。这三句话模仿了当年民主党副总统候选人本森奚落共和党候选人奎尔的话（I knew Jack Kennedy. Jack Kennedy was a friend of mine. Senator, you're no Jack Kennedy）。再比如：

　　He is surrounded by books piled high on the floor, desk and shelves including many translations of his most famous tome, which launched 1,000 academic conferences before a

It's Cold Out There

bunch of suicide pilots turned theory into practice on September 11, 2001.

上面这段中的launched 1,000 academic conferences容易让人想到希腊神话中描写海伦的那句著名的诗句：

> Was this the face that launched a thousand ships
> And burnt the topless towers of Ilium?

新的句子中仅仅用了face that launched 1,000 conferences，但还是一下子被人们认出来了。

这种文本和文本之间相互的关联，有人称之为"互文性"。最典型的互文就是引用前人的话语或使用成语，因为你是照单全收了前人的话语。但有的情况下，如我们上面的三个例子，却不是完全的照搬前文，而是改头换面。这种情况实际也是互文关系，但是后来有人将完全的引用称为"互文性"（intertextuality），而把变换改变的那类称为"超文性"（hypertextuality）。其实我们未必需要搞懂这些术语，只需知道这一基本现象就行。**从上面的例子中我们看到，先前的那个文本都是著名的，都是典故。所以译者就有必要发现典故。这些典故的使用有时会很重要，如在一些文学作品中，它会是作者刻意的安排。但在很多文本中，并不那么重要，也许作者希望用这么个典故显示一下自己的博学，所以译者需要具体分析，掂量每个有互文特征句子的重要性。**如不重要，翻译时则可不去管它，怎么翻译都行。但若有必要反映出来，那么唯一的办法就是直译或接近直译，尽量保留原文的语言结构，这样才能让"懂行"的译文读者也能联想到源头那个经典的词语或句子。

Kingdom of Heaven

▶ 原文

First things first. "Kingdom of Heaven," director Ridley Scott's return to the sword-and-sandals genre he revived with "Gladiator", is nowhere near as entertaining as that 2000 film. It's also nowhere near as awful as the inert bores that followed "Gladiator" into theaters—the wooden "Troy" and the demented "Alexander". It is, instead, a mostly lumbering, occasionally rousing epic that walks a bizarre line between historical fact and Hollywood wishful thinking.

More than anything, this often fascinatingly confused Crusades epic lacks a leading man with the stature to put it over. Audiences know Russell Crowe. Russell Crowe is their friend. Orlando Bloom is no Russell Crowe.

To be fair, Bloom is not actively bad as Balian of Ibelin, a French blacksmith who becomes the defender of 12th-century Jerusalem against religious fanatics of all stripes. The face that launched a million adolescent sighs as Legolas in "The Lord of the Rings" is handsome and sincere; he reads his lines well and tosses a sword like a man trained in the finest fencing academies of Brentwood. He is not unlikable. But he seems like a man holding the fort for a genuine star who never arrives.

From *The Boston Globe*

✎ 批改

当务之急[1]，德雷利·斯科特导演的电影《天国王朝》再一次为荧幕观众送上一部金戈铁马、刀光剑影[2]的史诗。这一电影类型曾在其导演的《角斗士》一片中被演绎得精彩纷呈[3]而得以再生。但《天国王朝》一片的娱乐性远不及2000年拍摄的《角斗士》，又不像继《角斗士》之后搬上荧幕的《特洛伊》和《亚历山大》那么糟糕死气沉沉。《特洛伊》稍显呆板，《亚历山大》略有狂乱。然而[4]《天国王朝》却是一部极其沉重，却偶有激动人心之处的史诗片，它在历史事实和好莱坞的幻想中间走出了一条奇异的电影路线[5]。

重点是，这部描写常常令人着迷得困惑不解[6]的十字军东征的史诗却缺乏一位身材威猛的男主角在本片中起作用[7]。荧幕观众们都知道影星拉塞尔·克劳，他已经成为观众们的朋友。而奥兰多·布鲁姆却不能与拉塞尔·克劳同日而语[8]。

公平而言，布鲁姆作为演巴里安并不是那么差劲[9]，巴里安是一位法国铁匠，他成为12世纪耶路撒冷抗击各路宗教狂热分子的卫士。布鲁姆那张即既英俊又诚实的脸可以与《指环王》中的莱格拉斯媲美，令无数青少年惊艳不已[10]。他的台词背得滴水不漏，挥起剑来如同在布伦特伍德最优秀的学院训练出来的那样。并不是人们不喜欢他，而是他看上去似乎是一位把守要塞的勇士，等待着一个永远不会出现的真正明星的到来[11]。

Kingdom of Heaven

> 本单元的文本选自《波士顿环球报》的一篇影评。影评，顾名思义就是要对电影内容表达意见和看法，所以它肯定是有作者态度和倾向的文字，有主观色彩的文字。加之内容牵涉娱乐，所以将其列入软文本应该可以，翻译时也应偏向灵活处理。

文本定位

⊛ 点评

1. first things first 这个短语就是字面的意思，即把最重要的先说。

2. "金戈铁马""刀光剑影"的意思和原文 sword-and-sandals 有很大的文化差异。英文指一种特殊的电影，多以古代，特别是基督教文化为背景的史诗片。但是汉语的"金戈铁马"和"刀光剑影"虽然都表示战争的武器和战事，但是却有完全不同的文化内涵。主张翻译归化的人也许认为这没什么不好，甚至会觉得应该鼓励使用这类词，但是我们还是建议保守一些为好，毕竟原文是专门指某一特殊类别的电影，不是泛指，而是特指。所以并不排除直译成"刀剑加草鞋"。若不喜欢直译，则可以简单地翻译成"古代史诗片"等。

3. "演绎得精彩纷呈"似乎有过度添加之嫌。翻译这类影评不必很拘谨，但是简洁的文风总归是要提倡的，添加修饰性的文字还是收敛些为好。

4. instead 这个词不能翻译成"然而"，因为这里没有"然而"的意思。若要翻译也许可以翻译成"相反"，但是在这类文本中，这种词不翻译也可以。见参考译文。

5. 一方面导演要顾及史实，不能瞎编乱造，但是另一方面为了电影好看，又不得不启用一些好莱坞的把戏，导演自知好莱坞那套东西有瞎编乱造之嫌，所以他在这两者之间走钢丝。说"电影路线"太大了些。大意就是在好莱坞和史实之间走钢丝。

6. 到底是谁 confused? 原文是 fascinatingly confused Crusades epic，其中有动词性质的词，如 confused 和 fascinatingly 都应该有逻辑上的主语和宾语，也就是谁使谁糊涂了，谁让谁着迷了？你这里的译文是"令人着迷得困惑不解"，好像是人们困惑了，但是这里显然是 epic was confused（confused Crusades epic），注意如果是"令人困惑"的话，应该是 confusing epic。当然 epic 是不会 confused，因此这里就出现了隐喻，也就是说，并非是史诗片 confused，而是制片的导演，正因导演 confused，所以才有了这种离谱的剧情，离谱到写这篇文章的影评家都觉得那实在有点令他眼花缭乱（this critic is fascinated by the confused nature of the picture）。fascinatingly 不是取其正面的意思。其实，在翻译这句话时大致意思到位就可以了，因为这不是一篇注重文字的文本，如"这部史诗缺少一位镇得住的男主角"。若不知道以上分析的意思就删掉细节，当然不恰当。但搞清楚了

fascinatingly confused 的意思后，觉得在这样的文本中这种细节不重要，然后删除细节，这种处理方法偶尔会见到。

7 这里的 the stature（with the stature to put it over）不仅仅是身材的意思，还可能有在好莱坞的地位身份的问题。当然这个演员确实从身材上说，没有后面提到的罗素·克罗魁梧，但是同时在地位上也不及后者。至于 put it over 的基本意思就是 communicate successfully，但在这里这种 communication 是在电影和观众之间，观众喜欢了就可以说是 communicate successfully，显然这位影评家并不这么认为。但是在这样的影评里翻译可以较灵活，大意就是缺少一个能镇得住的男主角来赢得观众的喜爱。

8 原文中的 Russell Crowe is their friend. Orlando Bloom is no Russell Crowe 套用了美国著名政治名言，所以有典故在其中。当年美国共和党副总统候选人参议员丹·奎尔和民主党副总统候选人本森电视辩论。奎尔自比年轻的肯尼迪总统，想突出他的年轻，但年龄较大的本森，则马上用嘲弄的口吻反击：Senator, I served with Jack Kennedy. I knew Jack Kennedy. Jack Kennedy was a friend of mine. Senator, you're no Jack Kennedy。本文作者这里的句子就和上面的名言有互文的关系。但是本文并不是把玩语言的地方，况且大多数读者也不会注意这点。所以译者不必考虑太多，传达了文字的基本信息就行了。

9 布鲁姆正是演了伊贝林的巴里安这个角色，所谓 not actively bad 就是说他表演不错，或者说作为演员（actor）他表现不错。但作者认为布鲁姆先天条件却不够。Balian of Ibelin 可查百科全书。

10 这句出现一个很大的理解问题，这说明译者在翻译时不能仅凭感觉走，不去仔细分析句子的结构是不行的。本句错误的关键是时态。发生在 that launched a million adolescent sighs as Legolas in "The Lord of the Rings" 的事是过去的事，而下面的 handsome and sincere; he reads his lines well and tosses a sword 都是现在的事。而译文把过去的和现在的混在一起了。这句的基本意思应该是，曾经令无数青少年喜欢的那张脸，现在仍然是 handsome and sincere，而且他也 reads his lines well and tosses a sword。也就是说，launched 是过去的，但是 is handsome and sincere，reads 和 tosses 是现在的状态或动作。这可不能混起来。另外，fencing academies of Brentwood 指击剑项目强的学校，整句就是说剑耍得好。将时间前后分清后，译者其实倒应该有更多的主动权，这个文本主要讲信息，所以处理时大可不必太拘谨。

11 hold the fort 表示在大队人马来救助前，先守住堡垒的意思。此处在说布鲁姆在真正的明星到来前先守在那里，对付着演。显然作者在表明他对布鲁姆的态度。翻译时，最好能保留住"守城堡"这个说法，具体怎么翻译倒不应该规范。看参考译文。

Kingdom of Heaven 10

参考译文一

　　2000年，导演雷德利·斯科特凭借《角斗士》让"刀剑加草鞋"式的古装史诗片浴火重生。时隔五年，他的这部《天国王朝》回归了这一类型，可是一点也不如《角斗士》好看。不过，《天国王朝》也不像《角斗士》后同类型的《特洛伊》或是《亚历山大大帝》那样有气无力、令人生厌——前者如那头木马般呆头呆脑，后者跟主角一样疯癫。《天国王朝》是一部让你大部分时间昏昏欲睡，偶尔眼前一亮的史诗片，是游走在历史事实和好莱坞奇思妙想之间的怪物。

　　这个十字军东征故事结构混乱，让人抓狂，并且缺少一个有血有肉的男主角让观众记住，这是本片最大的败笔。观众记得罗素·克罗，他是票房明星。跟他相比奥兰多·布鲁姆可差远了。

　　话说回来，布鲁姆塑造的伊贝林的巴里安（剧中的法国铁匠，12世纪耶路撒冷城的护卫者，抵抗宗教狂热分子）这个形象还说得过去。那张俊脸在《魔戒》中以"精灵王子"一角出现时无数少男少女为之倾倒，在本片中依旧英俊率真。他台词背得不错，宝剑挥舞起来有模有样，像是剑术最高学府里出来的。他没那么讨人嫌。可是片里的他坚守城堡，像是在巴巴地等着一位一直未现身的真正大明星出现。

（学生作业）

参考译文二

　　重要的先说。《天国王朝》是导演李德雷·斯各特继《格斗士》后的又一部史诗片。他因《格斗士》而使这类史诗电影重新热了起来，但《天国王朝》的娱乐性却远不如2000年拍的《格斗士》，不过也远没有《格斗士》后推出的另外两部没劲的片子那么差——沉闷的《特洛伊》和狂乱的《亚历山大》。《天国王朝》是一部大部分时间令人沉闷，偶尔也能让人振奋的史诗片，导演走着一条奇特的钢丝，又想不题史实，又要采纳好莱坞的套路。

　　最令人感到欠缺的是，这部戏与史错乱得让人眼花缭乱的十字军史诗片缺少一位能镇得住场面的男主角。观众都知道罗素·克洛。罗素·克洛是他们的朋友。奥兰多没有罗素·克洛的魅力。

　　公平而论，布鲁姆演伊贝林的贝里昂演得不算差。贝里昂，这位法裔的铁匠，力挫各类宗教狂徒，保卫了12世纪的耶路撒冷。布鲁姆曾经在《魔戒》中扮演雷格拉斯，他有一张曾使无数青少年为之倾倒的脸，在本片中也显得帅气、真诚，读起台词来很不错，挥起剑来也显得训练有素。布卢姆并非不可爱，但是他却像一位守着城堡等待明星到来的人，真正的明星却始终没有登场。

（叶子南译）

> **短文**

什么叫"够好了"理论？

本单元中有这么一句 He reads his lines well and tosses a sword like a man trained in the finest fencing academies of Brentwood。在这个语境中 Brentwood 就未必要翻译成"布伦特伍德学校"。翻译成"好像上过击剑课""受过良好的击剑训练",甚至"剑挥得好"都差不多。如果严格按照对等的标准,确实应该加上"布伦特伍德学校",因为原文明明写在那里,不应该删掉。但是我们都知道,在这个上下文中具体学校名称意义不大,根据我们这里的翻译目的,仅仅说"挥起剑来也显得训练有素"已经够好了。当然换个语境的话,这样删除校名就不恰当,如 He attended The Center for Early Education, Brentwood School 这个句子中,Brentwood 就应该翻译出来。

这个例子说明,我们不是总死盯住文本求对等,有的情况下,由于翻译目的的不同,我们会放松"准确"的标准,因为有时没有必要百分之百准确。具体的翻译需求从来都不是脱离社会现实的真空需求,译文使用者的需求并非一定和原文的一致,也就是说,译文的使用者可能并不需要和原文完全对应的译文。目的论的支持者能找出说不完的例子来支持这个论点。最能说服人的例子就是林纾的翻译。众所周知,林纾不懂外文,他是靠别人口述来翻译的。假如以文本对等为标准,那么林纾翻译中的错误或增删之处肯定不少,但当时的社会现实需要林纾的翻译,林纾也不负社会的期望,满足了人们的需要。**所以准确并非是一成不变的,译者未必总要追求绝对准确,达到交流的目的就够好了(good enough)**。可以这么说,在有些场合,达到最低标准就已经够好了,没有必要去追求那个最高标准,因为,我们毕竟还要进行"经济核算",不能无止境地去追求完美。因此皮姆就提出高危险(high risk)和低危险(low risk)这对概念,认为一篇文章里,有些地方事关重大,得非常谨慎,翻译时花去的时间就会较多,比如一个牵涉主题的名词;但是有些地方则没那么重要,花费的时间就可以少一些,比如一个仅起修饰作用的形容词,译者不应该均匀地分派时间。

翻译需要准确,但是我们也需要知道有时过于"准确"反而适得其反,特别是在不用很"精确"就可以达到翻译目的的情况下。有时细节的准确还会影响整体的效果,特别是在软文本的翻译中尤为如此。**"够好了"理论虽称不上什么理论,但是却可以在这种情况下,为我们不"穷追到底"找到一些依据**。当然,这只是求准确道路上的一个修正或补充,却不能成为翻译的"主旋律",学习翻译最需要牢记的仍然是对等这个概念。

有关皮姆提出的"够好了"这个概念,可参见北京大学版《认知隐喻与翻译实用教程》中"在不同语境中诠释准确的涵义"这一小节(第120页)。

Ronald Reagan Is Dead

▶ 原文

Ronald Reagan is dead now, and everyone is being nice to him. In every aspect, this is appropriate. He was a husband and a father, a beloved member of a family, and he will be missed by those he was close to. His death was long, slow and agonizing because of the Alzheimer's Disease which ruined him, one drop of lucidity at a time. My grandmother died ten years ago almost to the day because of this disease, and this disease took ten years to do its dirty, filthy, wretched work on her.

The dignity and candor of Reagan's farewell letter to the American people was as magnificent a departure from public life as any that has been seen in our history, but the ugly truth of his illness was that he lived on, and on, and on. His family and friends watched as he faded from the world of the real, as the simple dignity afforded to all life collapsed like loose sand behind his ever more vacant eyes. Only those who have seen Alzheimer's Disease invade a mind can know the truth of this. It is a cursed way to die.

From Rense.com by William Rivers Pitt

✎ 批改

罗纳德·里根已逝，人们对他非常和善[1]。无论从哪个角度说，这都是合理的。他曾是~~一个~~丈夫，~~一个~~父亲，~~一个~~受爱戴的家庭成员，亲近他的人[2]一定会思念他。他的死亡是漫长且痛苦的，因为他患上的是阿兹海默症，这病慢慢地吞噬他的神智，以~~致~~至摧毁他[3]。我的祖母去世快十年了[4]，也是由于这种病。阿兹海默症用其肮脏，邪恶的力量[5]折磨了她十年。

里根给美国人民的告别信中充满了尊严和真诚，他的公共生涯告别仪式[6]辉煌宏大，丝毫不比历史上任何一位逊色[7]。但是他的疾病的丑陋事实[8]是他的生命还在不断地继续，拖延。他的家人和朋友看着他一点点远离真实的世界，在他日渐空洞的眼中，生命简单的尊严崩溃如同散沙[9]。只有那些看到过阿兹海默症如何侵蚀思想的人才能明白这一事实。这种死法犹如被诅咒[10]。

文本定位：本文和前面的几篇一样，都是对人物的评论。本文作者对美国前总统里根有很负面的评价，表达过程中用的词都是普通生活中的一般用语，不是什么政治领域的大字眼，文本应该属于软文本。翻译时要采用灵活处理的办法，太一本正经了的话，就翻译不好了。

★ 点评

1 译文比较模糊。is being nice to someone 和 is nice to someone 应该有区别。is being 提示这个状态是临时的，有时甚至有虚假的意思，但 is nice 却没有这个意思，就是描写事实。这里就是说，人死了，苛刻的言语会收敛，礼貌的用语会登场。译成"显出友善"要比"非常友善"能更好地反映这个意思。另外，"友善"这一选词也不太好，未必一定要用形容词，见参考译文。

2 接近他的人，周围的人身边的人？原文 close to 未必都是亲近的人，汉语亲近似乎更有一层亲密的意思。

3 用"慢慢吞噬"表达 drop of lucidity at a time 可以。Drop 一词的使用表示 lucidity 被比喻成液体，仿佛清醒的神志如水，一滴一滴地流光。若用"一点一点"或"慢慢"，就最好不在后面用"摧毁"，因为"摧毁"是个快动作，和慢慢的过程不协调。

4 原文 almost to the day 没有反应出来。大意是"十年前差不多在同一天"。但是这类文本大可不必计较这些细节。严格的法律合同文本就不同了。

5 此处的三个形容词最好不要死抠字眼，因为三个词都有些拟人化。有的文学作品中也许可能要设法找对应词，但这里未必。简单地译成"病魔折磨她十年，手段极其残忍"基本到位，细节的缺少在此类文本里，似可忽略，因为这不是一篇以文字取胜的文章。

6 没有任何仪式。他仅仅有一封告别信。不要随意添加。

7 这一整句意思不清楚，估计理解不够到位。大意是告别信写得有尊严又诚恳，美国历史上告别时走得从容者不少，里根也算是一位。

8 避免"丑陋"，ugly 的基本意思就是 unpleasant，不一定要用"丑陋"。此外，"他的疾病的丑陋事实"这种说法也很别扭。这不是正规文本，不必面面俱到，"事实"这样的词放在译文中往往会使译文读不下去，省去也无妨。注意，这类文本译出大意，不要太死板。

9 本句中隐喻至少有两个：life collapsed like loose sand 和 vacant eyes。详见本单元短文，并见参考译文。

10 当然直译也是一种译法，但未必需要这样贴近原文，基本意思就是死得惨。文本类型决定了这类词在这样的语境中未必要求字字对应。见参考译文。

Ronald Reagan Is Dead 11

参考译文一

　　罗纳德·里根已经不在人世，现在好像每一个人都在说他的好。无论从哪方面来讲，这都属合适。他是一个丈夫，一位父亲，一个受爱戴的家庭成员，曾经生活在他周围的人都会怀念他。阿兹海默病使他每况愈下，清醒的神志渐渐离他而去，病魔慢慢地折磨他，使他痛苦万分，直到去世。我的祖母在十年前几乎同一天也因为患有阿兹海默病去世，这个疾病苦苦折磨了她十年。

　　里根写给美国人民的告别信既坦率又有尊重，像他这样离开公共舞台堪称完美，在历史上也是一个典范。但令人讨厌的是，他的病却让他一直慢慢地活着。他的家人和朋友看着他渐渐远离真实的世界，人在生命中所有的基本尊严在他越来越空洞木然的眼神中像散沙一样倒塌。只有那些曾经见过阿兹海默病的人才会知道这病是如何摧残人的心灵。这种死法是很痛苦的。

参考译文二

　　罗纳德·里根去世了，一时间应景溢美之词不绝于耳。这怎么说都不为过。里根是位丈夫，又是父亲，家里的人都深爱他，周围的人也怀念他。他患了阿兹海默症，清醒的神志一点点丧失殆尽，他死得既缓慢又痛苦。十年前差不多在同一天，我的祖母也因同样的病去世，整整十年，病魔折磨她，手段极其残忍。

　　里根给美国人民的那封告别信写得不失尊严，尽显坦诚，美国历史上，公众人物谢幕时走得从容庄重者，里根堪称是一位。但令人讨厌的是，他的余生年复一年地拖延下去。家人和朋友眼看他慢慢从这个真实的世界里离去，他眼中是无神的目光，一个人该有的尊严感也随之荡然无存。若没有亲眼见过，谁能相信这病魔侵袭人的大脑竟是如此可怕。这个死法真是叫人受罪。

（叶子南译）

短文

译者有时要见细不查

这段里最难处理可能是下面这句：

His family and friends watched as he faded from the world of the real, as the simple dignity afforded to all life collapsed like loose sand behind his ever more vacant eyes.

难在何处？难在隐喻在句中"捣乱"，使译者不知所措。前半句很简单，里根在家人和友人的眼里渐行渐远，正离开这现实的世界。但后半句就不简单了，因为句子里有一个颇"怪异"的隐喻，即dignity collapsed。为形容如何collapsed，作者又用了like loose sand，而这个collapsed是发生在一个地点的，即behind his ever more vacant eyes。简单地说，就是dignity collapsed behind his eyes。这是个很"怪异"的比喻方法。

若是文学语境，也许我们不会轻易忽视这个隐喻，比如Her sighs will make a battery in his breast; her tears will pierce into a marble heart. (from Henry the Sixth, by Shakespeare) 这句若译成"她的叹息和眼泪将使他的内心深受打击"，显然就抹去了莎士比亚的文学特征，因此保留隐喻一般是翻译家的首选，如"她的叹息会攻打他的胸膛；她的眼泪会滴穿铁石的心"（梁实秋译）。若以此思路翻译我们这句话，就可能是"所有生命赋有的朴实的尊严在他那空洞的眼睛后面如散沙一般塌落"。你说看不懂，但是原文就是这么说的。文学是奇语，而奇语并不以读者看懂为目的。

但是本句是选自一篇普通报刊上的时文，即便作者用了这个不寻常的隐喻，文本的主旨仍然是传达信息，读原文的人大致还是能掌握这句的意思，但翻译成汉语后就不得而知了。所以若译者觉得难懂，简化掉隐喻应该没有问题，细节未必需要都依样画葫芦地搬到汉语中来，只要看懂就行，毕竟这不是在拿语言"作秀"。参考译文二译成"家人和朋友眼看他慢慢从这个真实的世界里离去，他目光无神，一个人该有的尊严感荡然无存"，就放弃了不少细节，隐喻的主干collapsed没有了，明喻like loose sand没有了，甚至连表示地点的behind也没有了。但dignity collapsed的核心意思却还在。

有时，特别是在非文学语境里，见细不查也许是必要的，面面俱到反而不好，因为那样也许会整出了很怪异的译文来。

12　O Baby, Baby

▶ 原文

A man would like to keep improving, even in his decline years, and surprise himself with some little feat now and then, such as begetting a daughter, as I did recently, a lovely one with bright eyes and long, delicate fingers. I am a guy who in August entered the 55-to-65 age group, which the New York Times recently referred to as "the near elderly" (thanks a lot), and who in December stood in the delivery room and watched her appear, and who now rises from a sound sleep at her siren call, which comes sooner than one expected and is electrifying.

She is not an easy baby you can shoehorn into your busy schedule the way people do nowadays. Not a hobby baby. It would take a village to raise this child—about 68 people, in other words: walkers, feeders, scrapers, dressers, bouncers and maybe the Mormon Tabernacle Choir to come in an hour or two in the evening and hum.

Well, what else did I have in mind for my twilight years? Not that much. A writer turns 55, the old double nickel, and the slender thread of inspiration has unraveled and you clomp around in circles like an old pony at the pony ride and beautiful women come up and tell you how much their mothers liked something you did in 1975. Your prose style turns flabby. Your work has the shelf life of tropical fish. Compared to that, fathering a baby is sheer nobility, a shot at immortality.

From "O Baby, Baby" by Garrison Keillor, from *Time*

✎ 批改

男人即便是垂垂老矣[1]，也总想不断进步，还想时不时用一些小成就来给自己惊喜，比如生个女儿~~的出生~~[2]。我最近就当上了一个可爱女孩的爸爸，她有着明亮的双眸、纤长的手指。今年八月，我步入了55～65岁的行列，按照《纽约时报》最新的说法，我们是"近老年人"（多好的称呼[3]），12月时，我站在产房里看着女儿降生，现在，她的声音如有魔力[4]，将我从熟睡中唤起，而我本以为要过一会儿才能听见这震撼人心[5]的声音。

她不是个让人省心的宝宝[6]，你没法像现在的人一样，把照顾她塞进紧张的日程安排里[7]。照料她不是件轻松愉快的事情，这事需要一个68人左右的村庄[8]，也就是说，得有人带她散步、喂她食物、帮她清理、给她穿衣、逗她开心，也许晚上摩门大教堂合唱团还要来为她哼唱上一两个小时。

哎，~~时至暮年~~到了这个岁数，我还有什么心事呢？也没什么了吧。一个55岁的作家，年过半百[9]，才思枯竭[10]，有如游乐场里的老马在吃力地绕圈，美女过来向你说她的母亲曾多么倾慕你在1975年所为的那些往事[11]。你的文风变得松散，作品的上架时间和热带鱼的寿命一样短暂。相比之下，为人父是纯粹而高尚的，有望成为不朽[12]。

> **文本定位**
>
> 本文选自《时代周刊》。作者随手写来，把一个作家年龄大了，力不从心，文思枯竭的无奈心情和泰然态度表现得非常完美。文章写得随意，无正式语言的痕迹，归于软文本很合适。翻译时则也应该在译文中营造同样的气氛，文字也要灵活。

★ 点 评

1 declining years 译成"垂垂老矣"过分了些。有同学用"韶华不再"也不恰当，"韶华"表示美好时光，和 declining 并不相同。相反，参考译文一用"年纪不饶人的时候"就更准确。后面的 twilight years 译成"暮年"尚可，但"暮年"是老年的意思，这里在说"准老年"，所以还不如说"到了这把年纪"。

2 原文明显是一个以男人作为主语的动词，没有理由换成"出生"，因为照原文表达并不困难。另外，此处和后面分开成两句，这倒没有问题。

3 显然有讽刺意味，建议仍用"谢"这个词，如"多谢啦"。

4 siren 原为警车警报声，siren call 常指诱人但危险的声音，典故可查字典。但此处最好不用"魔力"这类词，大意就是闻声而起，解释成"惊人的声音"就行。

5 选词可斟酌。基本含义就是"惊"，英文是 thrilling, stimulating 等。"震撼"太强了些。

6 把 easy baby 翻译成"让人省心的"，不错。若一定要贴近原文，也许可以翻译成"容易带的孩子，但"省心"似乎更好。

7 "塞进……忙碌的日程表"之类的说法既接近原文隐喻，也能让中文读者接受。但也可以不按照隐喻处理，解释一下，如"在百忙中挤出一点时间来照顾"。此处"把照顾她塞进日程安排"中文似不通。"把她塞进"更合理。另外，最好是"塞进日程里"或"安排到日程里"。

8 意思有出入，原文没有说村庄有 68 个人。应该说需要一村子的人，算一算得有 68 个人（见参考译文）。不要把 68 个人和村庄直接放到一起，因为 it takes a village 是英文中的一个固定说法，很多人认为源自喜莱莉·柯林顿的书名，但是这之前就已经是语言体系中的说法，强调一件事要大家来完成。

9 避免用 old double nickel 的直译法可以，因为原文是建立在美国货币的基础上的，汉语未必要照搬。但也有人会直译，见参考译文一。

10 这个汉语成语基本反映原文的意思，不错。原文是隐喻说法，thread unraveled 表示灵感的线拧不成一股了，隐喻基础是 failure is division。参考译文一直译也是一种选择："灵感的细丝已经不再成缕"。

11 指 1975 年时所写的作品。"所为的往事"太宽泛，此处就是指作品。另外，倾慕更多用于人，欣赏似更好。

12 作家原本的向往是作品之不朽。既然作品不能不朽，生个孩子也是个传承不朽的方式。"有望"一词用得好，因为 shot at 只是目标，而不是达到目标。

参考译文一

　　男人总想着能不断进步，就算到了年纪不饶人的时候，仍希望不时做出些小小的事迹来让自己刮目相看，比方说生个女儿之类的，而我最近就生了一个好可爱的女儿，她的眼睛明亮，手指细长。我八月时就跨入了五十五岁到六十五岁这个年龄层，《纽约时报》最近称这群人是"近老年"（多谢啦！）十二月时，我在产房看着女儿出生。现在呢？我睡得正香却被她的致命呼唤叫醒，没想到她这么快就哭起来了，哭声令我如遭电击。

　　好带的孩子，你可以在百忙中挤出一点时间来照顾就好了。现在的人都是这么做的，但我的女儿可不行。她不是那种让你当成嗜好的孩子。要养大这个孩子得动用一村子的人——算算大概要六十八个人手：要有带她散步的，喂她奶的，抓她痒的，替她穿衣服的，逗她玩的，晚上可能还要摩门教圣堂唱诗班来哼一两个小时的曲子才成。

　　话说回来，我步入暮年，心里还有什么别的打算吗？也实在没什么了。作家到了五十五岁，两个五叠在一起，灵感的细丝已经不再成缕，只能拖着笨重的步伐兜圈子，像迷你马场给小孩骑的那匹老马，美女会走过来对你说，她妈妈很欣赏你在一九七五年做的某些事。你的散文风格失去了劲道，作品的商业寿命好比热带鱼。想想这些，能养个孩子是多么崇高的事，等于是获得永生的机会。

　　　　　　　　　　　　　　　　　　——选自台湾《解读时代》

参考译文二

　　常言道：老骥伏枥，志在千里。今年八月，我自己刚刚跨入《纽约时报》最近所界定的"准老年人"行列，即55岁到65岁之间。四个月之后，我便站在产房，等待女儿的降生。这个明眸善睐、十指纤纤的小精灵的到来就是让我的老年生活时不时有些小成就感的例证。如今，她清脆的啼哭如同警报，常常将我从熟睡中唤醒。这警报来得比预期的早，让我兴奋不已。

　　女儿从不循规蹈矩，普通人带孩子的那套规则对她无济于事。于是乎全村68人悉数上阵，共同投入了这项"浩大工程"。助其学步者有之，喂奶喂食者有之，沐浴擦身

> 者有之，穿衣解带者有之，嬉戏玩耍者有之。摩门合唱团甚至也要时不时地过来捧捧场，在晚上哼上一两个小时。
>
> 　　五十五岁的我本已江郎才尽，文思枯竭，接近创作生涯的终点。这就好比骑着一匹上了年岁的矮种马，笨拙不堪，只能原地徘徊。这时一位妙龄女郎向你走来，原来你1975年的作品是她母亲的最爱。文风既已拖沓，则无传世名篇。老来得子，倒不如尽享天伦，将这一崇高事业进行到底。生命不朽，夫复何求？
>
> （张宇 译）

短 文

幽默等类杂文的翻译

　　翻译正规文体的文字不容易，错译的后果严重，如经济法律类文章，都承载重要信息，错译造成的损失有时即可显现，如一纸合同译错了，可能影响贸易正常进行。但是非正式文本，如含幽默、讽刺、调侃等杂文类的文本，有时要比正式文字更难处理，尽管错译的后果不是那么立竿见影。正式文本大多数都是以信息为主，没有作者的态度或主张，但议论杂文等文本中作者总是表明自己的观点、立场、态度、看法，**而这些常因人而异，很难把握，译者得经常有自己的解读，有发自内心的权衡，有异于他人的选择，所以这类文本不强调"求同"的一面，而强调"存异"的一面。也就是说，幽默等短评杂文译法最难规范，译者和译者之间可能差别很大，翻译出来的译文可以非常不同，幽默笑点体现的方式也会不同，但是基本语义，整体效果却应该和原著一样。**

　　比如本文写一位江郎才尽的作家，字里行间都透露出他幽默的痕迹，怎么翻译就得推敲，简单的一个thanks a lot，在译文中就未必好译。再比如有些词实在没有固定译法，任由译者发挥，而译者面对的选择又不止一个，这时译者的功底就很重要，如electrifying一词译成"震撼"如何？保留隐喻直译成"遭电击"好呢，还是意译成"惊人"，即thrilling, stimulating的意思？这些最好都有一个利弊的权衡，而不是想到哪个用哪个。

　　这类文章不仅传递信息，还有作者的口气，只是意思对了也许不够味，所以有人就希望在翻译时表现一下自己的行文特色，添加些文采，这也许无可指责，但仍然需要有一个度。本文的第一段有同学译成"男儿当自强，即使已不复当年勇，仍应推陈出新。比方说，我最近就添了个女儿，是个眼睛明亮、十指纤细的漂亮女娃"，文字上显然和较忠于原文文字的参考译文一不同。有人甚至走得更远，如"堂堂男子汉，总是雄心不已，即便是老骥伏枥，仍想着志在千里，不时闹腾出一番小事业来，连自己都刮目相看，比如说，生个女儿之类的事。这正是我近来所为，不瞒您说，我老来得女，刚生了一位女儿"。在这类文章翻译的领域里，恐怕我们不能仅仅认为只有参考译文一才是可取的译文，这里需要多元。但是翻译毕竟是翻译，过度地演绎，无止境地脱离原文仍然是需要我们警惕的。**不管怎么说，大部分情况下，我们仍然需要一句一句地译**。所附两个译文的风格不同，译文一在细节上更准确，译文二则在汉语的整体上更流畅，但在细节上就有些疏漏，译文中有些跳脱原文的译法会被一些人当作是佳译，但有些却会认为已经越过了翻译的界限。这里放上两个截然不同的译文供参考。

⑬ A Sermon

▶ 原文

Now where that unfortunate man went wrong is not that he failed to act the part of watchman with sufficient care—for surely we would all agree that he did everything that could have been expected of him in that direction. No. Where he went wrong was in expecting too much of himself, in not facing up to the fact that possibility of failure is implicit in all human actions; in not realizing that, in the last resort, none but the Lord can keep the city.

I would like to think that if this man had been possessed of a true and devout communion with God, and had been supported by the self-knowledge that can be derived from such a communion—I would like to think that he would have been better equipped to see his misfortune in a clearer light, and that he would not have succumbed so completely to the blow which fate had dealt him.

All of us gathered here together this morning have suffered, I am sure, our own disasters, some great, some not so great. Disasters, indeed, are something that few of us can hope completely to avoid during the stormy course of life here on earth. And I am equally sure that many of us have been sustained at the times when misfortune has struck by the realization that if only we will give Him our trust the Lord will be there to keep the city.

Man alone cannot hope to be the defender of his own city. Can we honestly say, any of us, that by our own efforts alone we can be certain of maintaining our defenses intact? Try as we will, take whatever precautions we can think of, somewhere, sometime, we are certain to fail. There are so many doubts and uncertainties to assail mortal souls, so many enemies who come by night and conquer by stealth.

From *Linguaphone Advanced English Course*, by LG&DE

▶ 批改

如今看来[1]，这个不幸的人犯的错不在于没有尽到看守人的职责，不够细心——因为可以肯定的是[2]，他在尽职防范这方面已竭尽所能。是的[3]，他犯的错在于对自己要求[4]过高，没有正视到[5]任何人类行为都有失败的可能；也没有意识到最终只有上帝才能守护家园城池[6]。

我认为，如果他能真诚地与上帝交流[7]，并因此有自知之明对自己有更深刻的认识——我想，他就能更清楚地去看待他的不幸，也就不会被这命运的打击压垮。

今早齐聚一堂的我们，我[8]确信，大家都曾遭受过灾难，这些灾难或严重或轻微。在充满风雨的人生历程中，确实没有几个人会全心全意地祈祷能避免一切灾难[9]。我同样可以肯定，我们当中的大多数人在遭受厄运的时候才会意识到，要是我们信仰上帝该多好，那样他就会保护我们的家园城池[10]。

人类不能期盼自己成为家园城池的守护者。我们中任何人谁能坦诚地说，仅凭自己的努力就能保护好家园，使其完好无损？我们尽可想尽办法，在某时某地用上我们想到的所有预防措施[11]，但我们定会失败。有太多的怀疑和未知[12]攻击我们凡人的灵魂，有太多敌人在夜间暗中来袭[13]。

A Sermon

> **文本定位** 本篇和前面的都不同,是从一篇布道中节选的。布道类文本属于 vocative 一类,所以有劝诱鼓动的功能,属于软文本。翻译的策略应该比较灵活,但是处理有宗教背景的词语时,译文又必须符合习惯,不能把一个宗教文本翻译成通俗大众宣传品。

★ 点评

1 这里的 now 不表示时间,而是讲话时衔接上段的口气,没有具体意思,可不翻译。

2 原文的 for surely 是和 we would all agree 连起来的,并不是说可以肯定的是他已经竭尽所能,而是肯定我们都同意。当然这个词分量很轻,不算重要,在这类鼓动性质的文本里,不翻译进去也不影响主要意思,但译者还是应该能区别开来。

3 原文是 No,是在否定前面,说他防范不足是不对的,他已经百般防范了。这类词,汉语翻译时可不译,并不影响连贯。在这类鼓动宣传性的文本中更可忽略。不过逻辑严密的权威性文本另当别论。

4 要求过高的话,意思就有出入了。应该是期待过高? 其实就是过于自信的意思。不要被 expect 这个词限制住。

5 face up to 一般表示 accept 的意思。face up to the fact 大致是"意识到"的意思,意识到的事往往是令人不愉快的事。但这个词在此处分量轻,翻译时不一定要作为一个翻译单位来与原词对应,译成"忽视""忘记"也差不多。"正视到"也不错,但若照原文,就是"没有意识到",恰恰和后半句的 not realizing 呼应。

6 大意不错,但原文是布道文,而在《圣经》里,keep the city 有典故可循,见"诗篇"127:1:若 不 是 耶 和 华 看 守 城 池,看 守 的 人 就 枉 然 儆 醒。一般在布道前,牧师先会读一段与布道相关的经文,这句恰好符合本次布道内容(Except the Lord keep the city the watchman waketh but in vain)。因此,最好直译成"守城",而不是"守家园"。下面还有几处也应是"守城"。另外,还有 watchman 一词,最好也译成"看守人"或"看守"。

7 communion 一词在基督教中表示 have a close relationship between Christians and God,所以该译文意思没错,只是语言较现代,未必是基督徒间用的语言。当然语言现代也是古老宗教延续生命的关键。communion 在有些宗教语境里还表示"圣餐",但那个用法和这个语境不同。

8 "我们""我"如此紧密相连,从汉语写作上看,应尽量避免,下一句两个"灾难"也紧密相连。本篇的主旨不在文字，而在劝读者相信基督，所以文字不必谨小慎微，不必见了 us 就一定要有"我们"，"在座诸位"就行。

⑨ 理解有误。译文将 completely 译成"全心全意"了，但原文的 completely 是修饰 avoid 的，是完全避免的意思。另外，原文没有祈祷这个词。见参考译文。

⑩ 本句理解有误。原文的主干结构是 We have been sustained by the realization，就是被 realization 给挺住了，也就是说，因为我们意识到下面的事，我们才挺得住。而 at the times 是动词 sustained 的时间。另外，后半句中根本没有与事实相反的虚拟语气，意思是，只要我们信主，主就能守城，没有"该多好"的意思。

⑪ 这句也错了。本句的大意是，我们尽可以想尽办法，但某时某地，我们定会失败。

⑫ uncertainties 不确定的东西，不能把握的东西，而"未知"是 unknown，是有区别的。

⑬ come by night and steal 也是《圣经》中有的句式 come by night, and steal him away（马太福音，27:64）。最后顺便提一下，在翻译 God 时，到底用"神""上帝""主"可根据翻译使用者的需求而定，习惯不同、派别不同，选择也不同，比如《圣经》就有"神版"和"上帝版"的区别。

> **参考译文一**
>
> 　　那位不幸的人并不是错在他未能百倍警惕以尽看守之职。这方面无疑地我们会一致同意他已安排得面面俱到。然而，他错就错在过于自信，因而忽视了这一事实：凡人之举，总有所失。他未意识到，万不得已，非求助于主，不能安城。
>
> 　　我倒认为，倘若此人真挚而虔诚地与主心心相印，并以由此获得自知之明为精神支柱，我想那他就更能胸中有数，对于自己的不幸淡然处之，不至于因命途多舛而从此一蹶不振。
>
> 　　我相信，今早在座诸位，都有各自遭逢，有的创巨痛深，有的如染微恙。诚然，灾祸在人世间惊涛骇浪的生活历程中间，我们之中很少有人能幸免于难。同样，我也相信，我们之中许多人在灾难临头之时，能够处变不惊，因为他们认识到，只要信托于主，主必降临佑城。
>
> 　　凡人之身孤掌难鸣，无望自守其城。诸位能坦然地说，我们中间任何人光凭单枪匹马，就一定能无懈可击吗？我们不妨试一试，任你千方百计，防患未然，某时某地，也必有一失。疑云密布，风云多变，困扰生灵。乘夜而入的盗贼多如牛毛。
>
> 　　　　　　　　　　　　　　　　　　　　　　　　　　　（达岸译）

参考译文二

　　这位不幸者的过错并不在于他掉以轻心,防范不善。若论尽看守之责,他已竭尽全力。这绝非他之过错。他错在过于自信,忘记了人之所为难免失败,忘记了,每逢山穷水尽,唯神才能守城。

　　我想这位商人若心中有神,他就会得益于信神的人常有的自知之明。那么我想他对所遭之不幸就能想通看开,不至于在命运的打击下如此一蹶不振。

　　我相信,今晨在此聚会的诸位谁都曾遭灾受难,只不过灾难大小不同而已。在这个暴风骤雨般的人生历程中,很少有人能在世上完全幸免于难。但是我还相信,我们中间许多人在不幸降临时并未屈服,因为他们知道只要将信仰寄托于神,神定会助我守城。

　　不要奢望人仅凭一己之力就能保卫自己的城池。我们哪一位能坦然无愧地说,仅凭人的努力,就可确保自身免遭侵犯?我们尽可千方百计,以求防范万全。但不知何处,难料何时,我们注定会失败。人世间有多少真假疑惑、无常变幻,又有多少仇人敌手,乘夜而来,盗我们于不备。

(叶子南译)

短文

如何翻译有鼓动宣传功能的文字?

　　有些文本就是传达信息,如科技、新闻等,翻译时译者应专注信息的传递,文字非主要目的。有些文本是作者把玩文字的场所,信息当然不是没有,但传达信息的文字本身相当重要。但这个单元的文本好像很难划入上面两个范畴。说它没信息吧,那也不完全对,毕竟我们知道了某人倒霉了,说它文字无关紧要吧,好像也难说得通,牧师的文字其实都不错。

　　但这个文本却最好列入另外一类,**很多研究翻译的专家们称之为persuasive(或vocative)类,其主要功能是劝说鼓动别人相信一个主张,并采取行动**。比如广告就是典型的一例,广告劝你相信产品,购买产品,再比如政治宣传也属于这类,宣传劝你相信一种政治主张,并采取行动,如投票支持某人。本篇也属于这类文本,因为它劝你相信基督,采取行动,做基督希望你做的事。

　　这类文本不宜咬文嚼字,因为拗口的文字如何能让读者为之倾倒,不为之倾倒又怎能说服人家?译者应该尽可能做到文字通顺流畅,细小的地方未必需要那么在意,因为你毕竟不是在玩文字。比如本单元中的(he did everything that could have been expected of him) in that direction 在参考译文二中就没有直接表达出来,而是换成了"若论防范",变成假设了。而 our own disasters, some great, some not so great译文一的译者译成"都有各自遭逢,有的创巨痛深,有的如染微恙",和原文文字的表面几乎没什么关系。这类脱离原文的译法在两个参考译文中可谓俯拾皆是。另外，有些表达口气或无实质内容的话未必一定要在译文中翻译出来，如I would like to, have been better equipped等在参考译文中并没有译出来，但是这些词分量轻，不承担重要的信息，拿掉若有利于译文流畅，就未必要译出。这类文本的翻译真需要见细不查。

看两个参考译文，你也会发现风格完全不同。劝说类文本总是见什么人说什么话，不应该把原文当作"上帝"，而应该面向读者。参考译文一文字略古旧了些，那么可能适合喜欢那种文字的读者，参考译文二更像书面语，文绉绉的，那么也能找到它的读者群。**所以，原文固然重要，不能没有，可太被原文束缚住也不能翻译好这类文本。有些翻译家就认为，这类翻译需要最大程度地适应读者胃口。**

也许译者还可以比参考译文走得更远，更离开原文，但是译者必需先明确自己的任务，到底是翻译，还是阐释，还是改写？如果是翻译，那么把原文抛到九霄云外的译法还是不可取的。

14 Three Advertisements

▶ 原 文

A. "Just to dip into this miraculous essay—to experience the wonderful lightness and momentum of its prose, its supremely casual air and surprisingly tight knit—is to find oneself going ahead and rereading it all. White's homage feels as fresh as fifty years ago."

—*back cover text by John Updike*

B. "New York was the most exciting, most civilized, most congenial city in the world when this book was written. It's the finest portrait ever painted of the city at the height of its glory."

—*back cover text by Russell Baker*

C. Grand Voyages, GRAND in every sense

Epic adventure in South America, Africa and beyond

Visit places that stir the imagination: Casablanca, Cario, the Amazon. See the world's southernmost continent and view tuxedoed penguins and stunning glaciers. Or the surreal beauty of Africa, where hippo, giraffe, and zebra roam the plain. Admire the celebrated wonders of Rome and Venice. Eat dolmades in a Greek cantina. Your grand adventure awaits.

—Cruise ship tour advertisement

✍ 批 改

"沉醉[1]于这篇绝妙的文章，一遍又一遍地阅读它[2]，感受文中轻松的文字和精彩的气势[3]，享受最优的轻快氛围和出人意料的紧凑感。怀特的描述[4]还是与50年前一样新鲜。"

当本书撰写~~完成~~时，~~那时~~纽约是全世界最让人兴奋，文明化程度最好，并且[5]最宜人的城市。本书是在纽约最辉煌的时候刻画的最美画卷。

一次真正意义上[6]的伟大旅行

史诗般的南美、非洲环球之旅[7]

领略风景，放飞想象：卡萨布兰卡、开罗、亚马孙河之旅。观光南极大陆，欣赏身着燕尾的企鹅和叹为观止的冰川，或是一睹非洲梦幻般的美景，~~。~~河马、长颈鹿和斑马信步平原尽收眼底。瞻仰罗马和威尼斯的闻名奇观。坐在希腊小酒馆里品尝多尔玛德斯[8]。属于你的伟大旅行正等待着你！

文本定位　这三个文本都有广告特征，但是三个之间又有差别。前两个是著名作家写在书封底上的广告词，都是署名的文字，第三个则是不折不扣的旅游宣传广告。三个文本都是软文本，翻译的时候都应该采用灵活的译法，但灵活的程度却不同，因为前两个毕竟是有名有姓的大作家，总不能翻译得连作家自己都否认那是他写的。

★ 点评

1 这个选词不当。just to dip into 这个动作像蜻蜓点水，"沉醉"是完全沉浸，和原文在意象上不同。当然此类翻译不必意象对应，但译者应该知道这一差别。另外，"沉醉于文章就是阅读……感受……享受……"这个总的句子架构不行。

2 Going ahead 更像读了就停不下来的样子，"一遍又一遍"和 rereading it all 倒很接近。但在一般具有广告性质的文本中，to find oneself going ahead and rereading it all 合并起来也无妨，这点差别并不重要。

3 "气势"这种以宏大为特征的词，用"精彩"这个词形容不协调，也许"精"字是将关注点放在细节处，格局是小的，而气势是宏大的。另外，momentum of its prose 更像是动力，momentum 就像从山坡上滚下的雪球，方向是单一向前的，而且力度越来越大，散文写得也是这样，径直写下去，语势亦如此。

4 His homage 指的是他的这个作品，即对纽约的礼赞，或者说就是书中对纽约的描述，保留 homage 也可以，就是对纽约的描写读起来让人感到像是五十年前一样鲜活。见参考译文。

　　对第一个广告词翻译的总结：感到译文太拘谨。尽管本段文字出自大作家之手，但放在书的封底旨在吸引读者，所以本段起到广告词的作用。这类文字应灵活，如 supremely 这类修饰词未必要保留。参考译文就灵活多了。

5 文明程度不用好坏形容，可说"文明程度高""最文明的"。另外，这里用"并且"不好。如是较松散的汉语，就不必遵守并列词最后一个的前面用连接词的惯例。

6 in every sense 应该是"在每种意义上"的意思。当然广告词的翻译并不要求这么对应，不过译者应该知道，若在其他更严肃的文本中就不能这样改变。

7 何谓"南美、非洲环球之旅"？环球之旅就不能仅局限于南美、非洲。译者显然漏掉了关键的 beyond 一词，这个可不是灵活不灵活的问题，这牵涉到信息的准确与否，到底你的旅游目的地包括哪些地方？这个必须准确。

8 这样译读者看得懂是什么食物吗？如果原作者仅仅是把这个特殊的食物当作当地美食的代表，则翻译成"当地美食"也未尝不可，目前这样翻译读者会没有任何概念，什么叫"多尔玛德斯"，一般人不懂。但是假如广告意在宣传这一食物，那么译者就只能按照原文翻译。有关广告类文本翻译请见本单元短文。

　　对第二个和第三个广告词翻译的总结：语言不够地道，很难起到广告的作用。另外，行文也太拘谨。

参考译文

A1. 稍一读怀特绝妙的散文，就会让人欲罢不能，品味再三，行文轻松却带着活力，看似闲散又不失紧凑。五十年前作者笔下熙攘的纽约今天又跃然纸上。

A2. 怀特的散文堪称绝妙，既给你非常轻松的感觉，又让你觉得文笔有一种力道，写得绝对的闲散，但又惊人的紧凑，你一口气读下去，不觉已在反复品味，怀特五十年前文中赞美的纽约似乎就在眼前。

B1. 本书创作之时，纽约是世上最激动人心、最文明和最令人愉快的城市。这是对纽约立于巅峰之时的最佳描述。

B2. 本书写作时，纽约是世界上最令人激动，最文明，最温馨的城市。这本书是巅峰时期纽约的最佳写照。

C1. 豪华之旅，全方位的豪华体验

到南美、非洲和其他地方去做史诗般的探险

访问能激发你想象的地方：卡萨布兰卡、开罗和亚马孙流域；去看世界上最南端的大陆并观赏穿礼服的企鹅和令人震撼的冰川；或去观赏非洲超现实之美，观看河马、长颈鹿和斑马在平原上悠闲漫步；或去欣赏罗马和威尼斯的著名景观；或品尝希腊小餐馆中的葡萄叶包的米饭。你的豪华探险之旅正等待着你。

C2. 壮丽之旅：无与伦比的感官飨宴！

想造访卡萨布兰卡、开罗、亚马孙，让想象力无限延伸吗？想探索世界最南端，见识皇帝企鹅及惊人的冰河吗？想欣赏非洲如梦似幻的美景，观看河马、长颈鹿和斑马在平原上悠闲漫步吗？想饱览罗马和威尼斯令人叹为观止的奇景吗？想置身希腊小馆，细细品尝当地的美食吗？一场盛大的探险正等您加入。

C3. 跟我们踏上雄伟的旅程，探索南美、非洲及世界各地，造访卡萨布兰卡、开罗、亚马孙流域，挑战您的终极想象；探访冰天雪地的南极大陆，亲眼看看人见人爱的国王企鹅，见证壮丽宏伟的古老冰河；与河马、斑马及长颈鹿一起漫游草原，体验非洲大陆之美；欣赏罗马与威尼斯名胜古迹；大啖希腊传统美食。雄伟之旅，静待启程。

短文

广告类文本翻译的大致原则

我们在另外一个单元里谈到过具有鼓动宣传功能文本的处理。那个文本（宗教）和商业广告在性质上接近，处理上毕竟不同。本单元的三个短文都具有商业广告性质，第一和第二个是书的宣传文字，第三个是旅游广告宣传。

第一和第二个虽然作者有名有姓，而且都是大名鼎鼎的作家，但那不是为文学而写，而是信手拈来，意在宣传，在这点上它们和第三类没有什么区别。但是既然有名有姓，译者就很难完全抛弃文字，你的译文和原文若没有任何联系，大作家厄普代克就会说，我可没说过那样的话。所以，前两个译文仍然只能是文字灵活，使译文具有感染力，却不宜天马行空。到底可以灵活到什么地步？参考译文可供参照。两例的两个参考译文并不一样，有的灵活度大，有的小，但是似乎都没有灵活到忽视原文的地步。

再看第三个例子，情况就不同了。就文本写作的目的来说，和前面两个没有差别，但你却不知道作者是何人。宣传广告类文字的作者基本都不署名，往往是商业运作的产物，和前面两个有些差别。相对来说，这第三类广告，译者的灵活度就更大些，甚至有时从商业效果考虑，广告公司会决定不采用翻译的形式，而完全改写，因为也许改写更能起到广告的效果。显然改写者就享有更大的自由度，增删改动都不在话下。

不过，若选择了翻译，那么仍然不能完全不顾原文，原文的信息内容，如本旅游广告中提到的旅游地点等就不能漏掉，但是灵活度显然要比前两类大些，如dolmades in a Greek cantina 也不排除"当地风味美食"这样放弃原文细节的译文。甚至原文的语篇结构也可改变，如第三个参考译文就完全抛弃了分段的结构，变成了一段。对照三个译文，这第三个译文语言上似乎更灵活。

总体来说，广告翻译不应该有太多规范，完全看效果。没有人会在广告翻译时为争语言上的光彩，而愿意丢掉读者。很多广告语言都非常精彩，但那不是为了语言，而是因为精彩的文字更能打动看广告的读者，能让他们掏腰包。不信你细读成功的广告，精彩的语言，主要作用于读者的感官，不无"假大空"之嫌。

15 I Want Beauty in My Life

▶ 原文

And I want beauty in my life. I have seen beauty in a sunset and in the spring woods and in the eyes of divers women, but now these happy accidents of light and color no longer thrill me. And I want beauty in my life itself, rather than in such chances as befall it. It seems to me that many actions of my life were beautiful, very long ago, when I was young in an evanished world of friendly girls, who were all more lovely than any girl is nowadays. For women now are merely more or less good-looking, and as I know, their looks when at their best have been painstakingly enhanced and edited. But I would like this life which moves and yearns in me, to be able itself to attain to comeliness, though but in transitory performance. The life of a butterfly, for example, is just a graceful gesture: and yet, in that its loveliness is complete and perfectly rounded in itself, I envy this bright flicker through existence. And the nearest I can come to my ideal is punctiliously to pay my bills, be polite to my wife, and contribute to deserving charities: and the program does not seem, somehow, quite adequate. There are my books, I know; and there is beauty "embalmed and treasured up" in many pages of my books, and in the books of other persons, too, which I may read at will: but this desire inborn in me is not to be satiated by making marks upon paper, nor by deciphering them. In short, I am enamored of that flawless beauty of which all poets have perturbedly divined the existence somewhere, and which life as men know it simply does not afford nor anywhere foresee.

Excerpt from *Beyond Life* by James Branch Cabell

✎ 批改

我渴望生活中有的美。我目睹过日落时的彩霞纷飞，见到识过春天树林的郁郁葱葱，感受过姑娘们眼底的风情万种[1]。然而，曾让我感到快乐的[2]光线和色彩，如今已无法让我怦然心动。我渴望的是生活本身的美，而不是与美的邂逅。对于我来说，在生命中的许多瞬间，我都感受过美。多年以前，青春飞扬的我，幻想着生活在[3]一群友善姑娘的世界里，她们比现在的女孩都更可爱。在我看来，现在的女人孩徒有其表[4]，而最美的一面[5]则经过了费力的修饰，并非本来的自然之美[6]。不过我宁愿选择这样的生活，哪怕只是昙花一现的美，唯愿其由心而生[7]。譬如蝴蝶，一生之美聚于其优雅之躯，绽放无瑕[8]。这样的存在让我羡慕不已[9]。于我而言，眼前最实际的事[10]，莫过于仔细地付清账单，对妻子相敬如宾，为慈善机构出一份力，然而这些似乎都还不够。当然，我还有许多书，书中有着"不朽和珍藏的"[11]美。这样的美同样也存在于其他人的书卷中，我可以顺手挑一些来阅读，在书页中做一些记号，或者加以思考剖析[12]，但我与生俱来的对美的渴望，无法通过这样的写作和阅读来满足。简而言之，我迷恋那无瑕的美，沉浸在其中[13]。所有的诗人往往苦苦[14]追寻这种美，认为它存在于某个地方[15]，那是凡人无法拥有也无法预见的绝美。

> 这是一篇典型的文学作品，用纽马克的分类法可归入 expressive 一类，一般认为，这样的文本需要捕捉语言中那些有意义的形式，因此就这个意义来说，仅主张灵活是不够的。但是这种对有意义形式的捕捉，并不能等同于处理硬文本时较拘谨的译法。反映文学语言的美离不开有创意的语言，因此我们还是觉得这样的文本应划入软文本，翻译策略有需要贴近原文的一面，但总体上仍然应该灵活处理。

★点评

1. 原文很简单，但译文似乎添加过多，"彩霞纷飞""郁郁葱葱""风情万种"未必添加了就更好。另外，有些词挑选得欠得当，如"眼底"就不如"眼中"。文学翻译不是全程 paraphrase 的过程，具体见本单元短文。

2. 这个 happy accidents 并不是愉快巧遇的意思，此处的 happy 表示 lucky，不是愉快的意思，比如 happy coincidence。在这个上下文中基本表示恰巧的、机缘巧合的意思，最好不用"愉快"这类词。

3. "幻想着生活在"是何意思？原文的 evanished world 应该就是现在常用的 vanished world，所以应该是说那个世界目前已经消失。另外，此处的 world of friendly girls 是由姑娘们组成的，所以字面意义上 world 的空间意思很薄弱，仅有隐喻的空间。

4. 原文是 merely more or less good-looking，和"徒有其表"这个译法还是有一些距离的。汉语的"徒有其表"表示空有好看的外表，实际上不行，但原文并没有这层引申的意思。

5. 汉语的"一面"总是暗指还有其他一面。此处就是说最美丽的容颜（at their best）。

6. 其实本句中"并非本来的自然之美"是多余的。初学者往往觉得添加才能把话说清楚，但其实不必这么去帮助读者，不说出来更好。当然，这里添加的内容并不错。

7. 这句原文并没有"宁愿选择"的意思，另外，译文似乎过度解释，完全脱离了原文，原文中的 life which moves and yearns in me 这个很形象的语言表达法被删除了，而"唯愿其由心而生"与原文很难联系起来。本句简单的结构是 I like this life to be able itself to attain to comeliness，就是希望生命自身能达到美的状态，attain to 有达到某个目的地的意思。

8. 这句有关蝴蝶的句子似乎仍有商榷的余地，比如"一生之美聚于其优雅之躯，绽放无瑕"想必是在翻译 is just a graceful gesture: and yet, in that its loveliness is complete and perfectly rounded in itself. 译文若想和原文对应起来虽然未必不能，但却需要有些比较牵强的解释，因为原文大意就是，蝴蝶一生很优美，在一生中（in that）美变得圆满。当然这样的句子仍然会有人表示赞同，因为毕竟并非完全脱离原文，仅仅脱离了原文的语言结构。初学者可以多观察这类句子，逐渐摸索，形成自己的观点。

9 至于 I envy this bright flicker through existence 翻译成"这样的存在让我羡慕不已"则也是有些解释过度。此处应该能建立起一个隐喻图像，flicker 可能有两层很接近的意思，指蝴蝶翩然起舞，或指蝴蝶翅膀的扇动，表示短暂却美丽，existence 也可能有两层意思，一层是蝴蝶的一生，一层是蝴蝶身外的世界，through 这个介词给我们三维空间的感觉，字面意思就是蝴蝶翩然起舞穿越宇宙（穿越空间），隐喻的意思就是蝴蝶翩然起舞走过它短暂的一生（穿越时间）。所以译文虽然可以略作解释，但最好还是按照原文，不抛弃由 through 构建出来的意象。

10 将 the nearest I can come to my ideal 翻译成"眼前最实际的事"欠准确。翻译成"最接近我理想生活的事"要比上面的译文更准确。另外，下面半句的"莫过于"口气也不对，一般我们用这个词组是这样的：最大的幸福莫过于奉献。但这里原文的口气是"能做的最多也只是"。

11 embalmed and treasured up 是英文中有典可查的文字。若想保留这个短语，可以译成"封藏"等，或像参考译文二那样不去用引号反映这个短语。

12 making marks upon paper, nor by deciphering them 与前面的写书和读书相呼应，making marks upon paper 就是写书，deciphering them 就是分析解读，即为读书。

13 这部分是否有必要添加？即便是文学翻译，我们仍然认为引申出来的意思未必要和盘托出。

14 文学语境中的形容词确实未必需要有统一的译法，但是不管怎样，原文毕竟有一个语义，译文总应该和原文接近，"苦苦"和 perturbedly 还是远了点，英文这个词的意思是 to disturb or disquiet greatly in mind，所以最好接近这个意思。见参考译文。

15 这里的 perturbedly divined the existence somewhere 较费解。divined 一词有 search for 的意思，但也有 discover 的意思。在这个语境中最好解释成 search，而不把重点放在 search 的结果上（discover），因为这个动词和 perturbedly 连用，而后者表示的那种忐忑不安的心境应该是在寻找过程中的心境，不是最终发现的心境。本句主要是说那种无瑕的美只有诗人们在寻找，因为他们相信那种美一定存在于某处，但是对于我们普通人（as men know it）来说，根本不存在。

参考译文一

　　我希望生活中有美。我曾在落日余晖、春日树林和女人的眼中看见过美，可如今与这些光彩邂逅已不再令我激动。我期盼的是生命本身之美，而非偶然降临的美的瞬间。我觉得很久以前我生活行为中也充溢着美，那时我尚年轻，置身于一群远比当今姑娘更为友善可爱的姑娘之中，置身于一个如今已消失的世界。时下女人不过是多少显得有几分姿色，而据我所知，她们最靓丽的容颜都经过煞费苦心的设色敷彩。但我希望这在我心中涌动并企盼的生命能绽放出自身之美，纵然其美丽会转瞬即逝。比如蝴蝶的一生不过翩然一瞬，但在这翩然一瞬间，其美丽得以完善，其生命得以完美。我美慕一生中有这种美丽闪烁。可最接近我理想生活的行为只是付账单一丝不苟，对妻子相敬如宾，捐善款恰宜至当，而这些无论如何也远远不够。当然，还有我那些书，在我自己撰写以及我可随意翻阅的他人所撰写的书中，都有美"封藏"于万千书页之间。但我与生俱来的这种欲望并不满足于在纸上写美或从书中读美。简而言之，我所迷恋的是那种无瑕之美，那种天下诗人在忐忑中发现存在于某处的美，那种世人所知的凡尘生活无法赐予也无法预见的美。

（选自《中国翻译》韩素音翻译奖比赛参考答案）

参考译文二

　　我愿生命中有美。我见过美，在落霞的余晖中，在春日的林木间，在女人的眼神里。但这些巧遇之光辉与色彩已不再让我怦然心动。我现在想要的是自己生命中的美，不是那种因机缘巧合而降临的美。很久前我生命中的诸多行为似乎堪称美好。那时我还年轻，生活在姑娘环绕的世界里，那个世界早已消失。那时的姑娘都很温柔友好，每一个都比现在的女孩可爱。现在的女人只能说有几分姿色，容颜固然艳丽，但都是粉脂堆砌的苦心之作。我但愿自己的生命，这个在涌动、在期盼的生命，也能臻于完美动人，哪怕这种美的展现只一瞬间。蝴蝶的一生就是美的展现，在它翩翩起舞的那一瞬间，生命之美显得圆满无暇。我美慕蝴蝶，它让闪烁的光辉掠过短暂的生命。我若想追求心目中理想境界之万一，能做的也只是按时付账，善待妻子，多捐善款。但这似乎远远不够。当然还有我的书，字里行间都珍藏着美，还有别人的书，随意品读也感受到美。可是无论是把笔抒怀还是潜心研读都不足以满足我这生来就有的愿望。简单地说，我迷恋无瑕的美，所有的诗人都在忐忑不安中寻求那种美，但人们都知道其实那种美生命不会赠予你，人世间也无从预见。

（叶子南译）

短文

文学翻译不宜过度解释

　　本单元是典型的文学文本。初学翻译的人往往会有一种观点，认为这类文本是译者大展身手的地方，所以会用比较灵活的译法。灵活固然没错，但是文学翻译的一个很大的误区恰恰正在这里，文学翻译其实不应该见细不查。相反，**把"释义"（paraphrase)作为文学翻译的主要手段其实是非常错误的**。比如本单元中有关蝴蝶的描述The life of a butterfly, for example, is just a graceful gesture: and yet, in that its loveliness is complete and perfectly rounded in itself, I envy this bright flicker through existence这句在原译文中是这样的："譬如蝴蝶，一生之美聚于其优雅之躯，绽放无瑕。这样的存在让我羡慕不已"。对照原文后，我们感到不能说完全没有原文的意思，但是解释的成分很大，原文的不少语言内容都被忽视了。这些语言点虽不能说具备很重要的文学性，但毕竟是构成句子的基本要素，比如原文的bright flicker through existence，其中的bright, flicker, through似乎都有必要在译文中有所反映，complete and perfectly rounded也最好有所反映。但译文似乎在释义的过程中都忽视了这些。参考译文一就没有那么大刀阔斧地去阐释原文："比如蝴蝶的一生不过翩然一瞬，但在这翩然一瞬间，其美丽得以完善，其生命得以完美。我羡慕一生中有这种美丽闪烁。"而译文二似乎更不愿意完全忘掉原文："蝴蝶的一生就是美的展现，在它翩翩起舞的那一瞬间，生命之美显得圆满无暇。我羡慕蝴蝶让闪烁的光辉掠过短暂的生命。"

　　其实就像一开始那句也可能有过度解释之嫌："我目睹过日落时的<u>彩霞纷飞</u>，见识过春天树林的<u>郁郁葱葱</u>，感受过姑娘们眼底的<u>风情万种</u>"。这三个下面有横线的修饰形容词都不能说错译，原文确实隐含了这些描述词的意思，添加"彩霞纷飞""郁郁葱葱"，甚至"风情万种"这些词，对信奉某些文学翻译理论的人来说，应该完全可以，甚至应该鼓励。但是我仍然建议这类添加应该谨慎，不加的话，留给读者解释的空间更大，汉语也没有问题。"我见过美，在落霞的余晖中，在春日的林木间，在女人的眼神里"，这和原文的意思完全一样，添加反而会出现一些和原文不够完全契合的潜在可能。

　　摆脱原文束缚的前提是有束缚。若根本没有束缚，不添加汉语完全可行，为什么硬要添加？**其实文学翻译的大忌恰恰是完全甩掉原文去"释义"（paraphrase），因为原文的精髓也许正是在细微之处**，译者大笔一挥把这些可能具有文学性的文字全部删除，岂不可惜。

16 Foreword for *Here Is New York*

▶ 原文

This piece about New York was written in the summer of 1948 during a hot spell. The reader will find certain observations to be no longer true of the city, owing to the passage of time and the swing of the pendulum. I wrote not only during a heat wave but during a boom. The heat has broken, the boom has broken and New York is not quite so feverish now as when the piece was written. The Lafayette Hotel, mentioned in passing, has passed despite the mention. But the essential fever of New York has not changed in any particular, and I have not tried to make revisions in the hope of bringing the thing down to date. To bring New York down to date, a man would have to be published with the speed of light and not even Harper is that quick. I feel that it is the reader's, not the author's, duty to bring New York down to date; and I trust it will prove less a duty than a pleasure.

By E.B.White

✎ 批改

这本关于纽约的书写于1948年那个烈日炎炎的[1]夏天。由于时间的推移和流逝[2]，读者会发现某些论述描写不再符合这座城市[3]。我在一股热浪中，也是在一段繁华似锦的热潮中[4]完成了这本书。如今，热浪已退去，热潮亦平息，纽约也不再像我当初写作时那般狂热[5]。书中顺带提到的拉斐特酒店也已过气关闭[6]。但是，纽约底子里[7]的那股狂热没有丝毫改变，而我也没有怀着重现旧日光景的愿望[8]而特意修改。要重现纽约的旧日时光，作者必须要以光速出版书籍，但即使是哈珀出版社也没有这么快[9]。我觉得，重拾纽约旧日的时光[10]是读者的责任，而不是作者的义务。而且我相信，读者不会仅将它视为[11]一种责任，因为[12]这一过程带给他们更多的是乐趣。

文本定位　这是美国著名散文家 E. B. White 一本散文集的前言，写得简简单单，短小精悍，但是毕竟是文人的作品，所以仍应坚持不过分解释的原则。因此仍把它归类为软文本，因为文学本身的语言很难用较死板的语言表达。不过度解释固然对，可也不能放弃灵活的策略。我们只是捕捉那些有文学价值的语言，通篇处理仍然少不了灵活的手段。

★ 点评

1 这样可以，尽管原文的 spell 说明是一次高温，不是常态，也就是说，夏天都热，但是夏天未必就有 hot spell。但是这点细节在本文中意义不重要，可忽略。

2 The swing of the pendulum 不是说时间，理解有误。swing of the pendulum 主要是说变化，随时间而来的变化。从隐喻的角度看这个句子就不会犯这个错误，因为时间是直线向前的，不会向反方向走，而钟摆是来回摆动的。

3 是否可以从 no longer true of the city 这个结构中挣脱出来。换句话说，就是把句子的意思说出来，不去管原文怎么说。当然目前这样并非不可。见参考译文。

4 汉语写作一般很注意前后的对称，前面的"一股热浪"很短，后面的这么长，总不太好！但是你看到了前后有两个"热"的照应，不错。作者确实想表达天气的热和经济的热。不过"繁华似锦"这个选词不是很好，因为繁华的消逝往往很慢，但这里的 boom 本身就是短期现象，broken 也是瞬间结束的动作。其实如果对当时情况了解，就知道他写初稿时天大热，经济也大热（boom），但是写这篇序时 boom 结束，经济却并未衰退，只是非常态的 boom 结束，回归常态，因此"萧条""繁华不再"都不合适，因为并没有萧条。可考虑"经济热潮不再"等。

5 三个"热"也是用心之处，但是用"狂热"翻译 feverish 是否最佳？可再斟酌。"狂"会有些负面的意思。或可用"沸腾"（今天纽约已不像本文写作时那般沸腾）。

6 有人说 The Lafayette Hotel has passed 如果没有上下文可能会有歧义，如可能指不再红火，或指关闭。有人发现在当时旅馆的旧址上仍然有一个 The Lafayette 旅馆，就认为旅馆还在，认为这里的 has passed 的意思就是旅馆还在，但不再生意兴隆，就是过气了的意思。但是怀特写这篇散文是在 1948 年的夏天，写这个前言是在 1949 年，而现在的 Lafayette 旅馆建于 50 年代早期，作者写作时还没有这个旅馆。其实旧的 The Lafayette Hotel 在 1949 年初就关闭了。所以此处的 has passed 应该是关门的意思。

7 the essential fever 可以是本质里的热，骨子里的。"底子里的"选词不很恰当。

8 bringing the thing down to date 应该是反映出当下的纽约。纽约变化大，写作跟不上。下面两处也应该是反映出当下的纽约。作者是写纽约，称之为"反映出"说得过去，但对读者来说，就不是写了，说"反映出"等就不合适。"跟上纽约的步伐"可以，也就能"了解""把握"纽约了，"把握"就是第一时间（如阅读时）的反映，似乎更合适。

9 尽管意思就是"快"，但最好保留 the speed of light 这个隐喻，更生动些。

10 "重拾纽约旧日的时光"这个词组在前面就出现过两次，这里又出现。在汉语行文中，在很短的几行文字中一个很长的词组反复出现三次，这很不合适。译者应该设法避免重复。顺便提一下，原文不是"重拾纽约旧日的时光"的意思，见点评8。

11 原文没有"读者……视为"这个意思，"视为"表示读者的态度，但是原文只是 it will prove。另外，"不会仅将它视为"就意味着"还将它视为"，用"不仅……还"来翻译 rather than 不准确。

12 原文没有因果的意思。原文仅说"与其说……不如说……"，不是因果关系。另外，"这一过程带给他们"可以被解读为已经带给他们，而实际上是 will prove。

参考译文一

1948年的夏天，在持续高温的酷暑，我写了这篇关于纽约的散文。时光荏苒，读者会发现，我当时的一些看法已不符合纽约的现状。当年我动笔之时，不仅热浪袭人，到处也是一派热火朝天的繁荣景象。如今，酷热消散了，欣欣向荣之势也中断了，纽约已不再似当年那般活力四射。我曾一笔带过的拉斐特豪华酒店，现已不在，只是风光一时。但是，纽约骨子里的活力丝毫未减，所以我并没有对此书进行修订，使之与时俱进。要把纽约的最新状况呈现出来，作者非得用光速出版才行——哈珀出版社也没那么快。我觉得，弄清楚什么才是当下的纽约，这是读者，而非作者的责任；不过我相信，这会是件妙趣横生的乐事，不是什么负担。

（学生作业）

参考译文二

这篇关于纽约的随笔写于一九四八年炎热的夏季。时间推移，世事变迁，读者会发现书中所述有些已时过境迁。我写作时纽约滚滚热浪，但经济也蒸蒸日上。天气的热浪早已消散，经济的热潮也已过去。今天纽约已不像本文写作时那般沸腾。文中提到的拉法耶旅馆已经关闭，没有因我文中提及而幸存。但是纽约热力四射的本质并无特殊的改变，所以我没有修改原稿去反映今日之纽约。要反映纽约的日新月异，就必须如闪电般快速出版，哈珀出版社也没那个能耐。我觉得及时了解把握纽约是读者的责任，而非作者的义务，我相信这最终与其说是责任一份，不如说是乐事一桩。

（叶子南译）

短文

保留原文的语言特色

本单元中有这样一句 I wrote not only during a heat wave but during a boom. The heat has broken, the boom has broken and New York is not quite so feverish now as when the piece was written，有人译成："本书创作时纽约不仅正值盛夏酷暑，更是正在经历迅猛的发展。如今，热度消退，发展放缓，纽约已不再像写书时那般繁荣了。"就语义而言，译文很好地表达了原句的意思。

但这段文字选自 E. B. White 的著名散文 Here Is New York，虽然仅是前言，不是文学作品本身，但译者在基本反映语义后，最好也能照顾到原文的表达方式，也就是说，译者可以再挖掘些原文的特色，以便能表现一点原文的写作"卖点"。比如这几句话中一个核心的表达特征就是"热"。天热，但是经济也热，然后是 feverish 这个词，也是热的意思。所以，如果能在翻译中贯穿热的话，就可"锦上添花"。反观上面的译文，至少最后那个"繁荣"就是败笔，feverish 一词最好用"热"这类词表达，而不是解释成"繁荣"，尽管这样解释不错。至于 boom 一词，原来并非是表达"热"的词，但是此处为与天气的热对应，译者似可有点小自由，也把它处理成热，毕竟我们把经济快速发展常说成"经济热"，比如参考译文一就用了两个热"当年我动笔之时，不仅热浪袭人，到处也是一派热火朝天的繁荣景象"。但是这个译文前后一长一短，缺乏对称。参考译文二则注意了对称："我写作时纽约滚滚热浪，但经济也蒸蒸日上"。这个译文没有在描写经济时直接用"热"这个字，但"蒸蒸"表示如日中天的意思，在心理上要比"迅速发展"更接近"热"这个隐喻思维。参考译文一还有一个弱点，就是也没有用"热"这类词翻译 feverish，而解释成了"活力四射"。

当然原文中的语言"卖点"是由译者判断的，而译者会因人而异，比如有的同学说本单元中的 The heat has broken, the boom has broken，就有两个 broken，形成对称，应该用同样的词表达。这当然也可当作一个"卖点"来看待，但该词毕竟是个微不足道的语言特征，不涉及主题，不构成作者写作的风格。况且，译者无法什么都保留，只能关注最重要的，而如何取舍总是要由译者判断抉择。**好的译者能尽量反映原文的语言特点，但又不让译文牵强附会。而新手则要么大笔一挥全部抹掉原文的写法，要么邯郸学步，影响文学作品的可读性，而文学毕竟是让人拿来欣赏的。**

17 El Dorado (1)

▶ 原 文

　　Happily we all shoot at the moon with ineffectual arrows; our hopes are set on inaccessible El Dorado; we come to an end of nothing here below. Interests are only plucked up to sow themselves again, like mustard. You would think, when the child was born, there would be an end to trouble; and yet it is only the beginning of fresh anxieties; and when you have seen it through its teething and its education, and at last its marriage, alas! it is only to have new fears, new quivering sensibilities, with every day; and the health of your children's children grows as touching a concern as that of your own. Again, when you have married your wife, you would think you were got upon a hilltop, and might begin to go downward by an easy slope. But you have only ended courting to begin marriage. Falling in love and winning love are often difficult tasks to overbearing and rebellious spirits; but to keep in love is also a business of some importance, to which both man and wife must bring kindness and goodwill.

From *El Dorado* by Robert Louis Stevenson

✎ 批 改

　　我们都把徒劳无益的箭射向月亮[1]；把我们的希望都寄托在难以企及的黄金之国[2]；我们到生命的尽头也无所得[3]。兴趣又再一次把自己播撒出去，像芥菜一样[4]。你也许会认为孩子降生了，一切烦恼就都结束了；可那只是新焦虑的开始；你看着孩子长牙了，上学了，最后，结婚成家了！但那也只是带来了新恐惧而已，每天都有新的让人心惊胆战的事发生[5]；而你孩子的孩子的健康又让你牵肠挂肚[6]。同样的，你和妻子结婚，以为人生就到达了顶峰，往后就开始走平缓的下坡路[7]。但事实上你只是结束了求爱阶段而开始了婚姻生活而已。对于傲慢叛逆的人来说[8]，坠入爱河和赢得爱情都非易事；但维系爱情也是一桩紧要的事，无论丈夫还是妻子都得怀有善心和好意[9]。

文本定位　　本文选自斯蒂文森的散文 El Dorado，作者就是写《金银岛》的那位著名作家。本文属于励志散文，很富有积极向上的意义。就文本特质来说，应该属于软文本，但仍然需要注意语言的行文特色，若有不错的表达法，译者最好能在译文中反映出来。

☆ 点 评

1 原文的 happily 是修饰 shoot 的，表示高兴，而"幸好"是 lucky 的意思，完全不同。译者不能在不理解原文的情况下，仅仅看到 happily 放到句子的最前面，就把这个词放到汉语的最前面。本句的意思根据上下文应该很清楚，即就算射不到月亮，你还是要射，而且射得高高兴兴。可是译文就很别扭，基本意思倒没错，但汉语有这么说话的吗？英文的思维没有转换过来。

2 El Dorado 指子虚乌有的国度，传说在亚马孙河流域附近，那里有黄金无限，所以泛指物质无限充足的地方，可翻译成"黄金国"。由于根本不存在，所以这里才说 inaccessible。

3 这句翻译成"到生命的尽头也无所得"意思不错，但是还可以做些微调，如把 here below 的意思也翻译进去。这个惯用语的意思就是"在地球上""在尘世中"，与 heaven 相对。参考译文一就译成了"在尘世终一无所获"。两个译文都译成"成就"或"所获"（come to an end of nothing 就是这个意思）。但参考译文二译成"于是人生的路就永无止境"，还保留了 LIFE IS A JOURNEY 这个概念隐喻，用了路无止境，和原文的 come to end 更接近。当然，大致说来，这几个译文都可接受。

4 这里的 like mustard 就是表示如野草一般无法铲除，恰如烧不尽吹又生的野草。用 mustard 来形容主要是受《圣经》语言的影响，在《马太福音》《马可福音》《路加福音》中均有用 mustard 形容的句子，如 It is like a grain of mustard seed, which a man took, and cast into his garden; and it grew, and waxed a great tree; and the fowls of the air lodged in the branches of it.（Luke 13:19）如果仅仅是为了供读者阅读消遣，就翻译成"恰如野草"应该基本达意，但是若觉得是名人著作，需保留原文特色，则翻译成"芥菜籽"也行。

5 把 quivering sensibilities 译成"心惊胆战"大意不错，但可微调。由于前面是 new fears，所以 new quivering sensibilities 可看作是 new fears 的近似词组，甚至同位语。"心惊胆战"似乎略重了些，但参考译文一译成"都有操不完的心"似乎又缺少了原文 quivering 的形象，参考译文二用"每日都有新的不安，都会心有余悸"。

6 英文 your children's children 当然可以翻译成"孩子的孩子"，但是汉语此时似乎未必需要那么贴近原文，两个参考译文都用了"孙辈"，意思也没变，行文也更适合这个语境。

7 go downward 翻译成"下坡路"似乎无可挑剔，但是又一想也未必无懈可击。汉语的"走下坡路"往往有情况越来越糟糕的意思，但这里没有这个贬义，所以参考译文二刻意避免了"下坡路"（峰顶过后的路定能走得轻松）。

8 字典中 rebellious 除了有对官府不敬起而造反的意思外，还有 showing a desire to resist authority, control, or convention 的意思。"叛逆"意思当然不错，但仍可微调词义。该词在这里指无视常规传统，汉语的"桀骜不驯"似乎包括了 overbearing and rebellious 两个词的意思，可以合并起来翻译。

9 将 must bring kindness and goodwill 译成"怀有善心和好意"意思不错。参考译文一译成了"夫妻应相敬如宾"其实很灵活，而且更中文化。但唯一的缺点是这是典型的儒家文化的夫妻关系（指夫妻互相尊敬、爱护、很客气，像对待客人一样），这个词和"举案齐眉"可以说是同义词，放在这里讲 19 世纪西方的夫妻关系未必恰当。

参考译文一

张弓射月总虚空，我们贪图遥不可及的黄金国，在尘世终一无所获。兴趣如草芥般被采摘，只为再次播种。你以为孩子呱呱坠地，便了却心事一桩，但新的麻烦才开始。你拉拔他长大、上学，总算等到他成家，唉，只等来更多忧虑，每天都有操不完的心。你挂念孙儿的健康，就跟担忧自己的一样。同样地，你抱得伊人归，以为已臻峰顶，前头就是轻松的下坡路。但结束了求爱，只迎来了婚姻。对霸道和桀骜的人来说，坠入情网和赢得真爱常常不容易；但维系感情也同等重要，为此夫妻应相敬如宾。

（杨盈译）

参考译文二

我们弯弓射月，纵然徒劳，却仍然兴致勃勃；我们将希望锁定在无法企及的"黄金国"；于是人生中的路就永无止境。兴致恰如芥籽收种不息，循环不止。你也许认为，孩子降生，麻烦就此结束。但新的焦虑却刚刚开始；孩子要成长，要念书，最后还要结婚，哪一步不牵动你的心？每日都有新的不安，都会心有余悸，孙辈的健康让你担心，不亚于你担心自己的健康。你和妻子永结连理，本以为那是巅峰，峰顶过后的路定能走得轻松。但那只是结束了恋爱，开始了婚姻。坠入爱河、赢得芳心对于桀骜不驯的人并非易事，可要让爱情常驻也是要事一桩，为此夫妻彼此都要有温情善意。

（叶子南译）

短文

浅谈翻译单位

　　什么是翻译单位？这是个不很容易回答的问题。有人认为翻译单位应该是以思维单位为基础，也有人认为从翻译实践看，翻译单位应该以可看到的语言单位为基础。问题是，是以原语的语言单位为依据来寻找译入语中的对应单位，还是偏重译入语的语言单位？我们不想陷入这种争论，只想从实践角度给大家一个粗略的概念。

　　我们倾向从源语出发，因此翻译单位就是指在译入语中可找到的与原语语言单位相对应的、分量相等的单位。让我们以搬家为例说明这个概念。搬家时大大小小的东西无数。一般体积大的，一件一件搬，体积小的，可放到箱子中再搬。我们不会去拆开一架钢琴，因为一架钢琴是一个不可拆散的整体。但书架就不同了。架上的书可以取下，分别放到纸板箱中，一箱箱地搬。有时书架本身也可以拆散。翻译单位这个概念和搬家道理相似。一个句子有时可拆散译，有时则必须将整句视为一个整体译，有时可将几个句子视为一个整体，在这个整体中可随便进行调整，前后调换位置都可以，因为这几个句子是一个单位。翻译单位可大可小，如将几句视为一个整体，那么翻译单位则较大。但翻译单位也可以很小。比如有时我们在翻译地名时，常希望能贴近原文的语音，如 Monterey 译成"蒙特瑞"。这时我们的翻译单位就很小，小到音位(phoneme)。但上面的例子都比较极端。翻译单位的选择有时会很麻烦。有人曾说翻译单位"应该尽可能小，但又该尽量大"，突出反映了在这个问题上的矛盾。用较大的翻译单位，译者在译入语中的回旋余地就较大，可以照顾中文的行文。较小的翻译单位则可使译文在结构上接近原文，但译者就不可避免地受原文的束缚。

　　为忠于原文，有人认为翻译单位不应太大，这样可能会死板些，但毕竟是忠于原文的。这只能说明持这种看法的人没有真正认识语际交流的本质。死板的译文不可能忠于原文，因为原文由原文读者读时并不死板（当然原文死板另当别论）。将 He was at the wrong time and the wrong place 译成"他是在错的时间和错的地点"，翻译单位就很小，几乎小到了以词为单位。但这样忠于原文吗？英语读者一看到这个句子就知道其意思，但字字照原文搬到中文后，中文读者并不能解读出同样的意思，因此就根本谈不上忠于原文。如果我们将这一整句作为一个翻译单位，不去管一个个词的意思，而从整体出发，看整个句子在语言中的功能，那么我们可以译成"他当时实在不巧在场"，表面结构上和原文大相径庭，但这不正是原文的意思吗？

　　那么，是不是说翻译单位唯大是好呢？那也不对。很多英文作者所采用的一些有意义的语言手段有时恰恰是使用在细微之处。翻译单位过大，就可能忽视那些有意义的形式。看下面这段：Jim threw the ball. The ball broke a window. The noise attracted the owner's attention. The owner scolded him. 这是四句十分简单的句子。假如将这段译成"当吉姆将球扔出去并打碎了玻璃时，他遭到了老板的责骂，因老板听到了打碎玻璃的声音"，是否忠于原文呢？译者显然是将英文的四句看成一个翻译单位，因此采用合并法把四个句子合起来。但原文是摘自一个儿童故事，简短的句子恰恰是儿童文学的特点，虽然合并没有影响基本语义，但却改变了句式简短的特征，这样忠于原文吗？

那么到底什么是最合适的翻译单位？可能无法找到放之四海皆准的答案。有学者认为，为使译文流畅易懂，译者甚至可将整个文本作为一个翻译单位。这种象牙塔中的议论对翻译实践者不无启发，但帮助不大。不反对初学翻译的人探索大文本翻译单位的议题，但是为保持翻译的准确性，最好还是以句子为基本翻译单位，在这个基础上可上下略有浮动，但是翻译的总策略应该像杨绛说的，还是一句一句地翻译。句子仍然是最主要、最常用的翻译单位。

有关翻译单位的详尽内容，见叶子南《高级英汉翻译理论与实践（第三版）》（清华大学出版社出版）中的第六章。

18 El Dorado (2)

原文

The true love story commences at the altar, when there lies before the married pair a most beautiful contest of wisdom and generosity, and a life-long struggle towards an unattainable ideal. Unattainable? Ay, surely unattainable, from the very fact that they are two instead of one.

"Of making books there is no end," complained the Preacher; and did not perceive how highly he was praising letters as an occupation. There is no end, indeed, to making books or experiments, or to travel, or to gathering wealth. Problem gives rise to problem. We may study for ever, and we are never as learned as we would. We have never made a statue worthy of our dreams. And when we have discovered a continent, or crossed a chain of mountains, it is only to find another ocean or another plain upon the further side.

From *El Dorado* by Robert Louis Stevenson

批改

真正的爱情故事是从圣坛开始的，两个~~大结婚的~~人~~时~~就展开了面临着一场美妙的智慧和宽恕的竞赛[1]，一场持续一生但却无法达到理想境界的奋斗。真的无法达到吗？肯定是无法达到的，因为毕竟是两人而并非~~只有~~一人。

"著书立说没有尽头[2]。"~~一位《传道者书》的作者这样说~~；但他没有意识到，他这么一说，就把文学吹捧为一种职业了[3]。的确，无论是著书立说，进行实验，外出旅游，还是创造财富，都是永无止境的。一个问题~~只~~会催生出更多问题。我们可以不断学习，~~而且~~但我们~~还~~也不可能像我们希望的那样有学问。我们不可能制造出一个雕塑能够和我们的梦想相符[4]。而且当我们发现了新大陆，或者跨越了一条山脉，就会发现大陆之外还有更加浩瀚的海洋，高山另一边还有更广阔的平原。

点评

1 "一场美妙的智慧和宽恕的竞赛"这个译法很别扭。一般情况下，一个译文到底可不可以接受，最好的测验方法就是自问，我自己在写作中会这么写吗？当然由于目前阅读习惯发生变化，心中衡量可接受中文的"尺度"可能不同，但是不少情况下，大家还是能得出共识。本句比较难说，有些人会觉得可以接受，但有些人就会认为别扭。认为不可接受的人就会在保持原文意思的情况下，尽量改变语言，如参考译文二（一路上夫妻两人作一场绝妙的竞争，看谁更智慧，看谁更大度）。

2 of making books there is no end 这句源自《圣经》传道书 12:12（And further, my son, take note of this: of the making of books there is no end, and much learning is a weariness to the flesh. 我儿，还有一层，你当受劝戒。著书多，没有穷尽。读书多，身体疲倦）。这个版本没有 many，但大意相同。翻译时最好将中文《圣经》原文写上，因为原文用了引号，是直接引语。当然自己根据意思翻译并非不可，因为读者一般也不会了解原文的出处，所以无法构成译文、原文、《圣经》三者间的互文联系。另外，下面的 the Preacher 为大写的 P，就是 Ecclesiastes 的英文翻译，或可指《传道书》的作者。

3 这里将 how highly he was praising letters 译成"吹捧"过分了些。大意就是传道者无意中将文学文字写作看得很高。

4 将 We have never made a statue worthy of our dreams 译成"我们不可能制造出一个雕塑能够和我们的梦想相符"意思不错，但是语言别扭，翻译味太重，且有语病。此时译者应该翻译句子的意思，而不要受原文牵制，因为本篇虽是文学作品，但这句并没有什么值得保留的语言特征，译出意思就行。语言应该是让读者能接受的中文。有关这个议题，见本单元短文。

参考译文一

真正的爱情故事始于圣坛，新人自此踏上智能与慷慨的美丽考验，穷尽一生追逐不可能的理想。不可能？当然，毕竟同床仍异梦，结同心到底是两个人。

《传道书》上说"著书无止境"，但作者却未觉此语对文学家一职多所推崇。确实，立说、体验、游历、求富贵均无止境，问题总会带来更多问题。不管我们再怎么学习，知识永远不够渊博；再怎么雕琢，成品永远不符期望。就连发现新大陆，攀越群山之后，也总会看见另一片海洋，另一方旷野静候在远方。

（杨盈译）

参考译文二

真正的爱情始于圣坛，一路上夫妻两人做一场绝妙的竞争，看谁更智慧，看谁更大度，他们一生都在朝不可企及的目标努力。不可企及？没错，是不可企及，因为夫妻毕竟是两人而非一体。

"著书永无止境"，《传道书》的作者如是说，却没有意识到他把文学生涯看得那么高尚。确实著书没有止境，试验、游历、聚财也没有止境。一个问题引出另一个问题。我们尽可以读书不倦，但仍不能饱学如愿。我们竖起的雕像，总比不上梦中那座更令人向往。我们发现了一个大陆，跨越了一片峻岭，却看见横在眼前的是又一块大陆，又一片汪洋。

（叶子南译）

短文

身在文学心不在

　　我们就从这篇修改的译文说起。读这篇译文，你并不能发现很多理解错误的地方。但是你怎么读都觉得不是在读散文，不能品出文学的味道。我们不少人觉得，翻译时语义正确，就基本没有大问题了。就非文学翻译来说，意思正确还真可能是成功的一半，但文学作品的翻译，意思正确完全不能说是成功的一半，因为文学的关键在语言，语言不过关，基本就是失败。

　　说起语言，一个很大的问题就是用非文学的语言来翻译文学作品。确实，现在学习翻译的人和过去不同。当年人们一提到翻译，说的就是文学翻译，很少人讨论非文学翻译。可是今天大多数学翻译的人都以非文学翻译为主，文学反而是点缀。结果，我们就用习惯的非文学语言来翻译文学作品，你看下面这些句子：

1. 新婚夫妇的面前摆着关于智慧和慷慨的美丽较量和朝着无法企及的理想的终身奋斗。
2. 我们需要不断学习，但我们还不可能像我们希望的那样有学问。
3. 我们从未雕刻出与我们想象匹配的雕像。

　　这些句子就是从翻译这篇散文的几个学生的作业中摘来的。第一句长到无法忍受，像是一个法律条文中的句子，你看其中的"关于""和"这些词都露出非文学语言的痕迹。第三句"与……匹配"的说法也是实用文本中常使用的。第二句看上去工工整整，中间用一个"但"字对应原文的连接词and，但整句更像叙述、说理等文本中的语言，缺少表达情感类语言的特色。译者过于看重原文的语言结构或逻辑关系，而忘了这种关系在文学作品中有时可以转换。换句话说，译者身在文学语境，心却仍然停留在非文学领域。除掉特殊文本外，一般文学语言不宜过长，有些在非文学翻译时需要用连接词表示的关系，在文学翻译时，未必一定也用连接词，如"在……时""因为……所以""和""以及"等都可能用其他办法避免，这样才能避免上面那种句子出现在译文中。上面的语言适合信息类文本的表述，但用在表情类文本中就显得十分呆板，苍白无力，下面的译文意思和上面的没有什么差别，但语言却活泼多了：

1. 一路上夫妻两人作一场绝妙的竞争，看谁更智慧，看谁更大度，他们一生都在朝不可企及的目标奋进。
2. 我们尽可以读书不倦，但仍不能饱学如愿。
3. 我们竖起的雕像，总比不上梦中那座更令人向往。

我们可以看出，由于用了逗号，句子不长，而且句型也跳脱了原文的模式，更接近一般生活语言，更适合谈有关人生的文学语境。译者如果摆脱不了那个正规的语言习惯，就无法翻译出吸引读者的文字来。文学作品的读者不是来做逻辑思辨游戏的，他们需要更人性化的语言，唤起情感的冲动。**结构上直逼原文，逻辑上天衣无缝可能准确得无懈可击，但终归要失去广大读者。**

The Story of an Hour (1)

▶ 原文

Knowing that Mrs. Mallard was afflicted with a heart trouble, great care was taken to break to her as gently as possible the news of her husband's death.

It was her sister Josephine who told her, in broken sentences, veiled hints that revealed in half concealing. Her husband's friend Richards was there, too, near her. It was he who had been in the newspaper office when intelligence of the railroad disaster was received, with Brently Mallard's name leading the list of "the killed". He had only taken the time to assure himself of its truth by a second telegram, and had hastened to forestall any less careful, less tender friend in bearing the sad message.

She did not hear the story as many women have heard the same, with a paralyzed inability to accept its significance. She wept at once, with sudden, wild abandonment, in her sister's arms. When the storm of grief had spent itself she went away to her room alone. She would have no one follow her.

From *The Story of an Hour*, by Kate Chopin

✎ 批改

考虑到玛拉德太太受心脏病折磨[1]，大家万分小心地告诉她玛拉德先生的死讯[2]。

这个消息最终是[3]她姐姐约瑟芬吞吞吐吐地[4]告诉她的。她丈夫的朋友理查德当时也在，就站在她旁边。火车事故的消息传到报社时理查德刚好在报社，看到"遇难者"中第一个名字就是布赖特林·玛拉德。他通过第二封电报确认这个消息后[5]便赶忙去阻止[6]那些不够小心周全[7]的朋友先来告诉玛拉德太太这个不幸的消息。

玛拉德太太并没有像很多女人那样，听到这类噩耗时[8]瘫痪了，无法承受丈夫的死讯。她马上投到姐姐的怀里不顾一切地[9]大哭。哭尽悲痛后[10]她便独自回了房间，不让任何人陪同。

文本定位 这几段文字选自 Kate Chopin 的著名短篇小说《一小时的故事》，由于是名篇，译文的文学价值就较大，文学界对这个小说的评论无数。鉴于此，翻译就必须严谨，译者在推敲选词上就要花更多的时间。但是这篇还是应该属于软文本，为求文字的流畅，译者仍需要灵活处理。

★ 点评

1 翻译 afflicted with 这个短语时，没有必要把"折磨"这种细节翻译进去，因为这是一个惯用表达法，不是作者写作的特征，如我们常说 a patient afflicted with influenza。此处翻译成"心脏不好""有心脏病"已经足够。

2 但是在这个地方，翻译的时候细节最好表达出来，因为这些细节反映了作者写作的特征，比如说 gently, great care 在说明传达噩耗时如何谨慎，所以这几个词如果表达时方便的话，最好说出来，比如 gently 可以翻译成"婉转地"。

3 It was her sister Josephine who 是一个强调句型，方便的话可以表达出来，如"最终是她姐姐把消息告诉……"而不是译成"这个消息最终是她姐姐告诉……"。当然强调句型仅仅是一种口气，在普通文本中未必处处都要反映出来。即便是文学文本，也要看情况。

4 "吞吞吐吐"只是表达了 broken sentences，但是 revealed in half concealing 没有表达出来，在这样的文学作品中这类细节最好表达出来，比如可以说"半遮半掩"。

5 到底是他发电报，还是他收到电报？这里有理解的问题。你的译文可能理解成他发电报去求证，但应该是他等到第二封电报证实了她丈夫的死亡。

6 这又是一个理解上的问题，forestall 这个词在这里的意思并不表示去提醒某人，也不表示去阻止某人，他只表示先于其他人到场，赶在不细心的人前到场的意思。

7 "不够小心周全"仅反映了 less careful，但是 less tender 这个词组没有反映出来。在文学作品中，这样的细节一般都不应忽视，尽管两个词组的意思相近。

8 注意 the same 应指这类，不是这个消息，因为别的女人不会对她丈夫的死讯有强烈的反应。

9 这个 with sudden, wild abandonment 是表示具体动作的，在非文学文本中也许可以翻译大意（paraphrase），但是这类文学文本中还是翻译出来更好。如参考译文就翻译成"马上纵声哭倒"，表达了没有自我控制的意思，和 abandonment 的本意比较接近。

10 且不说"哭尽悲痛后"这个表达法值得商榷，就是句中隐喻的处理也不尽人意。the storm of grief 当然就是说她的悲痛，但是作者是采用隐喻的方式说的，把悲痛表达成暴风雨，在非文学文本中，未必需要将这个隐喻表达出来，但是文学文本就不同了。参考译文就把隐喻翻译成隐喻（悲恸的风暴平息之后）。

参考译文

　　大家都晓得梅勒太太患有心脏病，所以都小心翼翼，尽可能要婉转地告诉她丈夫的死讯。

　　最后，是她妹妹约瑟芬吞吞吐吐、半掩半藏地向她吐露了这个消息。她丈夫的朋友理查兹也在场，就在她身边。铁路事故的消息传来时，他正巧人在报社，而班特利·梅勒的名字赫然列在罹难者名单之首。他只等第二封电报证实消息为真以后，便急忙赶来，传递噩耗，以免其他较莽撞、较不体贴的朋友先他一步前来。

　　她不像别的女人那样，听到这种消息时会完全瘫痪、无法接受事实。她马上纵声哭倒在妹妹的怀里。悲恸的风暴平息之后，她自个儿走进房间，不让任何人跟着。

（杨瑛美译）

短文

保留文学中的"异质"成分

　　在其他单元里我们已经提到过文学翻译不宜流于解释，不能不顾细节仅存大意。这里让我们从语言偏离常规这个角度看同一个问题。

　　所谓偏离常规（deviate from the norm），是指原作者在写作时没有按照大部分人的说法表述一件事，而是偏离一般说法，独创自己的表达方式（有时这种现象也称为"前景化"）。如果文本主要传达信息，译者一般会轻视原文的语言特征，把"不正常"的表达法"正常化"，以利信息传递。但是在文学翻译中，特别是在那些以语言取胜的文学作品中，轻易抹去"异化"（非正常化）的语言不应该是常规做法。原因很简单，原作者刻意营造的语言点（即"不正常"的表达法）有可能属于作者写作风格的一部分，大笔一挥就抹掉了作者的特征，比如There seems but little soil in his heart for the support of the kindly virtues 这句。有人会觉得这样说很不正常，完全有更简洁的写法，如"他似乎不具备促成仁慈美德产生的基础"。但是这种将"不正常语言"归化成简洁明了，甚至喜闻乐见语言的做法却不是文学翻译的常态，因为这样会抹掉原文写作的特征，如本句soil一词就是整句隐喻表达的基础。若译成"在他的心中似乎没有培育出仁慈美德的土壤"就保留了原作者的这一隐喻特征。很多"语言点"可能并不算异常，但却可能并不是最流畅的，然而翻译时却不宜删除这些"异质成分"，如It was her sister Josephine who told her, in broken sentences, veiled hints that revealed in half concealing.有的译者就觉得这不是最佳写法，应该清理一下，让句子更简洁，大意相同的地方可以合并，于是译成"是约瑟芬吞吞吐吐地告诉了她这消息"。这个译法大意基本不错，但是细节却没有了。参考译文译成"约瑟芬吞吞吐吐、半掩半藏地向她吐露了这个消息"就更接近原文的表述特征。另外，有时一个特殊的表达方式可能并不是孤立的，改变删除的译法可能牵一发动全身，破坏原有的连贯。

当然，译者捕捉细节到怎么个地步，捕捉哪些细节，仍然需要译者分辨。本篇下一单元有这么一句a sob came up into her throat and shook her, as a child who has cried itself to sleep continues to sob in its dreams, 有学生翻译成"身子时不时会因冲上喉咙的抽泣而震颤"就很不恰当，把sob came up into her throat直译过来很难让人接受。如果"冲上喉咙的抽泣"是中文完全可以接受的说法，那当然没问题，但显然不是。另外，原文came up into这个表达法并无特殊意义，并不构成其写作的特征，所以无须保留。参考译文就译得很自然（偶尔因啜泣哽咽会颤动一下）。

简言之，文学翻译不能总把自己"看不顺眼"的说法都捋顺了，把一切觉得不顺眼的文字都整理得服服帖帖、非常流畅不是文学翻译的常态。但是反过来译者也不能不分青红皂白，什么细节都抓住不放。译者需要分辨原文中有意义、有价值的语言形式，并参照中文可接受的程度，再决定是否要将一个"异常"的语言表达法引进译文中来。译者的任务就是要在文本中分辨出哪些语言表达法是有价值保留的，哪些意义不大。分辨结果当然会因人而异，语言翻译水平高的人分辨得更准确，水平低的人也许会做出错误选择，也正因此文学翻译才会有高下之分。

The Story of an Hour (2)

▶ 原 文

There stood, facing the open window, a comfortable, roomy armchair. Into this she sank, pressed down by a physical exhaustion that haunted her body and seemed to reach into her soul.

She could see in the open square before her house the tops of trees that were all aquiver with the new spring life. The delicious breath of rain was in the air. In the street below a peddler was crying his wares. The notes of a distant song which some one was singing reached her faintly, and countless sparrows were twittering in the eaves.

There were patches of blue sky showing here and there through the clouds that had met and piled one above the other in the west facing her window.

She sat with her head thrown back upon the cushion of the chair, quite motionless, except when a sob came up into her throat and shook her, as a child who has cried itself to sleep continues to sob in its dreams.

✎ 批 改

房间里有个舒适宽敞的扶手椅，椅[1]子面对着一扇开着的窗。身体上的劳累似乎渗入了她的灵魂，把她压倒在椅子上，她便陷坐在那[2]。

透过开着的窗，她看到房前空旷的广场上树梢随风颤抖，彰显着新春的生命[3]；雨后空气中尽是芬芳的气息；窗下街道上小贩在叫卖着产品[4]，有人在远处唱歌，轻轻的歌声飘进她耳中，屋檐下无数麻雀叽叽喳喳。

对着她窗口的西方，遇在一起并重叠的云之间露出了这儿一片、那儿一片的蓝天[5]。

她头靠着椅背躺着，几乎没有情绪[6]一动不动，身子时不时会因冲上喉咙的抽泣[7]而震颤，就像哭睡的小孩在梦中继续抽泣一般。

★ 点 评

[1] 在讲究文字的文本中，尽量避免"近距离"重复（椅、椅）。

[2] 当然不排除前后秩序变化，把 into this she sank，放到后面也未尝不可，但本句不做这种前后颠倒变化更好。另外，haunted her body 和 reach into her soul 作为一个物质、一个精神的对立存在，在译文中反映出来，不错。可见参考译文。

3 原文没有"随风"。另外 aquiver 这个词用"颤"字是对的,因为这是文学文本,过度解释不合适。比如有人译成"摇摆"就不恰当,"颤动"和"摇摆"是两个幅度大不相同的图像。另外"彰显着"也选词不当。还不如将"颤"作为及物动词,反正原文语言并不是常规语言,有些"出格"应允许,如参考译文"颤动着生命"。

4 crying his wares 不宜翻译成"叫卖产品"之类的,wares 翻译出来就别扭了,就是小贩在吆喝。

5 这段就准确来说应该可以,但是缺少文学作品的可读性。比如 clouds that had met and piled one above the other 就显得太写实,无艺术渲染,是否可在不违背原文语义的情况下,照顾一下艺术作品的可读性?

6 不是 emotionless,是 motionless,没有动。译者处处都要谨慎。

7 原文 came up into her throat 并不是一个有意义的语言形式,根本不用保留在译文中。这样直译翻译成汉语非常别扭。译者需要鉴别哪些语言是有意义的,哪些无意义。像这种并不构成"文学性"的语言特征,可以忽略。如果你懂这句的意思,就按照理解的表达就行,不要被原文束缚住。其实小孩子哭后的情景我们谁都见过。

参考译文

敞开的窗户前,有张宽大舒适的沙发椅。她沉沉跌坐其中,全身筋疲力尽,肉体上的疲惫压迫着她,似乎还延伸至灵魂深处。

她看到屋前空旷的广场上,树梢正颤动着新春的生命,空气中弥漫着雨水的芬芳气息。下面街上有个小贩在叫卖,远处有人正在唱歌,歌声隐隐约约传到她耳中,无数的麻雀亦在屋檐下叽叽喳喳。

窗外靠西边的空中,白云飘浮,云朵相遇堆叠一起,时而露出一片片的蓝天。

她的头往后枕在椅背上坐着,一动也不动,除了偶尔因啜泣哽咽会颤动一下,有如哭累睡着的小孩,在梦中还继续抽咽。

(杨瑛美译)

短文

文学翻译是否应该归化?

上一单元我们强调文学翻译应传译原文的"异质"成分,以保留原作者的写作特征。但是,文学翻译毕竟与合同翻译不同,前者要面对无数读者,后者可能除掉当事人外基本没有读者。我们总不希望译作没有"粉丝"吧!于是,在文学翻译中力争文字流畅可读,是非常合理的要求。我们上个单元所强调的不应该与这点有矛盾。但是否可以把"归化"作为文学翻译的准则呢？让我们来看下面的例子：

Oh threats of Hell and Hopes of Paradise!	碧落黄泉皆妄语，
One thing at least is certain—This Life flies;	三生因果近荒唐。
One thing is certain and the rest is lies;	浊醪以外无真理，
The Flower that once has blown for ever dies.	一谢花魂再不香。

英文原文也是译文，源自古代波斯诗人奥玛珈音的《鲁拜集》，译文是麻省理工学院物理学教授黄克孙的作品。这个中译本没有原文的任何痕迹，是彻底归化的典范。但这首诗的译法和我们在上个单元中的主张完全不同，且不说译文已经转变为中文的绝句，就是遣词造句都背离原文，有的地方连原文的影子都没有，还加入了纯属中国文化的词，如佛教的"三生因果""碧落黄泉"。这种完全"投胎转世"式的译法不在原文中寻找翻译单位，而是着眼于译文，一扫原文的语言特征，让所有的艺术亮点都在译文中呈现。钱钟书先生对黄译评价颇高："黄先生的译诗雅贴比美Fitzgerald原译。 Fitzgerald书札中论译事屡云'宁为活麻雀，不做死鹰'（Better a live sparrow than a dead eagle），况活鹰乎？" 如果我们对钱钟书的"化境"不甚理解，那么这个评语就等于给了我们一个化境的范例。钱钟书在谈"化境"时曾这样说：原作在译文中就像" 投胎转世 "，躯体换了一个，但精魄依然故我 。根据这样的译论，上面对黄译提出的一些质疑，如细节不对应、文化有冲突等，都不是问题。将"天堂地狱"换成"碧落黄泉"反倒是"投胎转世"的绝佳典范。

但这首诗未必就一定得归化处理，下面的译文照样能传达原始的精神：

地狱的威胁，天堂的希望！	地狱阴森盼天堂，
至少一件事确定，此生去也匆忙；	浮生瞬息定匆忙。
一件事确定，其余的都是撒谎；	巧言乱坠皆诳语，
那盛开的繁花，会永远萎谢凋亡。	谁见花开百日香。

（叶子南译）

左边那个译文和英文原诗一样四行均押韵，除了This Life flies这句略有解释之嫌外，其他都在文字细节上和原诗对应，连"一件事确定" 都和原文一样重复了一次。右边那首七绝和原诗押韵不同（一二四押韵），译者虽也设法跳脱原文的束缚，但细节上原诗的影子仍比黄译明显。

那么怎么看待投胎转世的译文和保留异质的译文呢？首先需要承认，**文学作品种类不同，有些作品较适合微观处理，有些则更适应宏观把握**，如小说和诗歌就不可同日而语。诗歌翻译确实最能体现两个译论之差异，但即便是在一般小说散文的翻译中，我们也能隐约看出译者翻译观之不同。重形式的译者会在细枝末节处捕捉原作的异质成分，而认同整体把握的译者则会采取综合度较高的译法，自觉不自觉地向意译倾斜，这种倾斜未必算得上与"化境"有缘，但却与形式至上的译本拉开了距离，展现了与众不同的风格。所以上面这首诗的两种不同风格的译法未必需要用同一种标准衡量，而应该共存双赢。

但作为总的原则，文学翻译不宜见细不查，不宜忽视细节。这对于一个并未掌握宏观译论之精髓，却已深受"意译为佳译"观点诱惑的初学者来说，就显得尤为重要。

第二部分
偏软文本

这类文本和第一类没有很大区别,但是相对来说,由于文章议题较严肃,文体倾向正规,所以作者个人情感态度的流露就略有收敛,翻译时灵活度可能也需要相应收敛,但句型的灵活处理仍然是译文成败的关键,权将他们称为"偏软文本"。

Reflects on Manchester (1)

▶ 原文

There are cities that reveal their charms on introduction, shamelessly, and there are others that give you more time to get to know them, cities which are not voluptuous but viable, easy to get around, good humored, self-effacing without being apologetic.

Manchester, 200 miles to the northwest of London, and just a half-hour drive from its noisier neighbor Liverpool, is one of the latter. It would be incorrect to say it lacks beauty, for the great mills and warehouses built in the days when cotton was king, and Manchester was its Versailles, are on the scale of Italian Renaissance palazzi and can indeed look like Italian Renaissance palazzi on sunny days and when, standing on a bridge over, say, the Rochdale Canal, you are in the mood to see the best in things. Hotels, clubs, apartment blocks now, the old mills and warehouses have made the change well from temples of ceaseless industriousness to palaces of ceaseless pleasure. Victorian neogothic architecture enjoyed a flowering in Manchester too, most notably in the great spired almost fairy-tale Town Hall, a sort of cathedral to commerce that exudes confidence and prosperity yet is not without delight in magniloquence for its own sake.

From *Newsweek* by Howard Jacobson

✎ 批改

有些城市绽放魅力在你和它们接触的瞬间[1]就绽放魅力，落落大方[2]；而另有些城市则需要你花更多的时间去了解，这些城市不性感，但却牢靠[3]、容易相处[4]、幽默[5]、低调但却不自感卑微。

在伦敦西北200英里之处，距离更喧闹的邻市利物浦也仅有半小时的车程，曼彻斯特属于上面提到的第二类城市[6]。不能说它缺乏美丽，因为[7]有庞大的纺织厂和库房，建立于棉花为王的时代，当时曼彻斯特就是国王的凡尔赛。它们规模就如意大利文艺复兴时期的宫殿，在晴朗的日子里真的看起来就像意大利宫殿。另外，找一座桥，比如罗奇代尔运河上的某一座桥，在那里你就有心情觉察事物中的美[8]。现在那些成为了宾馆、俱乐部和公寓楼房的一古老的纺织厂和库房已从永不停息的工作圣殿转变为无休无止的娱乐场所[9]。维多利亚时代的新哥特式建筑在曼彻斯特也享受着繁华颇为盛行，最典型主要的就是童话般的尖顶市政厅的尖塔，一种天主教堂向商业的转变[10]，它渗透出自信和繁华，但也并非没有几分不因为自身的溢美而沾沾自喜的神色[11]。

文本定位

这个文本选自《新闻周刊》的一篇短文，作者Howard Jacobson出生在曼彻斯特，因此写曼城很有感情。这虽然不是严格意义上的文学作品，但是文学语言比比皆是。其实将这篇归入软文本也可以，但是归入偏软似乎更合适。翻译策略也应该较灵活。

点评

1 "瞬间"似乎太短暂，on introduction 没有那么急促，还是用"一见面"等更符合原文。

2 原文的 shamelessly 用"落落大方"绕得远了，不能说和原文没有联系，但还是建议围绕 shamelessly 选词，如"不难为情"。这是拟人的隐喻说法，所以读起来难免有点怪。

3 voluptuous 这个词带有负面的味道，"妖娆"似乎比"性感"更合适。viable 不是"牢靠"，而是正好与"妖娆"相反，前者中看，后者中用，如"实惠中用"，所以应该参照前面的 voluptuous 来微调 viable 的词义。

4 看错了，不是 get along, 此处 to get around 就是字面意思，不是比喻，就是走来走去方便，尽管这个词前后的描写是用隐喻语言。

5 这个词和幽默没有直接关系，是 friendly and cheerful 的意思，"随和亲切"差不多。本段隐喻连篇，有关隐喻的解读，请参见 Susan Sontag 一单元的短文"隐喻的解读"。

6 本句仍然不够通顺，最好将"曼彻斯特"放在句首，见参考译文。

7 原文的 for 是在给前面的说法找理由，不能说缺乏美，因为下文的原因。也就是说，后面一直到 see the best in things，都是在说不能说曼城缺乏美的原因。译者这里将句子断开的译法不恰当。

8 这句应该和上面那句有联系。该长句的译文意思和原文有很大出入，已无法修改，具体解释请参考本单元短文。

9 永不停息的工作圣殿（temples and palaces）指当年的库房等，是隐喻说法。翻译时可以保留。当然不用隐喻，就翻译成"古老的纺织厂和库房已从永不停息工作的地方"，基本意思相同，就是缺了文字的色彩。译者应自己权衡利弊，如参考译文二就用了"之所……之地"。参考译文一译成"庙宇"似乎略显怪异。

10 用 cathedral 是因为外形像大教堂，但此处与商务无联系，所以他在 cathedral to commerce 前用了 a sort of。作者用该词组似因 cathedral to commerce 在 20 世纪 30 年代就有人用它来形容底特律的一幢高楼（the Fisher Building），此处为借用，见参考译文。

11 这里的 yet is not 和前面的 exudes 共享主语（cathedral to commerce）。另外，its own sake 中的 its 应该是指 magniloquence，也就是 magniloquence for the sake of magniloquence，见参考译文。

参考译文一

有些城市初次接触便将魅力展现出来，毫无遮掩。而有些城市则给你更多时间去了解，虽不妖娆，但却实用，随和亲切，谦而不卑。

曼彻斯特即属于后者。它位于伦敦西北二百英里处，离更喧闹的邻居利物浦仅半小时车程。说曼彻斯特缺乏美感并不恰当：过去棉花的地位如同国王，而曼彻斯特就像凡尔赛宫，那时建造的巨大工厂与仓库，规模堪比意大利文艺复兴时期的府邸；站在罗奇代尔运河的桥上，你会感觉心旷神怡，一切都很美好，再加上天气晴朗，那些工厂与仓库看起来就果真像意大利文艺复兴时期的府邸一样了。昔日的工厂与仓库如今成了宾馆、俱乐部、公寓楼，从劳作不息的庙宇变为享乐不止的宫廷。维多利亚时期的新哥特式建筑在曼彻斯特也盛行一时，最典型的代表便是童话般的尖顶大市政厅，那里可以算作商贸活动的圣殿，尽管不乏骄矜自得之态，但仍洋溢着自信的精神与繁荣的气息。

（学生作业）

参考译文二

有些城市在初见之时便大展风华，毫无掩色，有些城市则给你时间慢慢品味，虽无妖娆风姿，却宜室宜家，适合四处走走，随和亲切，谦而不卑。

曼彻斯特就是后者。城市位于伦敦西北二百英里，距离喧闹的邻城利物浦仅半小时车程。这里不可谓不美，在棉花称王的时代，曼彻斯特就是它的凡尔赛宫，当时建造的厂房和仓库规模之大，堪比意大利文艺复兴时期的府邸。假若天气晴好，站在罗奇代尔运河的桥上，兴致极佳，看什么都赏心悦目，这些建筑看上去倒也有几分意大利文艺复兴时期府邸的味道。曾经的磨坊和仓库，如今已是酒店、夜店和公寓，从劳作不息之所，变为享乐无尽之地。维多利亚时期新哥特建筑也在曼彻斯特兴盛一时，最明显的就是有着巨大尖顶、童话般的市政大厅，这座商业的圣殿流露着自信和繁荣，又不失几分对奢华的得意之情。

（学生作业）

参考译文三

有些城市一见面就向你展露妩媚风姿，也不觉得难为情，可有些却让你慢慢品味，它们不花枝招展，但却相当实惠中用，四处走动方便，城市和蔼可亲，非常低调，却不自惭形秽。

曼彻斯特就是那第二种城市，它位于伦敦西北两百英里处，开车半小时就是更为喧闹的邻城利物浦。说曼彻斯特不美并不正确。在棉花是君王，曼彻斯特就是凡尔赛时建造的大厂房大仓库堪比意大利文艺复兴时期的辉煌建筑。若正逢晴日，心情大好，放眼望去万物因心悦而生辉，此时你站在罗奇代尔运河的桥上望去，曼彻斯特的建筑看上去确实美似文艺复兴时辉煌的城堡，怎能说曼城不美。由老旧的厂房和仓库改造的旅馆、夜总会、公寓房都换了新装，当年人们昼夜不停辛勤劳作的大殿，已转变为日夜不休寻欢娱乐的殿堂。维多利亚新哥特式的建筑也在曼城落地开花，最招人耳目的就是神话般的尖塔市政大厅，它有点像商务大教堂式的建筑，显出自信与繁荣，还带有几分故显浮华的得意。

（叶子南译）

短文

复杂长句的处理

本单元中有这么一个长句：It would be incorrect to say it lacks beauty, for the great mills and warehouses built in the days when cotton was king, and Manchester was its Versailles, are on the scale of Italian Renaissance palazzi and can indeed look like Italian Renaissance palazzi on sunny days and when, standing on a bridge over, say, the Rochdale Canal, you are in the mood to see the best in things。显然，翻译时不可能不切分句子。不过切分虽然是翻译长句的重要手段，但要是切分错误，效果适得其反。首先让我们来把这个长句的主干和枝干梳理清楚。

这句的主干是It would be incorrect..., for...，也就是说for后面的都是在说为什么不正确。问题是for后面太长，所以也应梳理出主干和枝干。若把for后面的句子简化，应该是the great mills and warehouses are on the scale of Italian Renaissance palazzi and can indeed look like Italian Renaissance palazzi，其他部分均是对这个主干句子的补充，是"树"的枝干。首先要注意的是，这个主干发生在现在（are和can），翻译时不要把主干的动词当过去时态处理。其中on the scale of是在说两者差不多。后面修饰look like Italian Renaissance palazzi的是几个条件，首先必须是在on sunny days，其次是必须符合when从句中的条件，即in the mood to see the best in things，以及附加的standing on a bridge，桥可能有不同的桥，但这里举了一个例子，即the Rochdale Canal，翻译时如果不好处理，就用这个运河，不用说明是举例，因为这点准确性的误差无关紧要。译者梳理清了这个头绪后，就可以比较从容地安排句子了，如参考译文三："在棉花是王，曼彻斯特就是凡尔赛时建造的大厂房大仓库堪比意大利文艺复兴时的辉煌建筑。若正逢晴日，心情大好，放眼望去万物因心悦而生辉，此时你站在罗奇代尔运河的桥上望去，曼彻斯特的建筑看上去确实美似文艺复兴时辉煌的城堡，怎能说曼城不美。"可见译者充分掌握了主动，把句子分成两句，而且句子内自由安排前后的顺序。要说明的是"怎能说曼城不美"看似添加，其实没有加任何意思，因为这句是紧接前面一句，要说明前面说曼城不美是错误的。

总之，**长句的翻译必须先梳理句子的逻辑关系**。在这点上，不管是什么类型的文本，不管它是人文类，经贸类，还是法律类，都必须先借助语法找出句子的主干和枝干。有些人总是喜欢根据自己的感觉像猜谜语一样猜测句子的大意，这是很坏的习惯。**在理解原文的阶段，特别是翻译正规文本，译者不应该过早地抛弃原文的语法**。只有正确理解后，译者才可能发挥译入语的优势，适当地做些灵活自由的处理。

Reflects on Manchester (2)

原文

Moonlight on wet streets, the distant prospect of chimneys made phosphorescent by their own smoke, industrial valleys looking nostalgic in these nonproductive times, and on Saturday nights, whatever the weather, girls with mottled thighs and boys in short-sleeved shirts drinking mojitos *en plein-air*—such are the city's sights. But it's substance rather than poetry that Manchester has always sought to convey, a no-nonsense stolidity reflected in all the public buildings, squares, and statuary, commemorating men of affairs, free traders, and reformers rather than artists or adventurers.

If Manchester wears its cultural achievements lightly, that is because it finds showiness, like its geography—the city is positioned in the very path of wet clouds coming in low off the Pennine Hills—absurd. A hundred years ago Manchester rivaled Berlin and Vienna as a city of music. The Hallé, founded by a German immigrant 50 years before, had become one of the world's great orchestras. It tells you something about Manchester at that time that a young Westphalian musical prodigy such as Charles Hallé should have chosen to make Manchester his home. A small but active population of German expatriates—some in flight from religious intolerance, others simply doing business—was already established in Manchester, making music, meeting to discuss ideas, encouraging an interest in literature and in art. If the native Mancunian needed this spur to his own hesitant creativity, it is to his credit that he welcomed it wholeheartedly.

From *Newsweek* by Howard Jacobson

批改

月光洒在潮湿的街道上；远处的烟囱冒着烟，磷光闪闪；这不再生产的工业谷看上去让人格外怀旧；每到星期六晚上，不论天气如何，都会看到穿着斑斓丝袜¹的女孩和穿短袖衬衫的男孩们在室外喝着鸡尾酒²——都是这正是个城市的景色。但是曼彻斯特一直想表达的，是它的物质，而非诗意，一种并非没有意义的麻木³。这样的感觉体现在所有的用来纪念那些企业家，自由商人和改革者而非艺术家和冒险家的公共建筑，广场和纪念雕像中⁴。

如果说曼城的文化成果含蓄⁵的话，那是因为它觉得炫耀的风格太过荒谬，恰似其地理位置一样，曼城正处在湿云低压着经过的奔宁山脉附近⁶。一百年前，曼城曾是与柏林和维也纳匹敌的音乐之都。五十年前，由德国移民成立的哈雷交响乐团已经是世界著名的交响乐团⁷。这就告诉你在那时，像查尔斯·哈雷这样年轻的维斯特伐利亚音乐奇才本应该竟会在曼城安家落户⁸。为数不多但积极活跃的德国侨民扎根曼城，他们中有些人是为躲避宗教不容忍⁹，有人则是来此经商。这些人制作音乐，讨论想法，激发励对文学艺术的兴趣的发展。如果曼城当地人需要这样的刺激来激励其略显迟钝的创造力的话，全心全意地欢迎这种刺激是值得赞扬的¹⁰。

★ 点评

1 mottled thighs 可能指穿的紧身裤上有斑点，或大腿本身有斑点。在没有任何上下文的情况下，很难说哪个是对的。此处似应取前一种解释，即穿着有斑点紧身裤的女孩子。本译文是对的。

2 这个词也常翻译成"莫吉托"。

3 首先 no-nonsense 理解错误。另外这部分不应和下面分开。具体解释见下文。

4 很长的一句，但是其实很简单。大意是：在所有的公共建筑、广场和雕塑中都透露出 stolidity，而这一切都纪念着商贸、改革等人士，而不是艺术家等人士。另外，no-nonsense 就是严肃的、不苟言笑的、没有废话的，而 stolidity 是比较呆板、不受情感左右、不冲动的，可见两个词有重叠的地方，主要是想刻画出那种与人文艺术中较活泼氛围相反的特质，如商人等实业界人士的性格特征。没有固定的译法，译者享有的自由度很大，当然译文必须围绕这两个词的大意，如"直截了当、不苟言笑的性格""干练务实的冷静"等，而 men of affairs 就是企业商贸等人士。

5 解释的成分太多，意思也不准确。wear something lightly 的意思可以借鉴后面的 showiness is absurd 来帮助选词。showiness 就是故意显摆的意思，而故意显摆的一种做法就是浓妆，所以 wear something lightly 自然就是淡妆，这里就是不将成就显摆出来。具体可见本单元短文和几个参考译文。

6 这原本是一个非常简单的句子，城市的位置刚好坐落在雨云经过的道上，云是从奔宁山脉飘过来的（coming off the Hills）。但是曼彻斯特当地人却都知道，云是从西部海上飘来，经过城市，飘向奔宁山脉的，怎么可能是从山脉而来？所以这里唯一的解释是雨云抵达山脉后被山阻挡，淤滞在山附近，而慢慢飘回城市的方向（coming back off the Hills），所以可以就按字面的意思翻译成"低压的云层从奔宁山脉缓缓而来"。

7 这句意思很模糊，主要是时间层次不清楚。译文中前面的 100 年，这里的 50 年，似乎都是从现在的时间基点算起，这就错了。注意后面的动词是 had become，说明创建是从过去算起，不是从现在算起，这层关系应该表达清楚。实际情况是这个乐团成立于 1857 年，是作者写文章前大约 150 年。（哈莱管弦乐团是由一个德国移民创建，当时已有五十年的历史，跻身于国际顶尖管弦乐团之列。）

8 理解错误。"本应该"表示没有做的事，但是哈雷确实在曼城安家落户。should have chosen 此处并不表示"与事实相反"，而是对过去某一动作表示意外（竟选择了曼城安家）。另外，可能还有一个问题与理解有关。原文的 it tells you 中的 it 就是指 that 从句。

Reflects on Manchester (2)

[9] 意思不错，但此处译者灵活的余地较大，如"为宗教自由""躲避宗教排挤""躲避宗教迫害"都可考虑。查一下历史，了解他们受到的待遇，选词就会更准确。但是"求宗教自由"似乎适应面广泛。

[10] 理解错误。本句和上面的一样，that 从句就是前面的 it（That he welcomed it wholeheartedly is to his credit）。welcomed it 中的 it 指前面的 this spur，而 his credit 中的 his 是指 the native Mancunian。

参考译文一

　　月光洒在潮湿的街道上，远处的烟囱吐着烟雾、散发着幽幽磷光，没落的工业区不禁让人缅怀过往。每逢周六，穿着各色丝袜的女孩、身着短衫的男孩在夜空下品着莫吉托鸡尾酒——这些都是这座城市的剪影。但曼城一直崇尚脚踏实地而非诗情画意。这种严谨的古板反映在所有的公共建筑、广场、雕像上——这些雕像纪念的仅是企业人士、自由贸易商和革新者，而不是艺术创作者或冒险者。

　　曼城总是对其文化成就轻描淡写，因为她认为炫耀是可笑的，正如她的地理位置——曼城刚好位于奔宁山脉低云压境的必经之道。一百年前，曼城曾与柏林、维也纳齐名，被誉为音乐之都。当时一位德国移民创立的哈雷管弦乐团已有五十年的历史，是世界上数一数二的管弦乐团。这也说明当时的曼城足以吸引像查尔斯·哈雷这样年轻有为的西伐利亚音乐天才来安身立命。一群为数不多却格外活跃的德国移民——有寻求宗教自由的，有单纯做生意的——已在曼城定居下来，创作音乐、交流思想，营造一种文学和艺术的氛围。也许本地的曼城人需要借助外力，但也是多亏他们敞开心胸接纳这股力量，才得以充分激发自己停滞的创造力。

（学生作业）

参考译文二

　　月光洒在湿漉漉的街上，远处烟囱在烟雾的映衬下泛着微光，停产的工业之谷勾起人们怀旧的情绪；周六夜晚，无论晴雨，裸着大腿的姑娘和穿着短袖衬衫的小伙儿在街上喝着莫吉托——这就是曼城之景。但是曼彻斯特历来传达的并非诗意，而是务实。这种直截了当、不苟言笑的性格体现在公共建筑、广场和雕塑中。人们借此纪念实务家、自由商人和改革家，而非艺术家或探险家。

　　如果说曼彻斯特对文化成就一向轻描淡写，那是因为对这座城市来说，炫耀太过荒唐，正如其地理位置——低压的雨云由奔宁山而下，而曼彻斯特恰在必经之路上。一百年前，曼彻斯特是可以媲美柏林和维也纳的音乐之都。当时已成立五十年、由一名德国移民创建的哈雷乐团成为世界顶级管弦乐团之一。像查尔斯·哈雷这样来自威斯特法伦的年轻音乐天才会选择定居曼彻斯特，这座城市当时的地位可见一斑。一群背井离乡的德国人，有的因受宗教排挤出逃，有的只是来做生意，他们人数虽少，却十分活跃，已经在曼彻斯特站稳脚跟，作音乐、谈思想，倡导文艺之风。曼彻斯特的本地人需要这种鞭策才能激发停滞的创造力，不过人们这样毫无保留地接纳鞭策，倒是本地人自己的功劳。

（学生作业）

参考译文三

月光洒在湿漉漉的街上，远处的烟囱由于烟火看上去磷光熠熠，在此并无工业生产的年代里，工业谷地让人看了免不了怀旧，周六的晚上，不管是什么天气，穿着紧身花裤的姑娘和身着短袖衫的男孩喝着莫吉托在街上闲逛，这就是城市的晚照。但是曼彻斯特刻意传递的却是实质，不是诗意，在所有的公共建筑、广场和雕像中透露出的是严肃、冷静和稳重，纪念着工商界人士、自由贸易者、改革家，而不是艺术家或冒险者。

如果说曼彻斯特仅着文化成就的淡妆，那是因为它觉得炫耀和浮华太荒唐，就像这个城市的地处一样荒唐，曼彻斯特恰坐落在雨云飘过的道上，低压的云层从奔宁山脉缓缓而来。一百年前，曼彻斯特是个音乐之城，可与柏林和维也纳媲美。哈莱管弦乐团是由一个德国移民创建，当时已有五十年的历史，跻身于国际顶尖管弦乐团之列。威斯特伐利亚的音乐天才，如查尔斯·哈莱，竟会选择曼彻斯特安家，足见曼城当时的地位有多重要。那时一些人数不多但却异常活跃的德国移民，为了逃避宗教迫害，或者仅为了经商，早已在曼彻斯特安身立命，他们创作音乐，聚会商讨新想法，鼓励对文学艺术的兴趣。假如说曼彻斯特的本地人需要这样的刺激来激发他们呆滞的创造力，那么正是由于这些本地人，曼彻斯特才毫无保留地欢迎了这种外来的刺激。

（叶子南译）

短文

文学语言俯拾皆是

这两个单元的文字选自 *Newsweek*，作者是 Howard Jacobson，英国作家兼记者，除写小说外，也经常写专栏文章，本篇就是专栏文章。作者这里的语言显然很有个性，不是一篇仅为传达信息的作品，其中有时隐喻连篇，如上一单元开头一整段将城市比作人的文字（There are cities that reveal their charms on introduction, shamelessly...），不亚于纯文学作品中那种绚丽夺目的隐喻。

但是这些文字毕竟不是虚构小说类的文学作品，换句话说，这类文本有文学语言，但未必都是一般认为的那种纯文学作品。有时语言即便有文学色彩，但未必强烈。比如本单元中的If Manchester wears its cultural achievements lightly这句，动词wear的使用显然是启动了ACHIEVEMENTS ARE CLOTHES这个隐喻思维，是一个可能被文学家用来渲染文学效果的词。但这个动词并不具有强烈的图像特征，换句话说，已经被语言体系频繁使用而使隐喻淡化，因此其"边缘"的文学属性就可能被不同译者做出不同判断，有些译者会认为有必要保留其隐喻特征，如参考译文三"曼彻斯特仅着文化成就的淡妆"，有些译者却认为隐喻无甚价值，完全抹去了wear的隐喻特征，如"曼彻斯特对文化成就一向轻描淡写"，只是后者即便抹去了wear的隐喻，却换上了另外的隐喻思维，因"轻描淡写"毕竟也有隐喻属性。

我们应该认识到，**具有文学性的文学语言并不一定只是纯文学所特有，在很多非文学作品中也都有文学语言**，比方说一位社会科学领域的工作者写了一本逻辑学的书，纯粹的理论著作，但当他写序言的时候，也许就会从写正文时严肃的笔调转换到另外一种笔调，一种多注入情感，少用些理性的笔调，文采虽未必飞扬，但难免有些遣词造句已无形中涉入了文学领域。

面对这样的文本，译者应该怎样对待其中的文学语言呢？应该说，没有一个固定的规则，不能说多保留一些文学性才对，也不能说删除文学语言更好。**但是总的来说，这些文章里的文学语言，并没有像纯文学中的文学语言那么与作品紧密相连，也就是说，译者还原原文语言特色的压力并不大**，比如本文中的有些隐喻，如temples、palaces等，译者虽然可以保留在译文中，但却未必需要像解读诗句中的隐喻那么"锲而不舍"。保留与否的原则仍然应该是：行文是否自然。但这并不是说，我们可以大开释义之风，什么都一解释了之，可能的话，还是应该把文章译得生动活泼些，比如本文的第一段，就应该尽量让读者看到那个城市就像一个人。

文学和非文学之间没有一个明显的分界线，因此文学语言便游走在两类文本间，它们的价值需要我们译者去分辨，然后我们才能恰当地对待它们。

Huntington on Terrorism

原文

Harvard professor Samuel Huntington foresaw the current crisis. Now, he tells Sarah Baxter, to beat terrorism America must first defend its own culture.

Few academics have more of an eagle eye than Professor Samuel P Huntington of Harvard University and author of the prescient The Clash of Civilizations. While the rest of us were celebrating the end of the cold war and jawing about peace in the Middle East in the 1990s, he was coolly surveying the crack-up of Yugoslavia and a host of other minor but bloody wars and warning of a collision to come between an insurgent Islam and a gently declining West.

An ivory tower is a natural location for surveying the grand sweep of history and its consequences. To my surprise I find the professor in a modern suite of offices on a high street away from Harvard's ivy-clad halls. He is surrounded by books piled high on the floor, desk and shelves including many translations of his most famous tome, which launched 1,000 academic conferences before a bunch of suicide pilots turned theory into practice on September 11, 2001 and sealed his reputation as the world's foremost scholar of the modern age.

Huntington has a limp handshake and soft voice, but he has too much intellectual self-confidence for shyness. He is lanky with a gentle, disarming smile that belies the toughness of his thinking. If his frame is

批改

哈佛大学教授萨穆尔·亨廷顿早就预见了到目前的这场危机。他告诉莎拉·巴克斯特,美国要战胜恐怖主义就必须首先捍卫自己的文化。

具备哈佛大学教授及极具预见力的《文明的冲突》一书的作者萨穆尔·亨廷顿那样洞察力的学者可谓是凤毛麟角[1]。九十年代,当其他人还在欢庆冷战的结束,大谈中东和平时,他已在冷静地审视南斯拉夫的解体和一系列其他小型但血腥的战争,并警告世人,反叛的伊斯兰力量与日渐衰微的西方世界之间的碰撞即将上演[2]。

象牙塔是研究历史变迁及其结果的理所当然之处[3]。出乎我意料的是,亨廷顿教授的办公地点在一条商业街上的现代化办公室里,远离哈佛青藤蔓布的学堂[4]。他置身于地上、书桌上、架子上摞得高高的书籍之中[5],其中包括他那本最为声名远播的著作的许多译本。这本书在2001年9月11日一次将理论转化为实践的自杀式撞机之前引发了一千次的学术会议[6],因此奠定了他作为当代世界最著名学者的名声[7]。

亨廷顿轻轻地握了握手[8],说话声音轻柔,但他才学上的自信远胜他的羞涩[9]。他身体削瘦,带着温柔和善的笑容,掩饰了他思想的强硬[10]。若说他外形柔弱,

weedy, his brain is supercharged.

At 77 he has little tolerance for political correctness and some surprising views on the war on terror and the fighting in Iraq.

From *Sunday Times*, by Sarah Baxter

那么大脑却是超能的。

77岁高龄的他对政治正确性不能容忍，对反恐战争和伊拉克战争也有惊人之见[11]。

文本定位 这个文本摘自一位新闻工作者采访哈佛大学教授亨廷顿后写的文章，发表在英国的 *Sunday Times* 上。文章系新闻采访类，文字不艰深，文句不复杂，作者希望把内容传达给读者，所以是以信息为主的偏软文本。翻译策略也应该偏向灵活处理。

★ 点 评

1 "具备教授及预见力……那样洞察力的学者……"这一整句都不通。本句主要的问题是没有切分。一个句子所含信息过多的话，就可能要考虑拆分。比如可以拆分成下面这样："很少学者有塞缪尔·亨廷顿那样敏锐的眼光。亨廷顿是哈佛大学的教授，也是《文明的冲突》这本极具远见书籍的作者"。当然，肯定还会有其他译法，只要信息正确，汉语通顺得体就行，比如参考译文一就另辟蹊径，将 prescient 拿出来单独处理（提出过警告），大意和原文基本相似。

2 译者对 warning 的理解是正确的，但没有看到这个 warning 实际是和 surveying 并列的（he was surveying and warning）。另外，一般"警告"后面都要跟一个被警告的宾语，如"警告这些人"，而这里仅仅有警惕的事件，却没有被警告的人，翻译时可以加上人，如"警告人们，冲突即将到来"。

3 此处的 natural 如果围绕"自然"一词翻译，最贴近原文，如该译文。换一个角度说"自然会想到大学"似也可以。有的人翻译成"最佳场所"，虽然字面意思不同，在这个语境中也能基本可以传达原文信息。

4 这句和原文初看没有什么差异，但细看则还是能看出不同。原文中说在大街上的办公楼里找到亨廷顿，但译文是说亨廷顿的办公室在大街上。译文表达的并不是原文的意思。但是我们对照原文后又会觉得，把上下文考虑进去的话，译文并不离谱。不过译者还是可以做到回归原文字面，意思又能通顺易懂，如参考译文二。实际情况是，亨廷顿的办公室并不是刻意设立在大街上的。大街上的办公室是临时的，因为他在校园内的办公楼当时在修缮。

5 "置身于……中"之间的文字太多了。这样翻译不是说不行，但是也完全有办法避免这个结构，如参考译文二。

6 这个句子太长了，主要原因是被原文的 before 牵制住了。我们当然不排除"在……之前，人们开过很多会讨论这本书"这个结构，但是译者也可以跳出这个结构，如"人们开会讨论这本书，但后来恐怖分子把书的理论付诸了实践"。这里的结构都没有特殊意义，把意思说清楚就行。另外，1,000 academic conferences 中的 1,000 没有实质的意义，就是说很多的意思，或说"成百上千"也行。原文可能是借用了希腊典故 the face that launched a thousand ships。可查百科全书。

7 此处有几个问题。首先，汉语的"奠定"表示任何事情开始前做的工作，就像房子的基础一样，先得有基础，然后才能在上面造房子。但此处 sealed 的意思似乎恰恰相反，详细解释见本单元短文。另外，the world's foremost scholar of the modern age 可能会有歧义，因为它可解释为 the most prominent modern scholar in any subject，或者 the most prominent scholar in the subject of the modern age。此处最好取后者，因为说亨廷顿是当今所有领域中的顶尖学者和是当代社会研究领域中的顶尖学者，似乎还是后者更合适些，前者领域宽广，人物众多，座次很难排定。

8 此处最好不要把句子翻译成"轻轻地握了握手"，因为"轻轻地握了握手"表示一次性动作，且已经完成。尽管原文确实建立在作者和亨廷顿握了一次手的基础上，可是作者不是从那个角度写这句话的，作者用了一般现在时态，是对人物的描写，最好翻译成"亨廷顿握起手来很轻，说话声音也很柔和"。

9 此处理解虽不错，但仍不到位。too much A for B 表示有很多 A，所以就没有 B，换句话说，shyness 这里被否定了。就是说，他很自信，所以不腼腆不羞涩。

10 掩饰、掩盖、隐藏等词都有主观意图的潜台词，但是 belie 这个词仅仅表示 to make someone or something appear to be different from how they really are。所以，译文似乎可以再琢磨一下，比如参考译文一"与其冷峻的思想形成了明显的反差"或"使人们想不到他的思想竟是无比坚定"等，都是很灵活的译法。

11 此处有人理解有误，但译者这里的理解正确。首先，应该理解为 he has little tolerance and he has surprising views。另外，political correctness 或 incorrectness 是指明知自己不同意某事，但出于不想冒犯别人，故意不言语，以求"政治正确"。这个词目前就直译成"政治正确"（相反的词是"政治不正确"）。这是个美国文化特有的词，最早主要针对弱势团体，比如为求政治正确，不说不利于黑人或女性的话，不做不利于少数族裔的事等。如果那样说，那样做，就是"政治不正确"。

Huntington on Terrorism 23

参考译文一

　　哈佛教授塞缪尔·亨廷顿曾预见到当前的危机。他对萨拉·巴克斯特说，如今美国要想击败恐怖主义，必须首先保护好自己的文化。

　　学术界极少人有亨廷顿教授那样高瞻远瞩的犀利眼光。他在《文明冲突》一书中就提出过警告。20世纪90年代，当我们还在庆祝冷战的结束，热衷于谈论中东和平的时候，他却在不动声色地关注着南斯拉夫的分裂以及其他规模不大但是同样血腥的战争，而且他提醒我们，叛乱的伊斯兰势力和日渐衰退的西方世界之间的冲突即将到来。

　　说到审视历史并预测未来，人们自然会想到被喻为象牙塔的大学学府。让我意想不到的是，我是在远离哈佛爬满常春藤的校舍的地方见到这位教授的，他现代化的办公室位于一条繁华的街道上。他被堆在地板、桌子和书架上的一摞摞图书所包围，其中就有他最著名的那部巨著的各种译本。2001年9月11日一群自杀性飞行员将其理论付诸实践之前，围绕着那本著作全世界曾召开过成百上千次学术会议，而且那本著作还奠定了他作为当代学界巨擘的地位。

　　亨廷顿握起手来很轻，说话声音也很柔和，但是他充满了学术上的自信，丝毫没有怯意。他身形瘦削，一脸和善的笑容，与其冷峻的思想形成了明显的反差。如果说他身体瘦弱，他的大脑却格外发达。

　　尽管年届七十七，他依然不能容忍政治上的圆滑世故，对于反恐战争和伊拉克战争有惊人的观点。

（学生作业）

参考译文二

　　哈佛大学教授萨缪尔·亨廷顿早就预见到当前的危机。他对萨拉·巴克斯特说，要想击败恐怖主义，美国必须首先保卫自己的文化。

　　很少学者有亨廷顿教授那样敏锐的眼光。他是《文明的冲突》这本极具远见书籍的作者。九十年代，当我们还在庆祝冷战结束，大谈中东和平的时候，亨廷顿就在冷静地注视着南斯拉夫的分裂，关注着几个规模不大但却血腥残酷的战争。他警告世人，伊斯兰世界中的反抗力量与一个渐渐衰落的西方相互冲突的日子已为期不远。

　　象牙塔自然是观察历史巨变及其影响的最佳场所。但出乎意料的是，我是在繁忙大街上的一个现代化的办公室里见到这位教授的，那儿远离常春藤缠绕建筑的哈佛校园。他的四周，无论是地板上，桌子上，还是书架上，都高高地堆满了书，其中就有他那本名著的多种译本。为了讨论这本书，学术界开了千百次学术研讨会，不过后来由几个恐怖分子在2001年9月11日驾机将书中理论付诸实践。至于亨廷顿，也因为这本书而最终确立了当代社会研究学术泰斗的地位。

　　亨廷顿讲话时语调柔和，握起手来也很轻软，但是他却有知识分子十足的自信，并不显得腼腆。亨廷顿身材瘦长，温文尔雅的微笑让人感到平易近人，使人们想不到他的思想竟是无比坚定。如果说他外表瘦弱，那么大脑却是超常的敏健。

七十七岁的亨廷顿不能容忍"政治正确"的态度，因此在反恐战争和伊拉克战争问题上他便语出惊人。

(叶子南译)

短文

Seal一词的隐喻图像与翻译

本单元中有这么一句which launched 1,000 academic conferences before a bunch of suicide pilots turned theory into practice on September 11, 2001 and sealed his reputation as the world's foremost scholar of the modern age，不少同学都把其中的sealed his reputation翻译成"奠定了声誉的基础"。问过一些同学，回答说"奠定……基础"这类说法很普遍，用上去也通顺。但"是……基础"和英文的seal根本是两回事儿。**如果译者头脑中有隐喻概念，用隐喻思维"看"这个seal，那么就不会犯这个错误。**用"基础"是将声誉当作垫在下面的东西，就像房子下面的基础，在这个基础上建造房子，所以说，声誉就是垫在下面的东西，其他事情可以靠在声誉上面而取得成功。可是seal的图像完全不同。我们把信纸装进信封后，再封上信封，目的是保证信的内容不会丢掉。或者可以用水来比喻口袋里的内容，封上袋口后，水就再也跑不掉了。当声誉被封在袋子里后，声誉就万无一失了。这正是这个短语的隐喻意思，不能用"奠定……基础"来表达。用"最终确立了声誉""最终坐稳了……的交椅"等译法更接近原文的意思。类似的例子不少，如：

Further floods may have sealed the fate of the few remaining villages.

这句的sealed the fate就是说连续不断的水灾已经显示，这些村子的厄运无法避免，这已是毫无疑问的事了，强调结果不会有什么变化，就像封在口袋里的水无处逃遁一样。再如：

The negotiators shook hands to seal the deal.

这里的seal the deal也是一样的意思，表示谈判的结果已是铁板钉钉，不会生变。其实这个意思和seal的字面意思完全有联系，比如我们说I stamped and sealed all the envelopes ready for mailing，就是字面意思，不是隐喻。但是这个短语的意思是一样的，也是说封上之后其中的内容不会出来了，不会跑掉了。再比如我们说to seal one's lip（把嘴封上），意思也是表示嘴里的话被封在里面，别人不能听到了。

从隐喻这个角度读原文（或者说"看"原文），能使译者理解得更透彻，译文会更准确，翻译时的选择也许会更多些。

Gross National Product (1)

▶ 原文

One of the reasons for the mystification that obscures economics is the vocabulary it employs. Not only does it use common, ordinary words, such as saving or investing, in ways that are not exactly the way we use them in everyday talk, but it leans on barbarous and intimidating terms like macroeconomics or gross national product.

It would be nice if we could purge economics of its jargon, but that would be like asking doctors to tell us about our troubles in plain English. Instead, we must learn to speak a certain amount of economics—that is, to become familiar with, and easy about, some of the basic terms in which economists tell about our economic condition.

One of these is that odd word "macroeconomics." It comes from the Greek macro, meaning big, and the implication is that macro-economics therefore grapples with very big problems. It does, including such problems as inflation and recession and unemployment and economic growth. But that is not what distinguishes macro from its brother, microeconomics, whom we will meet later. Rather, macroeconomics refers to a perspective, a vantage point, that throws into high relief certain aspects of the economic system.

From *Economics Explained*, by Robert L. Heilbroner

✍ 批改

笼罩¹在经济学上的神秘色彩²来自它所使用的专业词汇。它们³不仅⁴包括日常词汇，如储蓄和投资⁵，但是和平时用法不完全相同，而且⁶还有一些令人望而生畏⁷的专有名词，如宏观经济学和国民生产总值。

如果我们能把经济学的词汇都拿掉就好了，但这就好像是要医生用白话向我们解释病情一样困难。相反⁸，我们必须多多少少学会一点"说"经济学，也就是要熟悉并了解⁹经济学家向我们描述经济状况时用到的一些基本术语。

其中一个就是"宏观经济学"这样的冷门词。它起源于希腊语中的"宏"¹⁰，意为"大"，因此"宏观经济学"处理的都是非常大的问题，的确，这其中就有¹¹如通货膨胀、经济衰退、失业及经济增长。这样的问题。但这并不能将宏观经济学与微观经济学它的亲兄弟¹²区分开，也就是后者我们之稍后会谈到的微观经济学。其实，宏观经济学指的是一种视角，一个瞭望点，¹³用来凸显经济体系中的一些现象。

文本定位

这个文本选自一本经济学入门书籍。这个题目的书可以写得很艰深，艰深到可归入硬文本，但这篇却因为是普及文本，写得就比较大众化，可归入偏软文本。翻译策略因此也就应该和原文一样适合更多人阅读，不应该过度咬文嚼字。换句话说，译者要不停地自问，我的译文是不是能让读者从阅读中感到轻松，甚至略有享受。

★ 点 评

1 不用添加这类词。这类文本是信息为主，所以能用十个字说清楚的事就不用十二个字，简洁是原则。

2 其实只要查英英词典，mystification 和 obscure 的基本词义相近，就是不容易懂的意思，如前者的意思就是 the activity of obscuring people's understanding, leaving them baffled or bewildered，后者则是 not easy to understand。综合点评 1 和 2，本句的意思就是：经济学不容易懂的一个原因是词汇。

3 汉语此处用代词不很好。建议用"经济学"，不用"它"或"它们"。英语名词用过后再出现同样的名词，一般用代词取代。这个规则在实用文本，特别是正规文本中，非常严格。但汉语并不一定遵循这个规则，汉语要看读起来的感觉，常有重复名词的情况。

4 原文的 not only...but 本来是一对，但汉语中间太长，特别是又夹杂了转折的"但是"，就会破坏原句由"不仅……而且"构成的连贯。建议放弃"不仅……而且"的句式。参见下面的第 6 条。

5 见本单元短文。

6 由于前面未用"不仅"，所以就没有连贯的问题，此处可以用"此外"。见参考译文。

7 这个是 intimidating 的意思，但是 barbarous 这个词没有翻译，后者基本含义就是 foreign，指不熟悉的词。当然这不是一个非常重要的词，不排除有时可以删除，但是根据对等原则来说，毕竟有这么个词在那里，一般情况下还是应该翻译出来的。

8 此处的 instead 是把前面的 purge 和后面的对应起来了，就是说，既然不能清除经济学词汇，那么就学点经济学词汇。但这中间有一个 but "搅局"（but that would be），结果这两个之间的对应关系就不很清楚了。这种关系在这个上下文中用"所以"表达似乎也可以（所以我们就应学一点经济学词汇）。但是译者要注意，在其他场合是否可以转换成因果关系，还得看具体的情况。不能将这条当作放之四海而皆准的原则。

9 become familiar with 和 easy about 意思接近，但不同，后者更进一步，因为 familiar 的事

Gross National Product (1)

未必就 easy about。但在这样的文本中，差别不重要，可忽略。但是，在不同的语境里，这种区别也可能重要，所以不能一概而论。

10 "宏"是汉语，和希腊语没有任何关系，怎么能说"宏"起源于希腊语？见参考译文和本单元短文。

11 原文 it does 仅仅强调了语气，没有实质意思。鉴于此为信息类文本，语气未必要保留。可以将本句和前面一句合二为一。

12 有人翻译成"兄弟""姐妹""兄弟学科"等，都不是不可以的译法。但是此处这个词的分量并不大，所以在这里删除也是可以考虑的一个选择。

13 此处的 a vantage point 和前面的 a perspective 其实是同一个意思，语法上是同位语，用或不用不影响语义，可删除。在语气重要的语境中就不宜删除。

参考译文一

经济学之所以神秘莫测，含混不清，原因之一就是它所使用的词汇。它使用"储蓄"或"投资"一类的常见词语，然而用法却与日常交谈不尽相同；不仅如此，它还倚靠一些诘屈聱牙、使人闻之却步的术语，比如"宏观经济学"或"国民生产总值"。

要是我们能将行话从经济学中清理出去就好了，不过这就像让医生用大白话来解释病情一样。我们反倒应学一些经济学的语言，以便能对经济学家谈论经济状况时使用的一些基本术语驾轻就熟。

其中一个怪词就是"宏观经济学"。它源自希腊语macro，意为宏大，因此宏观经济学对付的是大问题。它确实涵盖通货膨胀、经济衰退、失业和经济增长等问题，但是，这并不是宏观经济学与其兄弟微观经济学的区别所在，微观经济学我们后面还会再见到。其实，宏观经济学指的是一种视角，一个观察点，它能把经济系统的某些方面凸显出来。

（学生作业）

参考译文二

经济学难懂，一个原因就是词汇。比如saving（储蓄）和investing（投资）这些词，在经济学里的用法和普通用法不尽相同；此外，经济学还用了不少生僻和吓人的术语，如macroeconomics（宏观经济学）或gross national product（国民生产总值）。

如果能把经济学中的术语都清除就好了，不过那就像要医生用简单的话解释病情一样困难。因此，必须学一些经济学的术语行话，这样经济学家讨论经济状况时，我们就不至于听不懂。

> 经济学术语中的一个怪词就是macroeconomics（宏观经济学）。该词源自希腊语，这里的macro就是"大"的意思，因此宏观经济学要解决的都是大问题，比如通货膨胀、衰退、失业和经济增长。但这并非宏观经济学与微观经济学的区别所在（等一会儿我们再讨论后者）。应该说，宏观经济学是一个观察的视角，它把经济系统的某些方面凸显出来。
>
> （叶子南译）

短文

翻译中的不可译问题

本单元中有一个好像没有答案的问题，叫"不可译性"，比如一开始那句中的saving or investing。在原文里这两个词有一般日常用法和专业用法，如我们可以说save face，但是这是英文一词多义的语言特征使然，汉语的词义构成不同，所以这句话翻译成汉语就没有意义了。比如参考译文一翻译成"它使用'储蓄'或'投资'一类的常见词语，然而用法却与日常交谈不尽相同"，但是在汉语中"储蓄"分别不出日常用语和经济专业用语的差别，储蓄就是储蓄的意思。即便有时会有些不同的意思，而"投资"用的灵活些的话，确实也可以用在经济领域外（感情投资），但差别的方式也不会和英文原文一样。因此参考译文二就保留了原文，然后将译文放在括号里。同样的情况还有macroeconomics和gross national product这两个词。汉语是见到字就能看出意思的文字，所以"宏观经济学""国民生产总值"这两个词就并不生僻吓人。同样的问题还有macroecnomics中的macro，翻译成汉语也没有意义了，"汉语的'宏观'源自希腊语"这种说法就不通了，因为"宏观"就是汉语的词。

这种由语言本身的问题造成的翻译问题就构成一种"不可译性"。"不可译"可以是语言结构使然，也可能是文化差异使然。另外一个语言结构造成不可译的例子就是双关语或歇后语，如英文的If we don't hang together, we shall most assuredly hang separately，汉语的"外甥打灯笼——照舅""现代人是忙、茫、盲"。但是有些人明知山有虎，偏向虎山行，总是百般努力去寻找可译的机会，如Better late than the late（劝人不要开快车）这句有人就译成"晚了总比完了好""迟了总比死了好""宁迟一时，不迟一世""慢行回家，快行回老家"。你看，译者们多敬业。

不过这类刻意营造的语言把戏往往仅仅对关心这类翻译议题的极少数人有意义，广大读者不会太注意这类问题。但是不管是双关语刻意营造的不可译性，还是本单元中无意造成的不可译性，我们的一般原则是一样的：如果两个都能兼顾，当然最好兼顾。但是如果不行，就只能把语义翻译出来，语言形式承载的特殊意思只能放弃。

对于初学翻译的人来说，了解语言或文化造成的不可译性是有益的，但不必过度关注这个议题。毕竟我们每日处理的绝大多数句子并不含有这类不可译的文字。

Gross National Product (2)

原文

What does the economy look like from the macro perspective? The view is not unlike that which we have gained in the chapters just past. We look down on the economy, as from a plane, to see it as a vast landscape populated by business firms, households, government agencies. Later, when we take up the micro perspective, we will examine the selfsame landscape from a worm's-eye, rather than a bird's-eye view, with surprising changes in the features of the landscape that spring into sharp focus.

The purpose of looking down on the economy from the macro vantage point is that it allows us to see, more clearly than from ground level, a process of crucial and central importance. This is the ceaseless activity of production on a national scale, the never-ending creation and re-creation of the wealth by which the country replenishes and renews and expands its material life.

From *Economics Explained*, by Robert L. Heilbroner

批改

从宏观视角看，经济是怎样的呢？观点[1]与我们在前几章刚看到的不无相似之处。我们就像从飞机上里俯瞰一样，将经济视为一大片布满商家、住房和政府机关的大地风景。之后当我们从微观视角观察时，我们就会从天上回到地面[2]，聚精会神体味观看同一片大地的细节，并会发现其中妙趣[3]大不相同。

从宏观瞭望点俯视经济的目的是为了比从地面看得更清晰[4]，这是能看到一个至关重要的过程，就是看的是国家层面永不间断的生产活动，即和永无止境创造再创造财富的过程[5]，而国家正是通过这个过程补充、更新和扩充国家的物质生活。

点评

1 the view 不是"观点"，而是从某一观点看到的东西，即观察之所见，也就是宏观之所见。

2 此处隐喻的 bird's-eye view 和 worm's-eye 没有特殊意义，但保留会更生动，"鸟瞰"就是飞机上看的结果，"虫观"就是近看的结果。有的人用"俯瞰"和"仰视"，强调的是俯仰。但此处的宏微之别更准确的是远近之分，不是俯仰。

3 "妙趣"应指大地的特征发生了惊人的变化，原文并没有妙与不妙的意思。译者不应该擅自添加原文没有的意思。见参考译文。

4 原文的 more clearly than from ground level 可以放到后面说。先说宏观可以看得更清楚，再说从微观就看不了那么清楚，最好不要放到前面当定语。

5 the never-ending creation and re-creation of the wealth 实际就是前面的同位语，不能理解为两样不同的事，用"和"就是两件事儿了。

> **参考译文一**
>
> 　　从宏观视角来看，经济是怎样的呢？看到的与我们前几章读到的不无相似之处。我们俯视经济，就像坐着飞机，将经济视作一片广袤的大地，企业、家庭和政府机关点缀其间。之后，我们采取微观视角，重新审视同一片大地，不是以鸟的目光俯瞰，而是以虫的视角近观，景观特征的惊人变化会跃然出现在眼前。
>
> 　　从宏观的高点俯瞰经济，可以让我们把一个至关重要的过程看得更清楚，从微观看就没那么清楚了。这个过程就是国家层面上的永不停歇的生产活动，无休无止的财富创造与再创造的过程，国家借此来补充、更新并扩展物质生活。
>
> （学生作业）

> **参考译文二**
>
> 　　那么从宏观看，经济是什么样的呢？其实宏观所见跟前几章看到的也无大异。宏观看经济就像从飞机上看大地，看到的是由企业、家庭和政府机构组成的大景观。稍后用微观的视角观察同样的经济状况，却是从细微处着眼，而非鸟瞰了。细看之下，经济景观的特征会发生惊人的变化，清晰地呈现在你眼前。
>
> 　　之所以要从宏观角度俯瞰经济，是因为居高临下能让我们看到一个至关重要的过程，一个从近距离看不到的过程。这就是国家范围内永不停息的生产活动，即财富创造和再创造的过程。一个国家正是借此补充、更新、扩展其物质生活。
>
> （叶子南译）

短文

动词名词化后的可数特征

　　我们在"词性不同词义不变"那篇短文中指出，词性也会有意义，名词、动词、副词、形容词之间的转换并不一定能保证句子信息不变。名词化（nominalization）就是词性转换的一种。

　　名词化是将动词或形容词在不变词形或略变词形的情况下用作名词，如change既可用作动词，也可用作名词，investigate这个动词可将其名词化成investigation，所以名词化的过程就是词性转换的过程。一般来说，转换成名词的动词若仍保持动词的特征，其基本含义确实相同，比如normalization of relations和normalize relations都是关系正常化的意思。但是要注意一个现象，名词化后的动词，有时会失去动词特征，而变成了具体的事件或实体，并会以单数或复数形式出现。最常见的就是目前计算机领域常说的applications，指具体的软件或程序。但有的时候，这种实体特征不容易被察觉，比如Anaxagoras came with the beginnings of a scientific description of the sun and stars这句，不少学生翻译成"阿那克萨哥拉也来到雅典开始有关太阳和星辰的科学研究"，全然忽视beginnings一词的复数形式。这个名词化的复数词应该已经实体化，具体指他来到雅典时所带的初步研究成果，比如可能是文稿之类的东西。也就是说came with beginnings可以形成一个假设的图像，一个人拿着手稿走来。有的时候，名词化的词并不是借不定冠词或复数形式出现的，而是借定冠词the出现，但这个词也有可数特征，如本单元的 What does the economy look like from the macro perspective? The view is not unlike that which we have gained in the chapters just past这句中的the view就是由动词view转换成名词的可数名词，你可以说a view或者说two views。这里的view已和观察这个动作没有关系，而是观察后的结果，即所看到的东西，看到的景观。

认知语言学派对这一现象的分析很有帮助。他们从隐喻的力度看名词化，认为动词转变成名词后的隐喻效应（metaphorical effects）可能不一样。这是因为名词化后的词的特征不同，有些词所指的是与时间有关的过程，而有些则是与空间有关的特质，前者不给你很强的实体物状感觉，但后者能让你感受到所指的是实体。有些学者将名词化分成proper nominalization和Improper nominalization，认为前者无很强的物体感，隐喻力（metaphorical force）较弱，比如Cooking involves irreversible chemical changes这句中的cooking就属于proper nominalization，它是一个过程，不很容易产生可触碰的感觉。而Improper nominalization则不同，它容易给人实体感，因此隐喻力较强，如I like John's cooking。此处cooking与空间有关，是cooking的结果，即烹调完毕的菜肴，为实物。我们这里说的隐喻力就是指要把一个动作理解成实物在心理上所花费的"力气"。明明是一个动作，怎么能看成是一个物件呢？当然加大隐喻的理解力度，才能"自圆其说"，把一个动作硬说成是一个实物。可以用序列扫描和概括扫描来形容这两种名词化。Cooking involves irreversible chemical changes中的cooking虽然是名词，但仍保留动词序列扫描的特征，也就是说，没有"脱胎换骨"，仍然有动词的影子。相反，I like John's cooking中的cooking则有概括扫描的特征，其名词特征更为显著。

所以译者见到这种从动词转过来的名词时，需要仔细想一想，看看这个名词化了的动词还保有多少动词特征，或已获得多少名词特征，看看能不能将这个词在头脑中想象成可数的事件或物体。这会在翻译过程中帮助译者挑选更合适的词，使译文更准确。

有关序列扫描和概括扫描，见本书"词性不同词义不变"这篇短文。有关proper nominalization和improper nominalization，详见《认知隐喻与翻译实用教程》第94页（北京大学出版社）。

American Geography (1)

原文

There is almost no end to the things men have done to make their land productive. The raw material with which they work is their geography: the natural features of the area and the distribution of life within it.

What people do with their geography is an exciting tale—one that gives human meaning to dry facts about soils, winds, mountains, plains, rivers. This book tells of the partnership of land and people in the United States, and of some the changes that partnership brought about.

But first, an overall look at the country: The main landmass of the United States lies in central North America, with Canada to the north, Mexico to the South, the Atlantic Ocean to the east and Pacific Ocean to the west. The two newest states, Alaska and Hawaii, are separated from the continental United States: Alaska borders on Northwestern Canada, and Hawaii lies in the central Pacific.

批改

人类想尽办法使土地多产富饶，且[1]从未停止过。他们所用的材料就是地理条件知识[2]：某一个地区的自然特点和该地区内的生物分布的情况。

人们如何应利用地理条件知识[3]是一个很有趣的故事——它将人情味[4]赋予了那些朴素的地理事实[5]，如土壤、风向[6]、山脉、平原、与河流。本书讲述的是两者[7]之间的关系：美国的土地与生活在这上的人的关系[8]，以及还有这种关系所带来的变化。

但首先，来看一下美国概况：美国国土的主要部分位于北美洲中部，北邻[9]加拿大、南接墨西哥、东临大西洋、西濒太平洋。而阿拉斯加州与夏威夷这两个最新后设立加入的州，却不与这部分美国本土接壤。前者毗邻加拿大西北部，而后者则坐落于太平洋上中央。

文本定位

这篇选自一本当年美国新闻署出版的介绍美国国情的书，内容讲美国地理，所以以信息为主。当年这本书由美方委托中国的翻译机构翻译，起到介绍美国的作用。译者翻译时不能脱离事实，但是文字需要流畅，才能吸引读者。若有中性文本一类的话，这篇文本可归入中性，但这里归入偏软文本，翻译时以信息准确为主，但该灵活的地方也不应死板。

American Geography (1)

★ 点 评

1 原文没有并列关系，最好不用并列。注意，有些人一碰到想把长句断开的时候就用"和"或者"且"等连接词，这个习惯很不好。译者应该看看分开的两部分到底是什么关系，用并列关系表达恰当不恰当。此处似乎可以把前后两部分合起来。

2 "知识"在人的脑子里，不可能是"材料"。关于地理条件，查一下 geography 这个词。

3 不对，见上面。另外原文的 do something with geography 的结构应该和上文连起来解读，基本意思是"如何利用地理条件"。有同学译成"改造地理环境"也不合适。

4 human meaning 更强调"意义"，"人情味"强调"情感"。

5 "事实"这个词最好不用。fact 这个词要注意，不少情况下最好删掉。本句基本结构是 give something to someone，翻译时说出大意就行，因为这不是一个非常正式的文件。"人的意义""人文意义"等都不到位，"人文"的意思和这里 human 的意思不同。可以说"使得枯燥的……土壤……也有了意义"。

6 其他词都有两个音节，所以你设法用两个音节翻译 winds 是可以理解的，但是"风向"这个词选得不好，本文强调人类利用自然条件，"风力"似乎更好？

7 前面没有清楚地指出是哪两者，所以就不能用两者。英语一般的规则是，前面提到过的后面可以用代词指代。

8 这话别扭。不就是说"在美国，土地和人的合作关系"或"美国人和土地的合作关系"？partnership 应该翻译出来，合作或伙伴关系都行，但不要用"互动关系"，因为后者一般翻译成 interactive。有些人喜欢把原文变来变去，以为这是摆脱原文的束缚，但是若按照原文翻译并没有问题，就不必舍近求远。

9 这里"邻、接、临、濒"变换使用不错，但是四个词的选择仍可推敲，如两个用在和水有关的词"临""濒"就不如先说"濒"再说"临"更好。

参考译文一

　　人类总在不断努力让自己的土地多产。他们劳作时用的原材料就是周围的地理环境，包括一个地区的自然特征和地区内的生物分布。

　　人类对地理环境的利用是个激动人心的故事，它让枯燥的土壤、风、山脉、平原与河流变得有意义。本书讲述了美国人民与土地的关系，以及这种关系所带来的一些改变。

　　不过先让我们来看看美国的地理位置。美国本土位于北美洲中部，北接加拿大，南连墨西哥，东濒大西洋，西临太平洋。阿拉斯加与夏威夷是最后加入美国的两个州，它们地处美国本土以外：阿拉斯加毗邻加拿大西北部，而夏威夷位于太平洋中部。

(刘畅译)

参考译文二

人类总是漫无止境地千方百计使自己的土地多产。他们工作中所用的原料是他们的地理条件：一个地区的自然特征和生物的分布情况。

人类利用地理条件的过程，是一篇动人的故事，它使得土地、风力、山岭、平原、河流等等枯燥的东西也有了意义。本书所谈的是美国人和土地合作的经过，以及因合作而产生的一些变化。

但是，先让我们对美国作一鸟瞰。美国国土的主要部分位于北美洲中央，北接加拿大，南联墨西哥，东濒大西洋，西临太平洋。最后加入的阿拉斯加和加拿大的西北部接壤，夏威夷则远处太平洋中部。

(美国新闻署出版物，略有改动)

短文

翻译中目的论的应用

本书一开始就提到翻译的对等原则，因为对等是翻译最基本的概念。没有两个文本之间的对等，也就没有翻译。翻译就是要在原文和译文之间建立起对等的关系。但是我们这里提到的目的论，却与对等概念针锋相对。

目的论认为，翻译活动发生在实际的社会交流中，必须考虑"客户"（使用者）这个因素。同一个原文可能有不同的使用者，所以译者就有可能要照顾到不同客户的要求。主张目的论的人觉得，对等理论的目光只盯着原文文本，然后参照原文，设法造出一个"对等"的译文来。换句话说，**对等理论把译本看作是静态对等的产物，因为译者的目光总盯着文本，而文本是纸上不变的文字。但目的论却要强调那个使用译本的人，而人是动态的**。所以根据目的论，一个文本完全可以有数个不同的文本。只要有不同译文的需要，就可以提供不同的译文。为了说明目的论，皮姆用希特勒的自传《我的奋斗》来解释目的论的核心思想。他说，在这本书中，不同的功能重叠在一起，作者既表达强烈个性、也煽动人民情绪，还叙述历史事件，可谓集表情、呼唤、信息三功能于一书。假如按对等理论，就有必要将希特勒原文中的所有功能都反映在译文中，以求对等。也就是说，希特勒的嬉笑怒骂译者应该照样描述。但目的论认为，译者没有必要去寻求那样全面的对等。译者只需将这本自传当作一个历史文件看待就行，其中过于渲染的部分甚至可以去掉，因为我们的目的和原作者的目的不同。总之，一个原文可有多个译本是目的论的一大特征，而正因为可以有多个译本，所以其中有的译本和原文有很大的差异就在所难免，**且这种差异不仅仅是文本上的，有时甚至可能是内容上的增删变化，因为使用者需要这样做，这用对等理论就很难解释**。对等理论也主张变通灵活，但那仍然是文本范围内的变动，不是照顾文本使用者的结果。

其实只要仔细想一下就会发现，在实际翻译实践中，我们几乎每天都在实践目的论。比如说，大家都熟悉的《参考消息》，其中一句不漏地全文翻译的文章并不多，大多数的文章都是增删改变后的译文，译者这样做就是希望译文适合国内读者阅读。这样做当然有目的，比如政治上的考虑。这样做时，译者和编辑早就把对等概念抛诸脑后了。另外，不少广告翻译也会为了适合目标语言的读者而进行增删改变。此时，和原文文本的对等并不一定有好的效果。再比如，我们这个单元的文本是当年美国新闻总署的对华宣传材料，内容以地理信息为主，准确应该放在首位，对等应该是首要考虑的。但是对华宣传这个目的是否也应该成为译者考虑的一个因素呢？

所以，我们未必要拒绝目的论。不过我们要注意，不应借目的论来掩盖我们的弱点，不能把不会翻译的东西删除改掉，还堂而皇之地说，我借用了目的论。**对于学习翻译的人来说，我们还是觉得对等的观念必须牢牢树立，同时也可以在翻译实践过程中，根据实际情况探索目的论的应用**。在本书过程中，我们在不同单元的点评分析中都涉及目的这个概念，比如本书中谈到的"够好了理论"，就是基于目的论提出的一个翻译策略。

American Geography (2)

原文

The diversity of the country stems from the fact that it is so large and has so many kinds of land, climate and people. It stretches 2,575 kilometers from north to south, 4,500 kilometers from east to the west. The deep-green mountain forests of the northwest coast are drenched with more than 250 centimeters of rain each year. At the other extreme, the deserts of the southwest receive less than 13 centimeters annually. A traveler from almost any other country can find parts of the United States that remind him of home. There are pine forests dotted with lakes, and mountain peaks covered with snow. There are meadows with brooks and trees, and sea cliffs, and wide grassy plains, and broad spreads of grapevines, and sandy beaches.

In some parts of the United States, the pattern of life seems to have happened by accident. Sometimes when families moved westward to new farmland their wagons broke down or they became ill along the way. As a result, today, almost 200 years later, their descendants are farmers in little hidden valleys where few would expect people to live.

批改

美国之所以如此多样化[1]，是因为她幅员辽阔、地形多样、气候多变[2]，且人口组成多元[3]。她[4]南北距离2 575公里，东西距离[5]4 500公里。西北海岸茂密葱翠的山林地区每年有多达250厘米的降雨量，。而在另一端[6]，即位于而西南部的沙漠，每年的降雨量只有不到13厘米。不论你从哪里来，都能在美国找到类似家乡的地方景观。这里有嵌着[7]湖泊的松林，白雪覆盖的山峰，还有小溪潺潺、树木丛生的草甸，海边的悬崖，广袤的草原，成片的葡萄园，以及沙滩[8]。

美国有些地方，人们的生活方模式可能形成于偶然之间。许多家庭向西部移居，寻找还未开垦的土地。这期间，有的人家马车可能坏了，或是有谁染上了疾病，这些人只能停下西进的脚步，落地生根[9]。因此，约200年后的今天，他们的后代会在那些人们意想不到的隐蔽的小山谷里劳作生息[10]。

点评

[1] "多元化"这类词当然可以，但是也要记得，在非专业文本中，未必要频繁地使用"性""化"这类词。也可以考虑其他译法。见参考译文二。

[2] "气候多变"表达的是变化，比如一会儿晴天，一会儿下雨。但这里仅仅指气候类型多，

American Geography (2)

比如有些地方雨水少，有些地方龙卷风不断等，两者的意思不同。

3 这里就是指不同民族的人，如有亚裔、非洲裔等。最好不用"人口组成"这类表达法，因为它就是民族多样的意思。

4 一般在实用信息类文本中最好不用带情感色彩的"她"。汉语未必要像英文那样在这个语境中用代词，可重复名词"美国"。

5 也可以考虑"南北长……""东西宽……"这类译法。

6 at the other extreme, 可以简单用"而"表达就够了，未必一定要说"在另一个极端"等。

7 dotted with 是从远处看的结果，但汉语最好避免"嵌着""点缀着"这类词。大意就是森林和湖泊在一块儿，怎么表达都行。

8 前面一连串修饰语，如"……的松林""……的山峰""……的悬崖"，但最后一个以很短的"海滩"结尾，这在汉语里就显得不协调，建议找个无伤大雅的形容词放上去，当然也不能乱添加，要添得不离谱。见参考译文二。

9 这是原文表面没有的文字，可以说言外之意。但建议在比较正规的翻译中不作这类添加。此处可加可不加，但最好不加。

10 意思和原文不同。原文不是表示人们想不到的隐蔽山谷。原文的 few would expect people to live 表示人们没有想到那里有人，与译文不一样。有人译成"在几乎杳无人烟的隐秘山谷中耕作"，似仍有出入，因为原文没有客观地说有没有人住，原文仅说"很少有人会认为那里有人"，但译文却说，那儿几乎没人住。

参考译文一

　　美国的多元化源于其广阔的领土以及多样的土地、气候与人种。美国本土南北相距2,575公里，东西绵延4,500公里。西北海岸茂密的山林年降雨量可达250厘米以上。但西南部的沙漠年降雨量则不足13厘米。来自几乎世界各国的游客都能在美国找到家乡的影子。这里有湖泊点缀的松林，有积雪覆盖的山巅。这里有溪流经过、树木生长的草场，有海崖，有广阔的草原，有大片的葡萄藤，还有沙滩。

　　在美国的一些地方，生活的方式似乎是由偶然事件所致。当年在人们举家西迁去新耕地的途中，马车刚好抛锚，或者有人在路上患病。结果近200年后的今天，这些人的子孙后代就在隐秘山谷里做农民，很少有人认为那里有人居住。

（刘畅译）

> **参考译文二**
>
> 美国之繁复多趣，源于幅员辽阔，土地、气候、民族多种多样。美国由北到南长达二千五百七十五公里。自东至西宽四千五百公里。西北沿海一带苍郁的深山密林，每年获得二百五十公分的降雨量。而西南部的沙漠则每年降雨量不到十三公分。任何国度的旅客来到美国，几乎都能找到一些恍如故乡的地方。他可以找到湖水为伴的松树或皑皑的雪山，或是溪流潺潺、浓荫夹岸的牧场，或是海滨的危崖，或是茫无边际的大草原，或是广阔的葡萄园，或是多沙的海滩。
>
> 美国有些地方的生活方式似乎是偶然的。那时，向西部前行寻找新耕地的人家，有时候因所乘的四轮大篷车坏了，或者是有人在路上病了，结果到了差不多二百年后的今天，他们的后裔还在偏僻的山谷里务农为生，没有什么人会以为那里竟有人烟。
>
> （美国新闻署出版物）

短文

汉语的节奏和工整

本单元中有几行描写美国山川的句子：A traveler from almost any other country can find parts of the United States that remind him of home. There are pine forests dotted with lakes, and mountain peaks covered with snow. There are meadows with brooks and trees, and sea cliffs, and wide grassy plains, and broad spreads of grapevines, and sandy beaches。有的同学于是就翻译成：

无论来自何方，外国的游人一定能在这里找到与其家乡的类似之处。这里有湖泊遍布的松林，积雪覆盖的山峰。牧场里点缀着小溪与树木。还有海边的绝壁、绿草如茵的广袤平原、广泛分布的葡萄园，以及沙滩。

这个译文基本没有语义错误的地方。但是若仔细分析，你会发现"牧场里点缀着小溪与树木"一下子背离了开头的句式。第一句是以"这里有"开头的，但是马上译者就换成了"牧场里点缀着"，这就割断了"这里有"的句式。可是接下来，译者又用了"还有"，显然这是想和前面的"这里有"接应，可是译者偏偏在中间夹了一个"异己"结构，使得本可以一气呵成的行文连贯遭到破坏，而连贯不佳势必殃及语流的节奏和语句的工整。下面一个同学的译文至少更多地意识到节奏与结构：

来自世界上任何其他国家的游客，几乎都能在美国找到与其家乡类似的风貌。这里既有湖泊星罗棋布的松林，也有白雪皑皑的山巅；既有溪水潺潺的林间草地，也有海边的峭壁、广阔的草原、连绵的葡萄园和沙滩。

　　译者两次用"既……又"来调整汉语的格局，以期达到句式工整的效果，至少在这类非超级"硬"文本中应该允许使用。当然在法律等特殊的"硬"文本中，"既……又"结构可能造成潜在的意思偏差，应该慎用。另外，上面的译文中"沙滩"两个音节戛然而止，完全有别于前面一连串的"的"字修饰结构，难免会造成语流节奏的不顺畅。参考译文二为了节奏不惜用"多沙的"拉长短语，在这类文本中应该可以。但是添加也要有"度"，不宜毫无根据地乱加，"多沙的"毕竟就是原文的sandy，没有添加意思。若添加"金色的""美丽的""松软的"就不是原文的意思了。当然，在严格的正规文本中，大可不必去追求这种节奏，就用"沙滩"。毕竟那种文本对精准的要求大于对节奏的追求。

　　目前年轻人不很注意行文的节奏和文字的工整，甚至还常说，新一代的写法就是这样，不必跟随旧的行文特征。但是，看起来文字工整，读起来节奏顺畅毕竟是汉语的传统特点。我们不是要写骈文，但行文时起码的工整和节奏还是应该有一点吧？

28 The Polarized Mind (1)

▶ 原文

The *Polarized Mind* is one of the great reflections on humanity. It is a wide-ranging mix of history, politics, philosophy, anthropology, and psychology/psychotherapy based on an incredible amount of knowledge and scientific facts. Above all, *The Polarized Mind* is a peak of existential-humanistic inquiry.

This is the mature book by an extremely sensitive and respectful psychologist whose expertise gives him the capacity to look in depth at the human psyche, which is doubtless behind all political, economic, social, and individual behavior. While Schneider is able to interconnect the great changes, cycles, and polarizations throughout history with human nature and psychodynamic defense mechanisms, he also discovered a deeper cause according to recent research—the existential fear of groundlessness—and thus shows the root of a danger which he calls the plague of our time.

From *The Polarized Mind*, by Alfried Langle

✍ 批改

《极端思想》是一次对人性的伟大思考[1]。这本书以海量知识和科学事实为基础，将历史学、政治学、哲学、人类学、心理学等众多领域包罗融合[2]。最重要的是，该书是存在主义人本主义[3]探询的巅峰之作。

这部成熟作品的作者是一位非常敏锐心思细腻且待人恭敬的心理学家。他凭借专业知识，洞穿悉人类心灵，揭示出激发各种政治、经济、社会和个人行为却无疑隐于幕背后的心理活动[4]。作者施耐德不仅将历史上的大变化、周期大反复、大两极端事件分化与人类本性和心理动力防御机制相互联系[5]，还于近期研究中[6]发现一个引发上述变化的更深层原因——害怕失去存在根基的存在主义恐惧[7]——由此，他揭示出危险的根源，他把这一根源称之为"我们时代的瘟疫"。

文本定位

这几段文字选自 The Polarized Mind 这本书，该书涉及心理学、存在主义等艰深的社会科学领域，所以本应纳入偏硬文本。但这不是书的正文，而是别人为书写的序言，文中不乏溢美之词，所以除掉几个专业词外，这两段整体还是有偏软文本的特质。序言是门面，因此翻译时应照顾可读性。

✷ 点 评

1 书名中的 polarized 一词是贯穿全书的关键词，所以要反复推敲。有的同学译成"极化""两极""偏激""极端"，都不错。"偏激"没有原文的图像，但是其他几个都有"极"的隐喻图像，似乎"极端"更好，但目前一般常翻译成"极化"。reflections on humanity 到底反思的是什么？ humanity 有不同的解释，可以是人类的意思，也可以是人性（human nature）的意思。翻译成"对人的反思"覆盖面比较广，包括对人性的反思，但是鉴于本书主要是从存在主义和人本主义角度讨论问题，翻译成"对人性的反思"也可以。great reflections 翻译成"伟大思考"不能说错，但很不自然，太靠近英文。译者应该在这种地方灵活处理，意思还得是 great，但未必要用"伟大"，其实就是说它好，说是"一本反思人的杰作"应不离谱，因为 one of the reflections 是可数的，已非动作，而是以书形式出现的实体（entity），"杰"与 great 也能对应起来。

2 "本书以……为基础，将……众多领域包罗融合"这个译法不能说错，除了"包罗融合"这个说法欠妥外，句子大意也对。但是英文痕迹较明显，看得出译者已经很吃力。要想保持中文比较流畅，就要打破原来的句子结构，在不丢失原文意思的前提下，尽量使用短的语言单位，比如参考译文二"《极端思想》是一本反思人的杰作，全书旁征博引，科学例证翔实，内容囊括历史、政治、哲学、人类学、心理学和心理治疗诸多领域"，原文的信息都在，但是说法完全变了。这毕竟是一个序言，不是枯燥的社科论文，也就是说，还不算是很"硬"的文本，译者应该享有这点自由。

3 这里的 existential-humanistic 是贯穿全书的主题，这本书就是从这个角度讨论人与人性。在某种意思上说，存在心理学、人本心理学、现象学都是相互关联的，我们可以将 existential-humanistic inquiry 译成"存在 - 人本主义探索"或"存在 - 人本探索"，甚至"从存在和人本主义角度探索"也可以。

4 译者从 whose expertise 这里开始切分句子，另起一句，这是个很不错的选择。但是接下来译者没有按照原文的思路处理 which is doubtless behind... 这个从句，而是译成"揭示出激发各种政治、经济、社会和个人行为却无疑隐于幕后的心理活动"。显然，译者增加了原文表面没有的"揭示了……"，而且还在句子中间添加"激发""却""隐于"，结果使本来可以很简单的句子复杂化。目前不少译者觉得翻译就是把原文的意思在脑子里消化一下，然后根据自己的理解重新组织起来，结果弄得很复杂，而且增加了出错的机会。其实这句完全可以按照原文的句型翻译，既准确，也符合汉语习惯，而且很简单："而心灵恰是政治、经济、社会及个人行为的幕后推手"。

5 这句的基本结构是 While Schneider is able..., he also discovered...。典型的译法是"虽然……但是还……"。译者没有按照这个思路翻译，而是处理成"施耐德不仅将……，还……"。这种将"虽然……但是还"转变成"不仅……还……"的变化在这样的文本中并不影响句子语义的表达，也可以是一种选择，但要注意的是，在有些逻辑思维严密的语境中，这种转变可能会造成潜在的问题。其实未必非要变化，两个参考译文都沿着原文思路翻译，都保留了"但是还"这个结构。另外，the great changes, cycles, and polarizations 中的 the great changes 指的是人类世界的宏观巨变，如大饥荒、气候剧变、大灾难，而 cycles, and polarizations 则指人类对大变化作出反应时的极端措施（polarizations），或冤冤相报（cycles）的事件。译者可参看书中的内容来决定选什么词。psychodynamic defense mechanisms 由于是弗洛伊德心理学里的专有名词，所以应按照通常的译法翻译。

6 "于近期研究中"比较模糊，因为原文明显是 according to recent research，是根据最新的研究才发现深层原因的，最好不要去改。

7 the existential fear of groundlessness 是存在人本心理分析的关键概念。我们一般的恐惧都是有明确原因、有根有据的，如面临洪水到来或一只老虎向你扑来，但是这里说的 existential fear 却是有关人生存的无根无据、莫可名状的恐惧，是悬浮着的焦虑，所以称为 groundlessness，或称为 free-floating anxiety。我们感知它，却无法面对它。存在主义或人本主义从人本身在现代社会中产生的莫名的焦虑或恐惧着手分析社会与人，故称为 the existential fear of groundlessness。此处的 existential 指人的存在。目前没有一个广为接受的权威译法，译者可依根据意思，创建一个译法，如"人对自身存在毫无根据的恐惧"。译成"对丧失生存方向的恐惧"也不错，但是多少添加了译者本人的解读。

> **参考译文一**
>
> 　　《极化思想》是反思人性的佳作之一。该书以大量知识和科学事实为基础，涉猎广泛，囊括历史、政治、哲学、人类学、心理学和心理治疗。最重要的是，《极化思想》是存在-人本议题的巅峰之作。
> 　　这是一本成熟的书，作者是位绝顶敏锐、非常谦虚的心理学家。他的专业知识给了他深刻观察人心灵的能力，而心灵无疑蛰伏在政治、经济、社会及个人行为之后。虽然施耐德能将历史中的大变动、大反复和极端大事件与人之天性和心理动力防御机制联系起来，但是他也根据最近的研究，发现了一个更深层的原因——对丧失生存意义的恐惧——这样就显示了他称之为"我们时代瘟疫"的危险根源。
>
> 　　　　　　　　　　　　　　　　　　　　　　　　　　　　（学生作业）

参考译文二

《极端思想》是一本反思人的杰作，全书旁征博引，科学例证翔实，内容囊括历史、政治、哲学、人类学、心理学和心理治疗诸多领域。最重要的是，该书是讨论存在-人本主义探索的巅峰之作。

这是一本成熟的书，作者是位既敏锐又谦逊的心理学家。他从心理学角度探索人心灵的深处，而心灵恰是政治、经济、社会及个人行为的幕后推手。施耐德将历史中的大变化、大反复和极端大事件与人之天性和心理动力防御机制联系起来，但他还借助最新的研究发现了更为深层的原因，即对自身存在"毫无根据的恐惧"，这样就找出了危险的根源，他把这种生存恐惧称为时代的瘟疫。

（叶子南译）

短文

原文主观态度的强弱与翻译策略

作者有时会流露出自己对所写题目的观点和态度，有时则会深藏不露。有些人也许会说，这和翻译有什么关系呢？其实你只要仔细观察，马上就会找出两者之间的一些联系。

比如说，一篇介绍有关心脏病治疗药物的文章，如果内容涉及药理作用或具体临床应用，作者显然会刻意避免流露自己对药物的态度，他会非常客观地介绍药物；但如果内容牵涉药物的推销，显然作者肯定会为药物背书。翻译时，流露主观态度的文本一般不宜太拘谨，比如药物推销广告就得灵活处理，意在调动读者的"情绪"，让读者也和作者一样用肯定的态度看待药物。但是药理性能介绍的文章，就应该比较拘谨些。只要看看我们这本书中一些单元的文本，就能基本得出这样的总结：原文中作者的主观爱憎越强烈，翻译的灵活度越大，反之亦然，比如：

- Kingdom of Heaven
- Susan Sontag
- Ronald Reagan is dead
- Cold out there
- A Sermon
- If By Whiskey

- WTO
- Protocol
- Infrastructure investment
- ebusiness Integration
- Crop Evolution
- Memorandum of Understanding

左侧的文本中，作者个人的主观态度相当明显，都是软文本，翻译时确实应该比较宽松；而右侧的文本几乎很少作者个人的态度，都是硬文本，翻译时确实需要比较严谨，不宜过度发挥。翻译理论家Basil Hatim和Ian Mason就在他们的一本书中说：

> The less evaluative the text is, the less need there will be for its structure to be modified in translation. Conversely, the more evaluative the text is, the more scope there may be for modification. (*Discourse and the Translator*, by Basil Hatim and Ian Mason, p. 187)

这里的evaluative就是我们说的主观态度。**缺少主观态度的文字（就像本书中说的"硬文本"）比较直白，因为没有过多情感介入，翻译时也不用过多介入。相反，主观色彩浓的文本（类似我们这里说的"软文本"）文字会比较活泼，因为作者注入了自己的情感，情感不好规范，所以翻译时译者就可能需要有些灵活的余地，用读者喜欢的文字表达同样的情感，因此就有可能需要对原文做些调整**。我们认为，这一基本原则还是很有道理的。但这是基于英语和其他欧洲语言之间的翻译，所以具体应用到英汉翻译时，译者还需要自己判断。不管怎么说，我们又多了一个观察文本的角度。

The Polarized Mind (2)

▶ 原 文

This is an existential analysis of our historical and actual situation. But it is also a guidebook for a better future, showing the way out of this urgent and dangerous collective situation by underscoring what is possible through personal growth. Personal growth is Schneider's antidote to the tendencies of our time towards quick fix solutions, which again lead to more polarization and groupings.

The Polarized Mind, finally, is written in an artistic style. It is a pleasure to step with the author through history and science, to see how changes in history are connected with psychology and how both interact, to see the philosophy behind historical movements and to understand better the interconnections of all through the phenomenological testimonies of those who lived them.

This is a wise book—wise because of the deep understanding of what it means to be human and because of its reconciling spirit which brings together the brutality of human one-sidedness with the equally human love for life and for the person.

From *The Polarized Mind*, by Alfried Langle

✎ 批 改

~~这~~本书用存在主义的方法分析~~了~~我们的历史与现实环境[1],但它同时也能指导我们去创造更加美好的未来[2]。书中强调,寻求个人~~成长~~发展是摆脱这场紧急又危险的瘟疫的出路[3]。当下,我们越发倾向用权宜之计[4]来解决问题,但这只会加重两极化和集团化[5]。个人~~成长~~发展则正是施耐德为我们配制的解药[6]。

此外,《极化思想》一书文艺气息十足[7]。与作者一道,徜徉于历史和科学世界,探寻历史变化与心理活动的相互联系、相互作用,了解历史运动背后的哲学,并通过真实历史事件和人物生活深入了解所有事物之间的联系,实在是趣味无穷[8]。

这还是一本智慧之书——说它智慧,是因为它对人的意义有~~做了~~深刻的~~理解~~阐释,是因为它将人性中极端~~造成~~的残暴与人类对生活、对自己的爱这两股势均力敌的力量调和在一起[9]。

★ 点 评

[1] 将 an existential analysis of our historical and actual situation 译成"用存在主义的方法分析我们所处的历史与现实环境"是一个可以接受的译文。参考译文二译成"这是一本分析人生存状态的作品,分析时段涵盖古今"看上去变化很大,但是意思相近。existential analysis

可以理解为用存在主义的方法分析社会，但存在主义的分析主要就是集中在人的存在，所以意思殊途同归。下面是一个比较简单的定义：Existential analysis means an analysis of the conditions necessary for a life in which values have their place and that is self-shaped and dignified. 后面的 historical and actual situation 译成"我们所处的历史与现实环境"更像社科文章的写法，翻译成"分析时段涵盖古今"则更中文化，但是我们不知道这里的 historical 到底是什么时段，算不算汉语的"古"。另外，这是一篇书的序言，文字活泼些应该可以。若是更正式的"硬"文本，还是译成"我们所处的历史与现实环境"更少争议。

2 这句还有一个选择是保留 guidebook，就是仍用名词，如指南。译者这里将 guidebook 转换成动词"指导"，但最好不这样转换，因原文其实有一个不被人注意的连贯特征："这本书是一本……，但它也是一本……"（It is an analysis, but it is also a guidebook）。analysis 由于前面有冠词，所以应是一个实体，即一本书（分析之作）。把 guidebook 转换成"指导"就会失去这一连贯性。当然这是一个不很重要的问题。但转换还有一个问题，请看"它同时也指导我们去创造更加美好的未来"这个译法，换成动词后（也指导我们去创造）就像是一个已经发生的动作或事件，但这本书还没有出版，在这样的语境下说本书指导我们去创造未来，显然不合适，当然译者可以加一个"能"字（也能指导）就避免了这个小问题。但如果保留原文的名词，这些问题就都没有了。两个参考译文都保留了这个连贯特征。参考译文一说这本书是一个"指南"，参考译文二则译成"导航之作"。这个例子告诉我们，句型转换可能引发一些原本想不到的潜在问题，这些问题有时微不足道，在有些文本中可以不计较，但有些情况下，则不可忽视。

3 严格地说，书中强调的是个人成长所能带来的益处，并不是强调"寻求个人发展是摆脱瘟疫的出路"。原文是 underscoring what is possible through personal growth，在细节上和原文是有差异的。若是非正式文本的翻译，且逻辑关系要求不很严格，那么这样的差异也可以接受，但如果是一篇非常正式的文章，文句内逻辑关系非常重要，那么还是最好采用不违背原文逻辑思路的译法，如参考译文二"但本书强调个人成长可能带来的益处，而后者能为人类走出目前的危局指点迷津，所以它也是一本为人类走向更好未来的导航之作"。最后，这句的译文还有些语言问题，如"是摆脱这场紧急又危险的瘟疫的出路"，"摆脱瘟疫的出路"这一说法就值得商榷，何况原文这里根本就没有"瘟疫"的意思。

4 "权宜之计"应该基本可以，但是和原文的 quick fix 还会有些差别。"权宜"强调暂时对付一下，但是 quick fix 却强调快速解决问题，强调的重点不同。

5 more polarization and groupings 是指更加极端、更加分裂。Groupings 说明人们由于观点、想法不同而分成不同的组群，组群之间出现对立造成分裂，可译成"分裂"。

6 将"个人成长则正是施耐德为我们配制的解药"放到后面，可能引发一个潜在的连贯问题。原文是 underscoring what is possible through *personal growth*. *Personal growth* is Schneider's antidote..., 中间两个 personal growth 紧紧相连。前后调整后的译文在中间加进了"但这只会加重两极化和集团化",而这部分可能把原文的连贯打破。两个参考译文都没有把 which again lead to more polarization and groupings 这一部分放到前面。总体来说,翻译这个长句时,译者把句子的各部分前后调换了。调换本身不是问题,比如参考译文二其实也有些灵活变换的地方,但是调换时必须把句子中各成分间的连贯因素也考虑进去。

7 这里的 artistic style 未必就是文艺气息,应该是指写作的风格不像一般的社科类书籍,不是呆板的文风,写得比较活泼,或者说写得好,选词不必太严谨,但仍不宜称为"文艺气息"。

8 "并通过真实历史事件和人物生活"中有一个"和"连接,说明有两个名词,即事件和生活,但是原文只有一个(of all through the phenomenological testimonies of those who lived them),并没有连接词。另外,phenomenological 一词强调的是基于亲身经历的证词,但这个词在学术界已经有固定译法(现象学的),是一个学术专用词。纯学术翻译时,就用"现象学的",但在这个序言中,不妨用大众说法,即通过主观经验所做的证词。另外,译者把 It is a pleasure 放在最后应可以,但参考译文二放在了前面。

9 "reconciling spirit which brings together the brutality... with the equally human love"大意就是主张和为贵的精神,这种精神把两个完全对立的恨与爱拉到一起,以求和解,避免极端。这里的 equally human 不宜用"势均力敌"来形容,因为这是指爱和残酷同样是人性的东西。参考译文一按照原文的行文(说其智慧是因为……是因为……),但是参考译文二则远离原文(该书对于何为人见解深刻,作者崇尚宽容的精神,认为偏激的残酷与怜悯的仁爱都是人性的一面,应借宽容而促成和解,这正是作者智慧之所在),把 because of 的意思用"正是作者智慧之所在"表达,而且放到了最后。是好是坏,大家可能会有不同意见。

参考译文一

　　本书用存在主义的方法分析我们的历史和现实状况,但它也是一本寻求更好未来的指南,作者强调个人成长可能得到的益处,而个人的成长能带领我们走出这一紧急和危险的集体环境。个人成长是施耐德对抗我们时代求快速解决问题倾向的解药,快速解决问题又会导致更多的极端和分裂。

　　最后,《极化思想》一书写得颇有艺术风格。和作者一同穿越历史和科学,去看历史的变化如何与人的心理相互关联,彼此互动,去看历史运动背后的哲学,去通过亲历者现象学的证词更好地了解这之间的相互关联,这实在是一件乐事。

　　这是一本智慧的书,说其智慧是因为本书对身为一个人到底意味着什么有更深刻的理解,是因为本书所持的和解精神,这一精神将人偏激的残酷和对于生命和对人的热爱结合在一起,而这种爱和偏激思想同样是人性的一面。

(学生作业)

> **参考译文二**
>
> 这是一本分析人存在状况的作品,分析时段涵盖古今。但本书强调个人成长可能带来的益处,而后者能为人类走出目前的危局指点迷津,所以它也是一本为人类走向更好未来的导航之作。施耐德将个人的成长看作是纠正我们时代万事求速成的良方,而求速成会进一步导致更加极端,更加分裂。
>
> 最后,《极化思想》一书文笔上乘。跟随作者在历史与科学道路上漫步,不失为乐事一件,书中我们看到历史的变迁与人类心理如何关联互动,看到历史运动背后的哲学动因,并通过亲历者的证词,更好地懂得了这之间的相互联系。
>
> 这是一本智慧的书。该书对于何为人见解深刻,作者崇尚和解精神,认为偏激的残酷与怜悯的仁爱都是人性的一面,应借宽容求和解,这正是作者智慧之所在。
>
> (叶子南译)

短文

"解包袱法"(Unpacking)在翻译中的价值

人说话总希望别人能听懂,听者懂了,言说者的目的就达到了,所以如果能用10个字说清楚的话,我们一般不愿用15个字表述。文字犹如钱币,说话也得讲经济效益,话多了听的人也会觉得你唠唠叨叨。不知哪一次,有位说英语的人见到一个现象,有人利用互联网从很多人那里为风险投资筹集资金。在短短几分钟里,那人反复重复这个概念,不停地说raising monetary contributions from a large number of people via the Internet,显然这很不经济,于是这位说英语的人就建议,你就用一个比较简单的方法表达这个意思吧,就用crowdfunding。你看,又简单,又达意。有人会说,达意什么?我都不知道这是什么意思。确实这种高度编码化的语言,必须要有上下文,语言使用者之间必须先要有一定的共识,共同接受这一语言符号的所指内容,因为它的意思毕竟不如raising monetary contributions from a large number of people via the internet清楚。不过两害相权,大家还是接受了crowdfunding这个简短的说法,确实有点令人费解,但这个代价还是要付的。当我们感到crowdfunding不容易懂时,就可以用长的话来解释,这种解释就是将紧凑的语言拆解开来的过程,就是一种"解包袱"的过程。**在翻译过程中英文紧凑浓缩的语言单位就有可能需要解开包袱,解包的过程就是将词与词之间的空白处填空的过程,把字面没有的意思,用文字材料填补进去**,如:

1. We all know these are environmentally troublesome solvents.(我们都知道这些是有害于环境的溶剂 vs 环境上有害的溶剂)

2. The consensus strategies for managing the world's forests sustainably. （能获得各方同意，又使全球森林得以可持续生长的管理策略 vs 全球可持续森林管理共识策略）
3. The president is now on a poverty tour. （总统目前在贫困地区访问 vs 进行贫困之行）
4. My father is a criminal lawyer. （我父亲是专门处理刑事案件的律师 vs 刑事律师）

我们这两个单元里就有几个需要解包袱的短语，如：

1. existential-humanistic inquiry
2. the existential fear of groundlessness
3. an existential analysis of our historical and actual situation

比如第三个an existential analysis of our historical and actual situation翻译成"对历史和现实状况的存在分析"就是没有解开包袱的译法，外行人不懂这是什么意思，如果把字里行间的意思都和盘托出，意思就会比较清楚，因为这个词组的意思就是用存在主义的方法分析人生存或存在的状况，分析涵盖历史的和现实的状况。但是这样子就太复杂了，不符合简约的要求，所以译者有时需要在完全不解开和彻底解开之间寻找平衡，如参考译文一"用存在主义的方法分析我们的历史和现实状况"或参考译文二"分析人类存在状态的作品，分析时段涵盖古今"。（第一个和第二个例子见相关的点评。）

似乎有这样一种倾向，专业领域常可见到不解开的翻译，让专业读者把专业词组看作一个语言单位，如上面的crowdfunding就没有必要去解开包袱，译成"众筹"就可以。非专业领域，特别是牵涉一般生活的用语，解开包袱的机会较多，如：

The kiss represents the symbolic loss of the most famous American child. (那轻轻的一吻是一个象征，代表这个美国最著名的孩子已经长大成人了。)

本句是在说美国著名童星Shirley Temple在银幕上第一次与男友接吻。如果照原文的修饰关系，那么就可能译成"那一吻代表了这个美国最著名的孩子象征性的丧失"。这样的中文很别扭。其实完全可以调整修饰关系，如The kiss is a symbol that represents the loss of the most famous American child。

一个包袱到底解开还是不解开，主要看是什么样的包袱，要考虑读者能不能懂。实在不能懂，也许就需要帮一把，但是快速的生活节奏，总是无形中促使我们节约时间，简单的用语总比较招人喜欢，所以在专业领域中你将经常会看到outsourcing, crowdfunding, one-stop shopping等把丰富的语义塞进狭小文字空间的做法。但解开还是不解开，难道不也是一个文化的决定呢？一次次不解开的决定又何尝不是一回回容许英文构词习惯入侵汉语的选择呢？

第三部分
偏硬文本

  这类文本和第二类有些区别，但仍然不大，不过和第一类比，差别就较明显。由于这类文本涉及的都是较严肃的历史、社会、政治、科学等题目，句子相对较长，作者个人的态度不宜明显流露，所以把他们分在偏硬文本一类。与第二类相比，翻译时灵活度会有些收敛，但不明显，不过与第一类比，收敛的程度就较明显。由于这类文本个人风格不明显，所以大多数单元仅有一个参考译文。

30 The Dumbest Generation (1)

▶ 原文

Teenagers and young adults mingle in a society of abundance, intellectual as well as material. American youth in the twenty-first century have benefited from a shower of money and goods, a bath of liberties and pleasing self-images, vibrant civic debates, political blogs, old books and masterpieces available online, traveling exhibitions, the History Channel, news feeds... and on and on. Never have opportunities for education, learning, political action, and cultural activity been greater. All the ingredients for making an informed and intelligent citizen are in place.

But it hasn't happened. Yes, young Americans are energetic, ambitious, enterprising, and good, but their talents and interests and money thrust them not into books and ideas and history and civics, but into a whole other realm and other consciousness. A different social life and a different mental life have formed among them. Technology has bred it, but the result doesn't tally with the fulsome descriptions of digital empowerment, global awareness, and virtual communities.

From *The Dumbest Generation*, by Mark Bauerlein

✎ 批改

十几岁和二十几岁的年轻人[1]生活在一个富足、文明和物质的社会[2]。二十一世纪的美国青年享受[3]丰富的财富与商品，拥有充分的自由和良好的自我感觉，受益于活跃的公众讨论[4]和政治博客，在网上可以找到[5]旧书和经典之作，可以观看巡回展览、历史频道[6]、滚动新闻等等。教育、学习、政治行动和文化活动的机会从未像现在这样多夫[7]。造就一个有知识有文化的公民的所有要素都已具备。

但事非所愿[8]。的确，年轻的美国人精力充沛，雄心勃勃，锐意进取，是好青年，但他们的才华、兴趣和财力没有使他们投入[9]书籍、思想、历史和公众事务[10]，而是投入其他领域和其他关注[11]。在他们中间已形成一种不同的社交生活和一种不同的精神生活。技术催生了这种生活，但结果却并未实现[12]被大肆宣传的数字技术的作用力、全球意识和虚拟社区这些理念。

文本定位 本文选自一本有关美国当代社会的书，作者对目前年轻人使用高科技设备造成的社会影响很关切。作者是大学教授，社会学家，整本书可归入学术著作，但作者文章写得不死板，对社会现象态度明确，这里把它归入"偏软文本"一类。译者要记住，这毕竟是一本较严肃的著作，语域较高，考虑到读者，文字要流畅，但不能流于肤浅，所以也可以将它归入"偏硬文本"。

★ 点评

1 在这样的文本中不必区分得这么清楚。年轻人就够了。另外，teen 作为一个概念完全基于英语语言的特征，汉语并没有从 13 到 19 这个特殊的概念。若一定要区分的话，是可以说"青少年和年轻人"。

2 严格说，原文不是三个并列。应是两个，即知识的富裕和物质的富裕。intellectual 不是文明，它与 material 的关系是并列的，但与 abundance 不是并列关系。

3 译者在这里用了"享受"，然后下面再用"拥有"，接下去又用"受惠于"等，这样表达 benefited from 是不错的思路，因为 from 后面的东西太多了。另外，原文中的两个隐喻（a shower of 和 a bath of）如何处理，见本单元的短文。

4 civic 这里译成"公众"可以，就是民间的，老百姓的。

5 这个和下面的"可以观看"承接上面的"享受""拥有""受惠于"，但是改变了角度。语义没有问题，但行文最好能有一致性或能对称，如用了"受惠于"，最好用一个"得益于"，突然用"在网上可以找到"在汉语行文上不是最佳选择。

6 美国一个著名的电视频道。

7 greater 不要翻译成"大"，机会"多"也比"大"好，或者可译得更自由些，但不管怎么翻译，汉语的搭配都要规范。

8 其实就是指前一段的 informed and intelligent citizen 没有出现。参考译文说得更明白。

9 意思没错，但"使"字可商榷，参考译文就不同。原文的 thrust them into 可以非常灵活地处理，不要被文字限制住。

10 civics 当复数用时在美国一般指有关政府和公民权利等知识的课程或书籍，和上面一段中的 civic 不同。

11 consciousness 译成"关注"可商榷，至少"投入关注"这个搭配不好。见参考译文。

12 tally with 基本就是 agree with 的意思，说明结果和之前宣称的有很大距离，不完全一样。digital empowerment 说得清楚些就是"获得了数字技术赋予的力量"，但没有标准译法，创新一下译成"数字赋能"也可以考虑。

参考译文一

十几岁和二十几岁的年轻人在知识爆炸、物质丰裕的社会中相处在一块儿了。二十一世纪的美国青年享有资源上的优势,像是富足的生活、充分的自由及良好的自我形象、激烈的公民辩论、政论博客、唾手可得的线上旧书和名作、巡回展览、历史频道、新闻消息等等。他们拥有得天独厚的机会可以受教、学习、从政以及参与文化活动。一切培养有知识有智慧的人的条件全都齐了。

但这样的人并没有出现。没错,年轻一代的美国人有精力、有雄心、肯上进,是很不错,但是他们的才能、兴趣、金钱不是投注在书本、思想、历史以及公民知识上,而是其他领域和其他想法。他们自己形成了不同的社交圈,内心世界也和别人有别。技术孕育了这个现象,但结果却与数位赋能、全球意识和虚拟社群等堂而皇之的形容不符。

(学生作业)

参考译文二

青少年们一起相处在一个富足充裕的社会,不仅物质富足,而且知识充裕。二十一世纪的美国年轻人欣逢金钱和商品的甘霖,又沐浴在自由和令人陶醉的自我形象中,还受惠于活跃的民间辩论、政治博客,更得益于网上获取的尘封旧书和大家名著、巡回展览、历史频道、新闻摘要等等,不一而足。教育、学习、政治行动、文化活动的机遇从来也没有像现在这么多。培养有知识有智慧的公民所需的一切都已万事俱备。

但智慧的公民却并没有出现。没错,年轻的美国人活力充沛、雄心勃勃、事业心强,人很不错,但是他们的才智、兴趣和金钱并没有把他们引向书本、思想、历史、公民知识,相反却将他们推进了另一个领域和另一个意识空间。一种不同的社会生活和一种迥异的精神生活在他们中间形成。技术孕育了这种生活。人们曾把因技术而来的数字赋能、全球视野、虚拟社会说得天花乱坠,但事实却与描述并不相符。

(叶子南译)

短 文

Shower和Bath这两个隐喻的处理

本文中American youth in the twenty-first century have benefited from a shower of money and goods, a bath of liberties and pleasing self-images, vibrant civic debates, political blogs, old books and masterpieces available online, traveling exhibitions, the History Channel, news feeds... and on and on.这句处理时的一个焦点是长句，我们在点评中已经有所谈及，但是句中有两个非常明显的隐喻可能也是译者需要反复权衡的。

我们说shower和bath是隐喻，因为物质和金钱被当成了水，驱动这个语言隐喻的概念隐喻是quantity is water；而很多使生活更方便的东西，如博客、电视节目、电子书刊等也被当作了液体，其概念隐喻相似，因为the bath of something也是在用水来表示丰富和充分。鉴于这个隐喻建立在类似quantity is water这样的概念之上，所以中文的理解应该没有问题，毕竟中国人对于雨水等的感受和英美人是一样的，因为这些都是超文化的物理现象。在本文中这两个词就是表示"很多"的意思。 上面学生的译文译成"二十一世纪的美国青年享受丰富的财富与商品，拥有充分的……"，应该说完全表达了原文shower和bath的意思，虽然完全抛弃了原文的隐喻，但毕竟完成了翻译的基本任务。

那么我们是否仍然需要探索其他的译法，特别是保留原文隐喻的译法呢？译者做出这个决定前需要考虑几个因素。首先，**原文的隐喻直接放到译文中读者会不会难理解**，这点上面说过，理解可能不是大问题，处理得好的话不至于让读者误解，如参考译文二"欣逢金钱和商品的甘霖"就较巧妙地保留了原文的隐喻。不过也要注意，处理不好也可能造成误解，比如说译者大概不至于译成"天上下了钱雨"。但万一这么译的话，就有可能出现意想不到的意思，因为汉语的"天上下钱雨"也会让人觉得是意外的横财，但原文主要是"大量"的意思。除了这个因素，还要看看原文中这个隐喻有没有价值。**有大价值的隐喻需要尽可能保留，价值不大的隐喻就可留亦可弃**。若没有隐喻完全不影响译文的意思，那么就完全可以抛弃它。**在可以保留也可以抛弃的情况下，译者的决策可能主要是行文的考虑**。本段文字选自一本有关美国社会问题的书籍，显然作者不是在玩弄隐喻，它无意用文字来做文章，这就不像文学家使用隐喻那么用心，所以参考译文二将这句译成"美国年轻人欣逢金钱和商品的甘霖，又沐浴在自由和令人陶醉的自我形象中……"仅属于锦上添花，译者的译文"美国青年享受丰富的财富与商品，拥有充分的……"已基本到位，差别仅仅在行文方面，但行文因人而异，全看译者的选择。

31 The Dumbest Generation (2)

原文

　　Instead of opening young American minds to the stores of civilization and science and politics, technology has contracted their horizon to themselves, to the social scene around them. Young people have never been so intensely mindful of and present to one another, so enabled in adolescent contact. Teen images and songs, hot gossip and games, and youth-to-youth communications no longer limited by time or space wrap them up in a generational cocoon reaching all the way into their bedrooms. The autonomy has a cost: the more they attend to themselves, the less they remember the past and envision a future. They have all the advantages of modernity and democracy, but when the gifts of life lead to social joys, not intellectual labor, the minds of the young plateau at age eighteen. This is happening all around us. The fonts of knowledge are everywhere, but the rising generation is camped in the desert, passing stories, pictures, tunes, and texts back and forth, living off the thrill of peer attention. Meanwhile, their intellects refuse the cultural and civic inheritance that has made us what we are up to now.

From *The Dumbest Generation*, by Mark Bauerlein

批改

　　技术并没有使年青[1]的美国人打开思维，拥抱浩瀚的文明[2]、科学和政治，而是使他们只看到[3]自己，只看到自己的周遭。年青人从未像现在这样联络如此紧密[4]，联络方式如此"青少年"[5]。青少年形象和歌曲，热门八卦和游戏，以及年青人之间的互动交流，已不再受时空限制[6]，触角直伸入[7]年轻人的卧房，将一代人如蚕般包裹起来。这种自由是有代价的：他们越多地关注自己，就越少记住过去，遥想未来。他们享受现代文明与民主，但当生活的乐趣[8]只是社交欢娱，而非脑力劳动，年青人的思想就只停留在十八岁。这种现象随处可见。虽然各种知识俯拾皆是[9]，但新成长起来的一代却像住在沙漠里，只是相互传递故事，图片、歌曲和短信，以引起同伴注意为满足[10]。同时，他们的思想也拒绝承载起[11]铸就我们今天的文化与政治[12]的传统。

点评

[1] 此处"年轻"和"年青"似乎都可以用，但译者的"年青"似更好，因为这里是表示绝对年龄。"年轻"也表示这个年龄段，但是有时表示相对的年轻，如 60 岁的人比 55 岁的人年轻 5 岁，这时不能用"年青"。

2 这个译法很有创意，因为原文的 stores 确实有大量的意思。但是如果理解能精益求精，那么 stores 就有储藏的意思，而复数的 stores 就有一个一个储藏空间的意思（储藏室），在这些地方存有很多有关文明的、科学的、政治的知识。这样理解后，译者的思路就宽广了，就会有不同的译法，但是这只是不同的取舍，未必有好坏之分。可参阅参考译文。

3 译者这样翻译大意不错。当然 contracted their horizon to 这个隐喻词组若能反映出来，就更形象。horizon 表示视野，参考译文一就译成"视野限缩于"。译文二甚至译成"技术反而把他们的视野拉回到身边，使他们围绕身边的社会环境画地为牢"。严格说"拉回到身边"没错，这提示之前视野要大于现在，contract 的意思就是由大到小。不过"画地为牢"虽很形象，但"只看到自己的周遭"更简单些。

4 原文的 intensely mindful of and present to one another 有两个部分：mindful of one another 和 present to one another，两个非常接近，mindful 强调思想，表示想着对方，present 强调视觉，在眼前，可译成"相互关注，相互接触"。但这个差别不重要，万一不便表达，可忽略。

5 enabled 就是 made able because of tools（如智能手机），译成"善于联络"是大意，"手握交往联络的手段"的译法更注重细节。

6 这里有一个小问题，"已不再受时空限制"在译文中修饰前面所有的东西，但那是不对的，应只修饰 youth-to-youth communications。应该是"青少年的影像和歌曲，热门的八卦和游戏，以及年轻人之间不再受时空限制的通讯方式"。

7 reaching 结构上像是修饰 cocoon，但实际应修饰前面句子中所有的主语。

8 the gifts of life 不是乐趣，应指年轻人所有的丰富的东西，生命赠予他们的礼物。见参考译文二。

9 fonts of knowledge 表示知识多，font 提示如泉涌，当名词用就是"源泉"，换成"俯拾皆是"也是个很灵活的选择。

10 live off 原来表示经济上依靠某人，这里已经隐喻化，the thrill of peer attention 就像生命中不可缺少的经历来源一样，没有就无法生存。译者的译文不错，也可看参考译文。

11 这个可商榷，大意就是排斥、拒绝文化和社会传统，而这个传统又是使我们之所以是我们的原因。原文 that 从句分开译更好。见参考译文。

12 cultural and civic inheritance 中的 civic 指选举、政府运作、公民参与的传统，译成"社会的"传统似乎更好些，但是"政治的"并不错。

> **参考译文一**
>
> 技术并未敞开美国年轻人的心灵，引领他们走入文明、科学、政治的殿堂，反而将他们的视野限缩于自我和周遭环境。年轻人从未像现在这样关注并察觉对方的存在，青少年之间的接触也从未如此容易。青少年的影像和歌曲，热门的八卦和游戏，以及年轻人之间超越时空限制的通讯方式，都如蚕茧般局限了这一代的年轻人，就连卧房也沦为他们的活动空间。但个人自主是有代价的：他们愈是关注自己，愈容易忘了过去、不再憧憬未来。他们集现代、民主的优势于一身，但如果将生命的赠礼虚掷于社交享乐，不求知识的耕耘，这些年轻人的思考能力在十八岁就会停滞不前了。这样的情节在你我周遭不断上演。知识的源泉无所不在，但崛起的这一代却扎营在荒漠，靠着互传消息、照片、音乐、文字来吸引同侪目光，从中得到满足。同时，他们的思维又排斥固有的文化及公民社会的传统，而这些文化及传统正是造就今日你我的根基。
>
> （学生译文）

> **参考译文二**
>
> 技术并没有打开年轻美国人的心灵，让他们去探寻文明、科学、政治的宝藏，反而把他们的视野拉回到身边，使他们围绕身边的社会环境画地为牢。年轻人从来没有像现在这样相互关注，相互接触，善于年轻人间的交往联络。年轻人的影像和歌曲，青少年热衷的闲聊和游戏，不再受时空限制的交流，所有这一切把一代人如蚕一样包裹起来，影响力所及，直逼他们的卧室。这种自主自顾是有代价的：他们越关注自己，就越少回顾过去，越少展望未来。他们有现代和民主能提供的所有好处，不过生活赠予他们的尽管如此丰盛，换来的却仅是社交场上的欢乐，并不是追求知识的耕耘，年轻人智力到了十八岁就不再发展了。环顾四周，此等例子比比皆是。知识的源泉随处流淌，但正在成长的一代人却在沙漠中安营扎寨，相互传递故事、分享照片、音乐和文字，靠同辈关注所带来的刺激而活着。同时他们的思想却又拒绝接受文化和社会的传统，而我们今日之所以是我们，却恰恰有赖于这些传统。
>
> （叶子南译）

短文

看看能否抛弃隐喻

隐喻如何处理，我们在其他单元里也讲过。这里借非文学文本再讲一下，因为隐喻处理得好不好，直接牵涉到整篇译文的质量。

The Dumbest Generation (2)

我们在不同单元的短文中讲到过文学隐喻的翻译。但文学也不能一概而论，一般来说，有这样一种倾向，文学语言中的隐喻比较重要，因为作者毕竟是吃文字饭的，一词一句都可能斟酌再三，有些隐喻是巧妙使用语言的结果，译者在翻译时大笔一挥全给改掉或删除了，当然不妥。这一点认真阅读的人都会有体会。但是非文学文本（如本单元的文本），情况就和文学不同。不像科技商法等实用文本，本单元的作者使用了很多隐喻。但隐喻在这种文本中的目的只是表达思想的手段，换句话说，它不像文学中的隐喻那么重要。不过隐喻的使用还是使文章增色不少。是否需要保留这类隐喻值得推敲。现在让我们来看看本单元的几个隐喻：

...opening young American minds to the stores of civilization and science and politics. 打开年轻美国人的心灵，让他们去接受文明、科学、政治的宝藏。

这句中的隐喻不是很吸引眼球，但是opening和stores都是隐喻。参考译文中的"打开心灵"就是复制了原文的隐喻，当然这个隐喻很难在译文中避免，不说"打开"能用什么呢？译者将后面的stores也作了隐喻处理，翻译成"宝藏"，这个其实也很难避免，刻意避免stores这个储存东西的词还能用什么呢？也许你会说"（不）接受文明、科学、政治的知识"。这个"知识"加得不错，但是保留原文的隐喻更方便，更准确，故意避免就有舍近求远之嫌了。两个隐喻移植到中文后并没有任何不便，足见这两个隐喻在跨文化的过程中被接受了。再比如：

...communications no longer limited by time or space wrap them up in a generational cocoon reaching all the way into their bedrooms. 所有这一切把一代人如蚕一样包裹起来，影响力所及，直逼他们的卧室。

这句中的隐喻也被复制了，意思就是把年轻人限制在一个空间。但是如果译者刻意回避这个隐喻，说成"把一代人控制在一个空间内"，又会觉得意思有些出入，"控制"这个词恰当吗？而如果译成"把一代人包裹起来"的话，我们其实还是用了隐喻，因为"包裹"一词就是隐喻，那么既然已经用了"包裹"，又为何要避免"蚕"呢？这句的隐喻其实也很难避免。两个例子都说明，我们并没有想刻意保留隐喻，但我们却躲不开隐喻。

...lead to social joys, not intellectual labor, the minds of the young plateau at age eighteen. ……年轻人智力到了十八岁就不再发展了。

这里的plateau是动词，但是仍然源于名词"平坦的高原"，因此还是隐喻，不过这个动词很难译成隐喻，上面的译文翻译成"就不再发展了"，就是抛弃了隐喻。如果一定要译进去的话，可以转变为明喻，如"就像平坦的高原一样不再向上发展了"，但是可能我们都会反对这样为保留而保留的做法,因为不加进去意思已经到位。此例再次说明,隐喻的处理要听其自然。

总之,非文学文本中的隐喻基本是表达语义的手段,没有很大的价值,所以一般不必太在意。鉴于在有些情况下,刻意避免隐喻或保留隐喻会非常困难,**译者翻译时最好采取听其自然的态度,让隐喻自然地在译文中安家落户,强行"搬迁"不是好办法。**

The Ancien Régime and the French Revolution (1)

▶ 原文

Nothing is more apt to remind philosophers and statesmen of the need for modesty than the history of the French Revolution, for no event was greater or longer in the making or more fully prepared yet so little anticipated.

Not even Frederick the Great, for all his genius, sensed what was coming. He was in contact with it, yet failed to see it. Indeed, his actions were in accord with the spirit of the Revolution before the fact. He was its precursor and, in a manner of speaking, its agent. Yet he did not see it looming on the horizon, and when at last it did show its face, the remarkable new features that would set it apart from a host of other revolutions initially went unnoticed.

Outside of France the Revolution aroused universal curiosity. It made people everywhere think that new times were coming and stirred vague hopes of change and reform, but no one yet suspected what it was to become. Princes and their ministers lacked even the shadowy forebodings that agitated the masses.

From *The Ancien Régime and the French Revolution*, by Alexis de Tocqueville

✎ 批改

没什么比[1]法国大革命的历史更适合提醒哲人与政客[2]谦逊行事的必要性[3]了，这场革命影响之大[4]、酝酿之久、准备之充分、出人意料之程度[5]绝非任何事件可以比拟。

即便是智慧过人的腓特烈大帝也没觉出丝毫征兆。他虽与大革命早有渊源[6]，却未看出任何端倪。其实，早在大革命前，他的所作所为就契合于与大革命的精神相契合。他是大革命的先驱，或者可以说[7]是其助推者。可是他却在山雨欲来[8]之时浑然不觉；即使到了大革命初露苗头[9]的时候，那些区别于其他革命的显著特征也未被留意[10]。

大革命在法国以外广受关注[11]。它使得各国人民相信新时代即将来临，并在世人心中唤燃起对变革的一线希望，然而没有人知道它将会演变成何种局面。君主与大臣竟对革命的到来浑然不觉，而这场革命将煽动大众[12]。

文本定位　这几段选自英文版的 *The Ancien Régime and the French Revolution*，英文译自法文，中文版译成《旧制度与大革命》。这是一本分析法国大革命的严肃著作，译者把英译文翻译得很精准，但又尽量使译文通顺易懂。若将这篇归入"偏软文本"，则译文会译得更"接地气"，更照顾读者；若归入"偏硬文本"，翻译时就会尽量保留原文历史著作的语域，不刻意追求字句的漂亮，却不忘整篇的漂亮。

点评

1 另外一个选择是用最高级，如"最能提醒……"。

2 "政客"有明显贬义，原文没有。"哲学家和政治家"。

3 还可说"需要谦虚谨慎"，未必要说"必要性"。"性"太多不好。

4 "影响之大"，不恰当，此处不是在说运动的影响，"规模大"比影响大更正确。

5 关键词 yet 漏译，结果整句的意思就有问题了。译者必须尽可能不违背原文的逻辑思路，原文的 yet，是译者思路转折的关键词，不应忘掉（却又未能预料）。

6 也许可以，但译者应该知道作者的所指，如他与伏尔泰的友谊，对启蒙思想的赞赏等，请查百科全书，了解背景。

7 in a manner of speaking 或者说 so to speak，就是用"另一种说法"的意思，而且总是一种比较形象的说法（如 agent），所以译者的译文应该可以。

8 腓特烈大帝在法国大革命爆发前几年就去世了，用"山雨欲来"合适吗？汉语这个成语源自许浑的诗句"溪云初起日沉阁，山雨欲来风满楼"，一般指比较近的事件，近到已经"风满楼"。隐喻意思和实际自然想象总有联系，而自然现象无文化差异。

9 原文是隐喻 face，译文是否可以保留这个隐喻，虽然该隐喻没有什么意义，但"显露其面目"似可接受。有人译成"革命爆发时"，则理解比较模糊，show its face 是一个轻缓的动作，过程是一段时间，但"爆发"是一个很强烈的动作，过程是一个时间点。

10 "留意"不如"注意"。另外，unnoticed 到底是被谁注意了，很模糊。旧英文译本认为是 Frederick the Great，整段读下来很合理，但此处主要应该是一般的人们。

11 此译法当然没错。但比较一下更接近原文的译法"激起了举世的关注""唤起了普遍的好奇心"，看看保留原文的 arouse 是否更好？

12 大意正确。但解释的成分多了点，the shadowy forebodings 这个词组的含义是否应该有所反映，如 shadowy 有"丝毫"的意思，forebodings 有"不祥"的意思。未必一定要反映出来，但若能做到既能反映出来又不影响行文，就更好。另外，agitated 是过去时态，和 lacked 应该是同时发生的动作，所以"将"（煽动）不恰当。另外，译文还给人一种句子没完的感觉。

The Ancien Régime and the French Revolution (1)

参考译文一

最能让哲学家、政治家感到应谦虚谨慎的莫过于法国大革命的历史,因为没有任何事件比这场革命更波澜壮阔、更长久酝酿,更充分准备,然而却又未能预料。

就连腓特烈大帝这样的天才,也未能预感革命的来临。他接触过革命的思想,但还是未能预见革命的到来。他的行动确实和革命前的精神甚是合拍。他走在了革命的前头,可以说是革命的促成者。可是他却未看到远处地平线上酝酿的革命风暴,而当革命最终显露其面目时,其全新的特征与其他革命迥然不同,可一开始却未被人察觉。

在法国之外,大革命引起了举世的关注。它使各国人民感到新时代即将来临,唤起对变革的朦胧希望,但是没有人想到会变成什么样。牵动大众的不祥之兆王公大臣们丝毫没有感到。

（叶子南译）

另一个英文译文

PHILOSOPHERS and statesmen may learn a valuable lesson of modesty from the history of our Revolution, for there never were events greater, better prepared, longer matured, and yet so little foreseen.

With all his genius, Frederick the Great had no perception of what was at hand. He touched the Revolution, so to speak, but he did not see it. More than this, while he seemed to be acting according to his own impulse, he was, in fact, its forerunner and agent. Yet he did not recognize its approach; and when at length it appeared full in view, the new and extraordinary characteristics which distinguished it from the common run of revolutions escaped his notice.

Abroad, it excited universal curiosity. It gave birth to a vague notion that a new era was at hand. Nations entertained indistinct hopes of changes and reforms, but no one suspected what they were to be. Princes and ministers did not even feel the confused presentiment which it stirred in the minds of their subjects.

The Old Regime and the Revolution, translated by John Bonner (Harper & Brothers, 1856)

短 文

翻译时借助百科知识

本单元中下面这句看似容易，可一到下笔时就不那么容易了：

He was in contact with it, yet failed to see it. Indeed, his actions were in accord with the spirit of the Revolution before the fact. He was its precursor and, in a manner of speaking, its agent. Yet he did not see it looming on the horizon, and when at last it did show its face, the remarkable new features that would set it apart from a host of other revolutions initially went unnoticed.

我们随便阅读时，不会感到in contact with it有什么难懂的，一般情况下，大家也都会翻译成"和它有接触"。可是译者马上会发现一个问题。It显然指的是法国大革命，而说"腓特烈大帝和法国大革命有过接触"就非常费解，因为接触的东西必须先存在，可他在法国大革命数年前就已去世了。如果我们仅仅从语言上求帮助，效果并不好。短语in contact with非常抽象，基本上是一个图像图式隐喻，无具体内容，无丰富的细节，所以可以任意由解读者填充细节，结果解释就可能很模糊。也就是说，到底这个contact是以什么形式出现的，在这个短语中没有任何信息。我们必须求助文本外的信息。

此时对法国大革命背景知识的熟悉，显然可以帮助译者脱离这个困境。原来这位腓特烈大帝和那些有先进思想的人物有很多接触，比如伏尔泰就是其中一位。他甚至和伏尔泰通信，还邀请他到宫里小住和他讨论问题。与法国革命思想的代表人物的接触恰恰是in contact with it的具体含义。正是在这个背景下，我们可以说他也是法国革命的agent。有了这个背景知识，译者在选词的时候就不必拘泥于原文的contact，可以发挥一下，如直接说"接触了法国革命的思想"。

依靠文本外的背景知识来帮助译者更好理解原文、翻译原文，显然是很重要的。我们一般可以第一步先依靠文本内的信息，比如文本字词句中呈现的信息。在大多数情况下，我们正是这样翻译的。**文本内的信息，加上无需背景支撑的逻辑关系，基本上可以帮助译者解决大部分问题。但是有时候我们没有那么幸运，语言本身并不提供很清楚的信息，就像我们上面这句，此时文本外的资源，如背景知识、百科知识就特别重要。**

可是这个文本外资源的使用要谨慎。任何脱离文本的解释都有一定潜在的危险，因为译者个人参与的机会越多，主观性就越强，那么客观的准确性就可能受影响。

另外，有些译者不愿意在表达时把背景知识引入译文，认为那样不是译者应该做的，超出了译者的"职权范围"，那样属于解释，不是翻译。比如这里的原文就是从法文翻译过来的。英文译文的译者在这个词的翻译上就十分纠结。旧版本使用了touched一词，但是我们使用的这个版本的译者一方面觉得touched不好，但又不喜欢走得更远，不想把百科知识引进译文，认为把更多背景知识放入译文，就不是翻译而是解释了。这位译者说：A translator should translate the text, not interpret. What Tocqueville says literally is that he "touched" it. I thought "in contact with" worked better in English。当然他是基于法英翻译，英汉翻译面临的困难也许更大，在译文中添加背景知识有时也许无法避免。**不过，严肃谨慎的译者是不会任着性子胡乱添加的**。英汉翻译和法英翻译在如何划定翻译和解释之间的分界线上也许会有不同看法，但大家一致都能接受的是，他们之间必须有一个界线。

The Ancien Régime and the French Revolution (2)

▶ 原文

At first they regarded the Revolution as one of those periodic maladies to which the constitutions of all nations are liable, whose only effect is to afford new opportunities to the policy of their neighbors. If by chance they hit upon the truth about the Revolution, they did so unwittingly. To be sure, the sovereigns of the various German states, meeting in Pillnitz in 1791, proclaimed that the danger that imperiled the French monarchy was common to all the old powers of Europe and that all were just as vulnerable as France. At bottom, however, they did not believe it. Secret documents from the period reveal that they viewed such declarations as cunning pretexts with which they masked their real intentions or colored them for the sake of the crowd.

The princes and ministers themselves were convinced that the French Revolution was but a fleeting, local incident and that the only serious challenge it posed was how best to take advantage of it. To that end, they hatched plans, prepared for action, and entered into secret alliances. They vied over how to divide the prospective prey, fell out with one another, found common ground. There was virtually no contingency for which they did not prepare, except what actually happened.

From *The Ancien Régime and the French Revolution*, by Alexis de Tocqueville

✎ 批改

起先，他们认为大革命只不过是周期性的社会弊病，各国宪政难以避免[1]，其影响要说有影响，也仅仅是为邻国的调整政策开辟了新机而已。如果他们认识到大革命的真谛，那也是无心插柳罢了[2]。诚然没错，于在1791年皮尔尼茨会议上中[3]，德意志邦联各君主宣称法国君主政体所面对的威胁同样会发生在欧洲所有旧君主势力身上[4]，它们与法国同处危境之中。但心底里，他们根本就不信。那时期的密文显示，他们用这种声明作为托辞[5]，敷衍群众[6]，以掩盖他们真正的企图[7]。

王公大臣们也深自信法国大革命只不过是短暂的区域性[8]事件，它带来的唯一严峻挑战就是他们该如何对这场革命最大限度地加以利用[9]。为此，他们暗中计划，准备行动，还组建了秘密联盟。他们为未来的利益的分割而相互竞争，内讧不断，也达成共识。可以说他们几乎为应对所有意外做足了准备，然而现实却往往始料未及[10]。

The Ancien Régime and the French Revolution (2)

★ 点 评

1 liable 这个词若在法律文本中不宜漏掉，但此处为照顾行文，似可不用，就说"各国均难免"，基本到位。

2 用"无心插柳"翻译 by chance 意思不错，但是译者应该看看这样的文章是否需要用这个成语，最简单的说法就是"凑巧"。

3 其实这句还可译成"各君主在……召开的会议上宣称"，不用把时间"在……会议上"放在最前面，这样可以节省几个字。

4 all the old powers of Europe 译成"所有旧君主势力"不合适，powers 就是指国家。

5 原文 pretexts 在这里的核心词义是隐藏，更像"烟雾弹"。

6 "敷衍"的意思和 mask 不同。请查一下汉语词典。

7 colored them for the sake of the crowd 和前面的实际是同位语。这里的 colored 是用颜色迷惑人的意思，就像迷彩服的作用，被迷惑的是大众。

8 这个当然没错，但是译者在选词上似乎仍有推敲的余地。可以选择的词包括"局部""局限于某一地方的"等。

9 这个译文比较接近原文的语言。在一些完全实用的正规文本中，这样处理应该可以，因为我们不希望因为改变结构造成意义失真。但此处未必需要这样贴近原文，灵活一些应该也可以，如本句大意就是从中渔利。

10 意思完全对。只是前半句的主语是"他们"，但后半句的主语突然换成"现实"。这个当然未必不可以，只是，如果沿着前半句的语气走下来似乎更自然，如"他们准备得可谓面面俱到，唯独没有料到……"。

参考译文一

一开始，他们觉得大革命无非是周期性的动乱，没有一个国家可以幸免，要说作用，也就是为邻国提供了一次调整策略的新机遇。如果这些王公大臣们凑巧说准了大革命的真谛，那也是无意击中要害。没错，1791年德意志各国君主聚首匹尔尼茨，一起宣称，使法国陷入乱局的威胁对欧洲各国来说也同样是危机，他们和法国同样会受这类乱局的干扰。但是他们心底里并不相信这些话。那一时期的秘密文件披露，他们把此等宣言当作是烟雾弹，旨在掩盖他们的真正意图，模糊大众的视线。

王公大臣们自信，法国大革命只不过是转瞬即逝的局部事件，所构成的挑战仅是如何更好地从中渔利而已。为此，他们运筹帷幄、策划行动、秘密结盟，为分赃斗得你死我活，相互争吵，也寻求共同利益。几乎没有什么意外情况他们没想到，就是没有想到即将发生的革命。

（叶子南译）

另一个英文译文

They viewed it simply as one of those chronic diseases to which every national constitution is subject, and whose only effect is to pave the way for political enterprises on the part of neighbors. When they spoke truly about it, it was unconsciously. When the principal sovereigns of Germany proclaimed at Pilnitz, in 1791, that all the powers of Europe were menaced by the danger which threatened royalty in France, they said what was true, but at bottom they were far from thinking so. Secret dispatches of the time prove that these expressions were only intended as clever pretexts to mask their real purposes, and disguise them from the public eye.

They knew perfectly well—or thought they knew—that the French Revolution was a mere local and ephemeral accident, which might be turned to account. In this faith they formed plans, made preparations, contracted secret alliances; quarreled among themselves about the booty they saw before them; were reconciled, and again divided; were ready, in short, for every thing except that which was going to happen.

The Old Regime and the Revolution, translated by John Banner (Harper & Brothers, 1856)

短文

英汉词典和英英词典的使用

现在学习外语和翻译的学生真幸运，有那么多工具可使用，不仅有纸质的词典，更有网上的电子资源。这些宝贵的东西译者千万不能忽视，要多加利用。但是也需要注意，不要被工具书束缚住，特别是英汉词典。

英译汉时，我们有的学生太依靠英汉词典，找到一个定义对的词就往译文里放，结果往往会影响翻译质量，请看下面几句：

1. Her in-laws could be vindictive (Diana).
2. Because of this explosive progress, today's machines are millions of times more powerful

The Ancien Régime and the French Revolution (2)

than their crude ancestors.
3. There wouldn't be another Walter Crankite. The best I can do is to survive.
4. You mean did we do it? No, Jack was professional.

第一句说戴安娜王妃去世后，娘家的人对王室不满。见到vindictive一词，有的学生一查字典，最先出现的"报复的"就被选中了。但根据语境，"报复"并不是最好的选择。有人译成"不够宽容""过于计较""耿耿于怀"，字面上虽然离开了原文，实际反而更接近本意，娘家和王室的关系毕竟没有到要复仇的地步，这里英汉词典的作用并不大。第二个例子中的explosive progress翻译成"爆炸性的进步"也是同样的问题。语境告诉我们，这个explosive就是"突飞猛进"的意思。第三句是美国哥伦比亚广播公司的著名新闻节目主持人Dan Rather在谈他的前任Walter Crankite时说的，后者是美国新闻界的巨人。句中survive一词在英汉词典中常翻译成"幸存、活下来、继续存在"等，但是这几个词用在这个句子里都不合适。但英英词典中的解释性定义却能提供一些引申理解的基础，如其中一个定义是to live, exist or remain active beyond the extent of。这种解释性的定义要比"幸存"提供更多可资利用的信息。比如，我们可以用remain active作为理解的出发点，再结合背景，解释为"不可能做得和前任一样好"，而译成"能在主播的位置上干下去就万幸了"。第四句是电影《泰坦尼克号》中老年时的女主角说的。他告诉观众杰克虽然为她画了裸体画，但并没有和她发生性关系。这句中的professional如果译成"专业的"等都是败笔。此时若查一下英英词典，比如下面这个解释性的定义就会对我们有所启发：showing or using the qualities of training of a member of a profession。从这个定义出发，再加上影片中女孩子在杰克画裸体画前，象征性地给了一个铜币，这样我们就可以认为画画就是画画，而不该做与画画不相干的事，进而理解为，杰克没有干那种与画画职业不相称的事，最后将本句译成"杰克可是有分寸的"，或者"杰克可是讲职业道德的"，显然就比在英汉词典中抓一个词放进去好多了。

英译汉时其实大家都低估了英英词典的作用。不少情况下，译者最好查英英词典，先把意思弄明白。英英词典中的解释性定义不仅给你清晰的词义，而且也不像英汉词典那样限制你的想象空间。比如explosive的一个解释性定义是of or relating to a sudden and dramatic increase in amount or extent，根据这个解释，译者可以凭借上下文，自己选择合适的词，未必一定要用英汉词典中的词。

我们当然不可能不用英汉词典，**但英英词典似乎能给你更多想象的空间，让你能把语境因素考虑进去，结果译者的选择就会更符合语境需求。**大家要继续使用英汉词典，但也不要低估了英英词典能发挥的作用。

34. The Splendor of Greece (1)

▶ 原文

The century and a half that followed the defeat of Persia was one of very great splendor for the Greek civilization. True that Greece was torn by a desperate struggle for ascendancy between Athens, Sparta and other states (the Peloponnesian War 431 to 404 B.C.) and that in 338 B.C. the Macedonians became virtually masters of Greece; nevertheless during this period the thought and the creative and artistic impulse of the Greeks rose to levels that made their achievement a lamp to mankind for all the rest of history.

The head and centre of this mental activity was Athens. For over thirty years (466 to 428 B.C.) Athens was dominated by a man of great vigor and liberality of mind, Pericles, who set himself to rebuild the city from the ashes to which the Persians had reduced it. The beautiful ruins that still glorify Athens today are chiefly the remains of this great effort. And he did not simply rebuild a material Athens. He rebuilt Athens intellectually.

From *The Outline of History*, by H.G. Wells

✐ 批改

击败波斯帝国后的一个半世纪是希腊文明史上璀璨夺目的时期之一[1]。诚然希腊饱受战火纷扰，由于雅典、斯巴达和其他诸城邦之间为了争夺权势而战事不断，使结果希腊饱受战火纷扰[2]（即公元前431—前404的伯罗奔尼撒战争），然而加之[3]，马其顿人在公元前338年成为希腊的实际统治者。但尽管如此，在这段时间里，希腊人的思想、创造，以及艺术成就[4]却达到了登峰造极的地步，照亮了人类之后的历史[5]。

这场精神活动的首脑和核心[6]是雅典。公元前466—前428年之间的30多年里，雅典由一位精力充沛、脑力无边[7]的人统治，这人名叫伯里克利，他致力把这座城市从波斯人留下的废墟中重建起来。时至今日仍然让雅典引以为傲的雄伟的遗迹几乎都是那时留下的。他不仅重建了物质层面的雅典，他还重建了精神学术层面的雅典[8]。

文本定位

文本选自一本著名的历史书，但文字写得相当活泼。尽管作者对历史有观点有态度，但是毕竟是写史，史实为主，史论仍然有限，换句话说，基本还是信息类的文本，语言的活泼仅是为了传达信息。也就是说，不应该将这篇归入软文本，此处归入偏硬文本。翻译时整篇策略不应太灵活，毕竟是正规文本。但是难处理的地方，有时自由些倒是应鼓励的，特别是句型结构的调整。

The Splendor of Greece (1)

★ 点 评

1 正规文本中似可保留"之一",但这类文本里未必要表达,就是"的一个时期"也够了。

2 这部分应该基本达意,但是汉语行文不好。短短一句之内"希腊饱受战火纷扰"就用了两次。另外,句子后面的"使希腊饱受战火纷扰"似乎没有主语。"使"的主语是什么?"由于"这个分句不能作为动词"使"的主语。

3 前面的"诚然"和下面的"然而"把分句间的关系弄乱了。关键是 true that 的理解。应该看到其实 true 跟后面的两个 that 有关,两个 that 之间不能用"然而"接应,也就是说,第二个 that 前也有一个 true 的意思,也可以用"诚然"表示,但为避免重复,最好用"而且""加之"表示。如果"诚然"这个口气不重要,那么拿掉前面的"诚然"句子也通顺,只要后面有"但尽管如此"就行。

4 impulse 一词未必要翻译成"冲动"。"希腊人的思想,创造,以及艺术"这里可以更自由些,如"希腊在思想性、创造性和艺术性上的成就"或"希腊在思想领域,在创造性和艺术性方面的成就"都可考虑。

5 隐喻 lamp 最好保留原来的形象,参考译文一用"智慧的源泉"不如"灯塔"好,因为"灯塔"是指路的隐喻说法,说明希腊人的成就能为后世指点迷津,但"源泉"则是养料的隐喻说法。本译文虽然没用"灯塔",但"照亮"一词说明隐喻的基础仍是"灯塔"。请参考本书中的短文"翻译中隐喻的处理"。最后,参考译文二中的"致使以后的历史,经常把这一时期所取得的成就,看成是人类智慧的源泉",严格说来,和原文有些出入,因为原文没有"……历史把……成就看成是……源泉"这个角度,"看成"是一种观点。

6 两个词有重叠的地方,可以合并,如参考译文就译成"中心"。"首脑"意思也不对。

7 "脑力无边"是什么意思,很难说清楚。这里似乎指思想自由、开明等。

8 目前人们喜欢用"层面"这类词,其实这类词在译成汉语时常可删除,见参考译文。

参考译文一

波斯战败之后约一百五十年,是希腊文明的一大繁荣时期。诚然,由于雅典、斯巴达以及其他诸城邦为了争权夺势,互相争战(即公元前431年—前404年的伯罗奔尼撒战争),希腊曾一度四分五裂。到了公元前338年,希腊的统治权实际上为马其顿人所掌握。尽管如此,在这个时期希腊人的思想以及创造和艺术的冲动,都达到了一个相当的水平,致使以后的历史,经常把这一时期所取得的成就,看成是人类智慧的源泉。

153

这一精神活动的中心是雅典。三十多年（公元前466年到前428年）以来，雅典一直在伟大的培里克里斯的治理下。此人豁达大度、生气勃勃。正是他致力于在被波斯人焚毁的废墟上重建雅典城。至今仍有着极高声誉的富丽的雅典废墟，就是当时伟大工程的遗迹。培里克里斯不仅重建了物质世界，而且复兴了雅典的精神文明。

（选自谢冰心等译的《世界史纲》）

参考译文二

波斯战败后的一百五十年是希腊文明的一大繁荣时期。诚然，雅典、斯巴达和其他城邦为争夺霸权大动干戈（公元前431年至前404年的伯罗奔尼撒战争），使希腊四分五裂；另外公元前338年，马其顿人也成为希腊的实际统治者。尽管如此，这一时期希腊的思想、创造和艺术成就都达到了相当的水平，其成就如一盏明灯，照亮日后人类的历史。

这次文化繁荣的领导和中心是雅典。三十多年中（公元前466年至前428年），雅典一直由伯里克利治理。他充满魄力，思想开明，誓要在波斯人摧毁的废墟上重建雅典。那些至今仍让雅典引以为荣的遗迹大多是那个时期存留下来的。他不仅从物质上，更从精神上重建了雅典。

（学生作业）

短文

词性不同词义不变

翻译家奈达对词性有专门的讨论，他认为，词性不应该是译者的障碍，要突破词性的束缚，因此我们在翻译中不停地转换词性，因为词性虽不同，意思却一样，比如下面奈达的经典例子：

1. She sings beautifully.
2. the beauty of her singing
3. Her singing is beautiful.
4. her beautiful singing (Nida and Taber 1982, 48)

奈达认为，这四个表达法的语法结构虽然不同，但词之间的深层关系是一样的，所以，仅从文字的基本意思而言，这四个表达法所表达的是同一个事件。奈达的目的是要给译者一个理论依据，使他们在翻译时敢于大胆地摆脱词性的束缚，灵活地处理句子。**总体来说，他的这个判断是切中要害的，至少从英汉翻译来说，受原文词性干扰常常是译文不够理想的原因**。比如我们这个单元里的一句：

And he did not simply rebuild a material Athens. He rebuilt Athens intellectually.

我们当然可以依照原文的词性翻译成"他不单重建了一个物质的雅典，也从精神上重建了雅典"，但是rebuild a material Athens和rebuild Athens materially的意思是一样的，所以译者不一定需要照原文的词性翻译，译成"不仅物质上，而且精神上重建雅典"，或者"重建一个物质的雅典，也重建一个精神的雅典"，都是可以接受的。

尽管目前有些人批评奈达，但是奈达提出这个摆脱词性束缚的观点还是非常有价值的。在翻译实践中，我们确实需要挣脱词性的束缚，因为很多情况下，译不出来或者译文晦涩难懂，问题的症结就是没有摆脱原文的词性。

但是批评者也并非完全没有道理。**在很多情况下，改变词性并不改变语义，但是有时不同的词性，也会造成信息的偏差**。比如有些认知语言学家就举出了一些颇有说服力的例子：

1. The Boston bridge collapsed.
2. the collapse of the Boston Bridge

就语义来说，这两个表达法说的是一回事，但在认知语言学家的眼里，却有所不同。首先，第一句中的collapsed是动词，而由动作表达的事件往往更容易给人一种延续感，好像事件在你眼前展开，好像看到桥在倒下去，就像演电影一样。所以他认为这种由动词表达的事件是动态的，从观察者的角度说，此过程是序列扫描（sequential scanning）。再看第二句中的名词collapse，显然和第一句中的collapsed意义完全一样，但名词却给人一种静态的感觉，一个在时间里序列展开的事件被固定成一幅不移动的画面，这种观察可称之为概括扫描（summary scanning）。也就是说，动词更凸现事件的序列关系，呈现时间过程（temporal）；名词则强调其非时间性的一面，它不在你的大脑中促成序列演进，不呈现时间过程。再比如：

1. He suffered terribly.
2. His suffering was terrible.

第一句中的动词suffered给人动感，有时间序列，而第二句中的名词suffering则是无序列关系的，是静止的，无时间延续的。但由于是静止不动的，所以这样的图像更容易给人实体的感觉。相反，在时间中移动的事件就不能给人实体的感觉。所以根据心理语言学的观察，名词更容易给人留下印象，因为它不在你眼前一闪而过，动词则次之，其他词性也都不如名词那样容易记忆。

我们指出这点，主要的目的是希望译者提高对语言的敏感度，不要认为词性永远形同虚设。**在有些情况下，换了词性，词的语义也许没有根本的变化，但是词传递的信息却可能有些许的差异。**这种差异，在大多数情况下，译者也许不必在意，译者关注的方面很多，不可能面面俱到，有些信息的缺失或偏差，我们完全可以用"够好了"理论解释掉。但是在有些语境中，那一点点细微的差异却非常重要，不应该忽视。正是在这个意思上，我们希望对奈达的观点略作修正，但是摆脱词性束缚这个总的方向并没有错。

若想进一步了解本单元短文提到的内容，可参阅《认知隐喻与翻译实用教程》第94页（北京大学出版社）。

35 The Splendor of Greece (2)

原文

He gathered about him not only architects and sculptors but poets, dramatists, philosophers and teachers. Herodotus came to Athens to recite his history (438 B.C.). Anaxagoras came with the beginnings of a scientific description of the sun and stars. Æschylus, Sophocles and Euripides one after the other carried the Greek drama to its highest levels or beauty and nobility.

The impetus Pericles gave to the intellectual life of Athens lived on after his death, and in spite of the fact that the peace of Greece was now broken by the Peloponnesian War and a long and wasteful struggle for "ascendancy" was beginning. Indeed the darkling of the political horizon seems for a time to have quickened rather than discouraged men's minds.

Already long before the time of Pericles the peculiar freedom of Greek institutions had given great importance to skill in discussion. Decision rested neither with king nor with priest but in the assemblies of the people or of leading men. Eloquence and able argument became very desirable accomplishments therefore.

From *The Outline of History*, by H.G. Wells

批改

他的身边不仅汇集了建筑师、雕刻师，还汇集了诗人、戏剧家、哲学家和教师。希罗多德来到雅典（公元前438年）重新编纂[1]历史，阿那克萨哥拉带来了有关星和太阳的描写，开创了观星望日科学[2]，埃斯库罗斯，索福克勒斯和欧里庇得斯则先后将希腊戏剧推向了美与崇高至善至美[3]的顶峰。

即便是在去世之后，伯利克里的精神依然对希腊有着深远影响[4]，尽管希腊的和平被伯罗奔尼撒战争以及漫长无用的地位之争搅得荡然无存[5]。事实上，政治的黑暗[6]似乎并没有阻碍思想发展，反而在一段时间内曾一度加速了其进步。

早在伯利克里时代之前，希腊特权机构[7]就很重视辩论的技巧。决议不由国王或者神父祭司决定，而是由人民或者人民领袖在集会时所决定。雄辩的口才以及有说服力的论据才是制胜的关键[8]。

点评

[1] 此处就字面意思来说，就是朗诵的意思。在作者那个时代，很多人都是将写好的作品在大庭广众前高声朗读，可谓"出版""发表"的一种形式。直译成"朗诵"可以，但也可译成"发表""传播"等。

2 翻译时要注意少用字，一字千金，不能乱花。这句中"星"和"太阳"就重复了一次，无必要。原文 came with something 表示带来了东西，就是将有关星和日的研究的早期作品带到雅典。但未必要那么细节对应，说成是"来雅典继续研究星星和太阳"也差不多。不过在有些文本中，如细节特别重要的语境里，则不宜这样偏离原文。另外，如用"太阳"，则 stars 用两个音节最好，如参考译文"众星""星象"等。

3 beauty and nobility 其中没有"善"。不要为了汉语的套语改变原文的意思：美与崇高。

4 原文没有"伯利克里的精神"这个意思，说"深远影响"也可能过分。还是回归原文的基本意思为好：他给雅典的精神生活带来的推动作用一直延续到他去世后，这种长度的延续还谈不上"深远影响"。另外，intellectual life 的译法会在不同上下文中不同，有译成"知识生活"的，谷歌翻译上译成"知性生活"，但 intellectual 是一个常见词，但"知性"却是个陌生的词。鉴于本句上文有精神和物质的对应，加之本段最后一句在说人的 minds，所以可用"精神生活"。

5 这句严格说意思有出入。"尽管"后面是两件事，一是因伯罗奔尼撒战争和平被打破，二是劳民伤财的权力之争业已开始。大部分情况下，翻译不能粗略综合大意，要准确。参看参考译文二。参考译文一说"耗资巨大的战争全面展开"不够准确，因为原文是 was beginning，是刚刚开始。另外，参考译文二将"尽管"放到前面更好。

6 "政治的黑暗"有特殊含义，指腐败、无正义等，但此处不合适。有关 dark 一词的理解和翻译，详见本单元短文。

7 没有"特权"的意思。就是当时的体制或制度。

8 偏离原文了一点。原文的基本意思就是雄辩是人人都希望有的才能。eloquence and able argument 可考虑合并处理，因为属于近义词。

参考译文一

他不仅在雅典聚集了建筑师与雕刻家，而且聚集了大批诗人、剧作家、哲学家和教师。为了朗诵自己写的历史，希罗多德也在公元前438年来到雅典。此外，天文学家安纳撒哥拉斯带着对太阳与星象最早的科学描述来到这里。埃斯库罗斯、索福克罗斯和欧里庇得斯相继出现，将希腊戏剧推到美与崇高的最高境界。

培里克里斯对雅典智力生活的促进作用，一直延续到他死后，尽管此时希腊的和平遭到伯罗奔尼撒战争的破坏。一场为争夺霸权的长期的、耗资巨大的战争全面展开。在一段时间内，这种政治上的短见与黑暗不仅没有消磨掉人们的探索的精神，反而刺激了人们的热情。

> 从培里克里斯时代前很久,由于制度上特有的自由,辩论的技巧在希腊就已经是一门十分重要的学问了。某些决定的得出,既不依赖国王,亦不依赖祭司。而是取决于市民或领导阶层的集会讨论。所以雄辩和善辩成为人们梦寐以求的才能。
>
> （选自谢冰心等译的《世界史纲》）

参考译文二

> 他不止网罗建筑师和雕塑家,也招揽诗人、戏剧家、哲学家和教师。希罗多德来到雅典叙述历史（公元前438年）;阿那克萨哥拉带着关于太阳和众星的研究也来到雅典;埃斯库罗斯、索福克勒斯、欧里庇得斯先后将希腊戏剧推向美与崇高的新境界。
>
> 尽管伯罗奔尼撒之战打破了希腊的和平,一场旷日持久、劳民伤财的"霸权"争夺拉开序幕,伯里克利对雅典精神生活的推动却一直延续到他死后。实际上,一段时间内,政治地平线上的黑云不但没有影响人类的探索,反而起到促进作用。
>
> 在伯里克利时期前很长一段时间,由于希腊制度独有的自由风气,辩论技巧已受到重视。决策权既不属于当政者,也不属于祭司,而是由公民或领导阶层大会掌握。因此,高谈雄辩成为人人向往的才能。
>
> （学生作业）

短文

Dark一词的不同隐喻含义

dark这个词谁都认识,但未必都知道该怎么翻译,因为这个词在离开字面意义后词义复杂。字面意思当然很简单,比如我们说dark hair就是黑的头发,而dark night也是指字面意义的颜色,即"黑夜"。

但是dark一词却常用在其他场合,词义并不是指黑色这个颜色,比如That period was the darkest period of my life,其中的dark就不是字面意思,它的隐喻含义是sad的意思,就是说,那个时期是我一生中最悲哀的时期。虽然不是字面意思,可是与字面意思有千丝万缕的联系。黑色一般在人们的心理结构中代表低沉、郁闷、伤感等负面含义,想表达这些情绪时不用红色,所以隐喻意思并不是完全脱离字面意思随意形成的,之所以用黑色代表悲伤有其生理和认知的基础。这就与翻译有关,因为在生理层面上看,不同文化的人差异很小,所以英文用黑表示悲伤,汉语理解困难并不大,因为汉语中黑色也能激发出类似的隐喻含义。

但是dark离开字面的本意后就如脱缰的野马狂奔起来,你看我们有时说dark ages,这个当然不是字面意思的黑色,不能译成"黑色的时代"。可我们不知道这"黑色的时代"到底是什么意思，肯定不是"悲伤的时代"。其实这里的dark常指不文明、愚昧的意思，可称之为"愚昧的时代"。但是这个dark还没跑够，还在乱跑。你看这个He has a dark side to his character，肯定也不是颜色的黑，也不是悲伤，也不是愚昧的意思。原来这里的dark是建立在evil is dark这个概念隐喻的基础上的，这句话是说那个人性格中有邪恶的一面。还有He kept us in the dark这句也不是字面意思，但也不是悲伤、愚昧、邪恶的意思，在这里dark表示unknown，他把我们蒙在鼓里。你看，离开字面意思后，dark就非常活跃了，它可以表示悲伤、愚昧、邪恶、无知等等，所以译者在文中看到dark这个词时，就要查看语境，弄清楚该词的语境含义，比如本单元这句：

Indeed the darkling of the political horizon seems for a time to have quickened rather than discouraged men's minds.

从上下文中我们知道the darkling of the political horizon就是指伯罗奔尼撒战争等事件。另外，the political horizon也是隐喻，就像地平线，而地平线不是在你眼前，总是与你有一段距离。但是就算搞清楚了语境，darkling一词的意思仍然不很清晰，也许可以排除"无知"这层意思，但是"愚昧"能完全排除吗？可悲和邪恶呢？参考译文一正是感到不好处理，才保留了原来的"黑暗"，又怕漏掉信息，加了"短见"（意思与"愚昧"接近）。前面讲过，dark这个词在跨文化解读时不是障碍，因为基本颜色在不同文化间常可唤起相同的心理反应，所以一个解决办法是将darkling直译，如"国家政治前景暗淡"，或索性舍弃"政治"，译成"地平线上战争的乌云已在酝酿"，也可以完全放弃原文隐喻，译成"尽管战争已经迫近，但它并未懈怠人探索的精神，反而激发了人们的思维"。有学生说，那么可以用一个新隐喻，如"尽管战争已经山雨欲来"。但是这个不恰当，因为"山雨欲来"源自"山雨欲来风满楼"，用山雨欲来修饰战争，那战争就不是远在地平线上了，在风满楼的环境下，很难创造出那么多辉煌的业绩。另外，也必须注意文化间可能出现的一些问题，如"政治黑暗"就不合适，因为汉语的"政治黑暗"表示腐败、无正义等，此处不合适。

36 Possible Unification (1)

原文

We have brought this Outline of History up to the threshold of our own times, but we have brought it to no conclusion. It breaks off at a dramatic phase of expectation. Nobody believes that the system of settlements grouped about the Treaty of Versailles is a permanent arrangement of the world's affairs. These Treaties were the end of the war and not the establishment of a new order in the world. That new order has now to be established. In social and economic as in international affairs we are in the dawn of a great constructive effort. The story of life, which began inestimable millions of years ago, the adventure of mankind, which was already afoot half a million years ago, rises to a crisis in the immense interrogation of today. The drama becomes ourselves. It is you, it is I, and it is all that is happening to us and all that we are doing which will supply the next chapter of this continually expanding adventure of mankind.

From *The Outline of History*, by H.G Wells

批改

《世界史纲》写至今日，仍尚无结论[1]。历史在这惊心动魄[2]的时刻戛然而止，留给人无限悬念。没人认为围绕《凡尔赛条约》形成的和解体系是处理国际事务的长久安排[3]。这些条约是一战的结束，但并未建立起新世界秩序[4]。这个新秩序现在有待建立。就社会和经济的国际事务而言[5]，我们积极的努力已然看到了黎明的曙光[6]。起源于几百万年前的生命传说[7]，追溯到五十万年前的人类探索，陷入了如今激烈冲突[8]的危机之中。这出戏就是我们自己。正是你、我、发生在我们周遭的一切[9]以及我们所做的一切，将书写下一个不断延伸的人类探索的新章节[10]。

文本定位

这个单元和上个单元出自同一本书，文本定位相同，翻译策略相仿。

点评

1 本句的译文省去一些细节，如 threshold，文字就简洁了。当然 threshold 是一个隐喻，表示 starting point，不过这个隐喻已经不引人注目，也没有什么意义，所以翻译时忽略没有大影响。

2 dramatic phase 此处可以有两个解释，一个将 dramatic 解释成形容词，激动人心的意思；另一个则是当作 drama 的形容词，表示"戏剧的"。鉴于下面作者将历史比作戏剧（The drama becomes ourselves），似乎当戏剧解释更妥。但译者未必要译出"戏剧的"这个词。

3 这句意思完全对，只是觉得译者有些面面俱到，下面的译法更简洁：没有人相信《凡尔赛和约》是国际事务一劳永逸的解决方案。

4 要注意并列的句子尽量能平衡呼应，前面是"是……的结束"，后面却是"未建立起新世界秩序"。若译成"《和约》代表战争的结束，却不意味新秩序的开端"，就照顾到平衡了。

5 意思有偏差。原文是 in social and economic as in international affairs，应该有三个组成部分（在社会和经济领域，如在国际事务中一样），或至少译成"在社会、经济和国际事务中一样"。

6 此处 in the dawn 表示把建设的努力看作是一天，有黎明，有正午，有晚上。所以 dawn 表达的主要不是黎明的曙光，而是开端，说明建设刚开始，很多事情要做。这句话的认知隐喻基础是 CONSTRUCTION IS A DAY。

7 story 当然可译出，但省去也无妨，如"生命史大约始于数百万年前"。同理，adventure 也可省。

8 理解有误。the immense interrogation 表示的是质疑，rises to a crisis 则表示面临危机。见参考译文。

9 happen to us 表示发生在我们身上的事，我们经历的。

10 最后一句大意可通过，但行文很别扭。像 It is you, it is I, and it is all that is happening to us and all that we are doing 这样的结构，应该按汉语行文习惯写。见参考译文。

> **参考译文一**
>
> 我们把《简史》一直写到我们这个时代的开端，但是却没有得出结论。书在让人万分期待的阶段突然结束。没有人相信，围绕《凡尔赛和约》的一系列解决方案是世界事务的永久处理办法。这些约定是战争的结束，但不是国际新秩序的建立。在社会、经济领域和在国际事务中一样，我们正处于伟大建设努力的开端。生命史始于大约数百万年前，人类的探险在五十万年前也已开始，但今天在人们严重的质疑中显现了危机。这出戏就是我们自己，就是你，就是我，就是所有发生在我们身上的和我们正在做的，这些将成为人类不断扩张探索下一章之内容。
>
> （学生作业）

参考译文二

这本《简史》写到当代，但没有结论。《简史》戛然而止，置大家于悬念之中。没有人相信《凡尔赛和约》是国际事务一劳永逸的解决方案。《和约》代表战争的结束，却不意味新序的开端，而新秩序正有待创建。在社会和经济领域，如在国际事务中一样，人类正面临百废待兴的局面。生命史大约始于数百万年前，人类的历史在五十万年前也已开始，但是今天却备受质疑、陷于危机。这出剧的主角就是我们自己，就是我们的经历，我们的作为，正是这些将构成人类不懈探险的新篇章。

（叶子南译）

参考译文三

吾人叙述此《史纲》以迄于吾人之目前，然未尝达其结局。正如演剧未终而忽然闭幕，使观者咸在盼望之中。无人敢信凡尔赛和约为世界事务之永久处治。盖此等条约不过大战结局，而非世界新制度的发端。而此新制度至今有不能不建设之势。吾人在社会事务、经济事务及国际事务上方见努力建设之曙光。肇基于千万年前之生物史，发轫于五十万年以前之人类事业，至今乃萃于一大疑问中。幕中人即我辈自身耳。尔与我与吾曹之所遭际，吾曹之一切行为，即构成继续发展之人类事业史中下一章之资料也。

（梁思成主持翻译的《世界史纲》）

短文

翻译时不宜过度关注细节

本单元选自一本历史书，主要是传达历史知识，不过语言很流畅。译者的责任仍然是以传达内容为主，语言的表达特征应该是锦上添花的意外收获。正因此，译者在处理一些细节时就有必要见细不查，对于一些无关紧要的细节，译者完全可以放弃不译，面面俱到反而会使译文疙疙瘩瘩。

比如threshold of our own times未必要译成"我们时代的开端"，而system of settlements grouped about the Treaty of Versailles is a permanent arrangement of the world's affairs中的system, grouped, arrangement未必都要翻译出来，译成"《凡尔赛和约》的一系列解决方案是世界事务的永久处理办法"，译成"《凡尔赛和约》并非国际事务一劳永逸的解决方案"，大意基本到位。像It is you, it is I, and it is all that is happening to us and all that we are doing这样的句子，翻译成"是你，是我，是所有发生在我们身上的和我们正在做的"当然很准确，但是毕竟不符合汉语的表达习惯，而翻译成"这出剧的主角就是我们自己，就是我们的经历，我们的作为"，则更像汉语的行文，至于将you和I合并起来，用"我们"代替，应该并不影响大意。所以一个好的译者会放弃一些无足轻重的词，把这些词删除、模糊、综合掉，有利于译文流畅。

那么什么时候可以这么做，什么时候不能呢？关键是词的价值。**在任何文本中，译者都不会把每个词都翻译出来，总会有些词不便保留。但是删除、模糊、综合掉的词不能影响意思的准确。**这就提出一个准确到什么程度的问题，于是就不得不触及更大的议题，如翻译的目的。供律师作证用的文件和供普通人阅读参考的文章在准确性的要求上是不一样的，因为译文错误的后果不同。当然人们会说，不管什么情况，翻译都需要准确无误，但实际情况是，我们日常生活中并不是用同样的精力来处理所有事物的。休闲时的语言并不紧绷得让人喘不过气来，但一份价值百万的合同文本自然会让你投入更多的精力。

37 Possible Unification (2)

原文

Our history has traced a steady growth of the social and political units into which men have combined. In the brief period of ten thousand years these units have grown from the small family tribe of the early Neolithic culture to the vast united realms—vast yet still too small and partial—of the present time. And this change in size of the state—a change manifestly incomplete—has been accompanied by profound changes in its nature. Compulsion and servitude have given way to ideas of associated freedom, and the sovereignty that was once concentrated in an autocratic king and god, has been widely diffused throughout the community. Until the Roman republic extended itself to all Italy, there had been no free community larger than a city state; all great communities were communities of obedience under a monarch. The great united republic of the United States would have been impossible before the printing press and the railway. The telegraph and telephone, the airplane, the continual progress of land and sea transit, are now insisting upon a still larger political organization.

From *The Outline of History*, by H.G Wells

批改

我们的历史见证了结合人类的社会和政治单位不断稳步增长[1]。在短短的一万年间，这些单位就从早期新石器文化的小家庭部落扩大成现在的大联合王国[2]，面积这些国家虽很大，但仍太小、太局限。国家大小的改变虽然还不彻底，但已使其本质产生深刻变化。强迫和奴役已被联合的[3]自由所取代；之前掌握在专制君王和上帝[4]手中的主统治权[5]已经广泛地分散布[6]到社会当中。罗马共和国扩疆到整个意大利之前，世上还没有比城邦更大的自由群落[7]；所有的大群落[8]都臣服于一个君王权。要是没有印刷机和铁路，美利坚合众国也不会诞生无从谈起。电报电话、飞机、陆上和海上交通的不断进步都呼唤着形成一个更大的政治组织[9]。

点评

1 这句话到底什么意思？其实下面的句子已经告诉你这句的意思，就是社会或政治的单位逐渐变大，可以说 combined 的结果就是 growth，就是人类聚合，形成更大的社会单位。不能把 growth 看成是社会单位数目的增长，而是单位本身的成长，即扩大。注意区分 growth 和 development。growth 核心词义是 increase 的意思，包括任何方面的增加，如数量、大小、重量、体积等的增加。develop 也有增加的意思，但是也常指 bring something into being，如 develop a system，这个意思 growth 不能表达。

2 为了对称，可以简洁地译成"小部落""大国家"，丢失的语义极细微，可不计较。若将 vast united realms 译成"庞大统一体"，那么前面的可长一点，如"家庭小部落"。realms 不应理解为"王国"，因为在当时这些国家并非都是王国，如美国就不是。另外，"联合王国"一说应避免使用，以免歧义，因为联合王国也可能指英国。

3 此处的 associated 意思比较模糊，但可解释为和本句内容相关的"自由"，即脱离了强迫和奴役的自由，因此翻译时可以省去不翻译。

4 注意是小写的 god，所以不是上帝，而是一般的"神"。

5 这个词一般翻译成主权，但此处是指统治权。当主权用时，语境和外国有关，当统治权用时，就没有外部因素参与，比如我们强调主权时，总是想到外国侵略别国主权等。

6 权力散布在社会中？这个汉语搭配不好。"权力得以广泛分享"更通顺。

7 文字上虽然是 community，但就是指政治实体，就是前面说的社会和政治单位。可译成"社会单位"等。

8 若上面译成"社会单位"，那么为和上面的保持一致，这里可译成"大的社会单位"。

9 本段讲的是一个主题，即社会单位的扩大，原文中的 political units, great communities 和本句中的 political organization，虽然表面文字不同，但所指内容一样，所以翻译时可灵活处理，选词可根据情况而定。

参考译文一

我们这本简史跟踪了社会和政治单位因人类联合而引发的稳步扩大。在一万年的短暂时间内，这些单位从早期新石器文化的家庭部落，发展到今天的庞大国家（虽然很大，但仍然太小太局部）。这个国家大小的变化（显然仍很不够）已经和国家性质变化一同出现。强迫和奴役已经让位给了相关自由的思想，而过去曾一度集中于独裁的国王和神手里的统治权已经在社会单位内分散。在罗马共和国扩张到全意大利之前，根本没有大于城邦的自由群体单位。所有大的社会群体都是顺从于君王的团体。在印刷出版术和铁路问世之前，美利坚合众国不可能存在。电报、电话、飞机、海陆交通工具的继续进步正迫使更大的政治组织出现。

（学生作业）

参考译文二

我们的历史记录了因人类聚合而使社会和政治单位逐步变大的过程。在短短一万年的历史中,这些单位从早期新石器时代的家庭小部落,发展到现代的庞大统一体(大虽大,但仍然太小太局部)。这种国家大小的变化,显然仍不彻底,但已经引发了其性质的深刻变化。强迫和奴役已让位给了自由的思想,统治权曾集中在独裁的王和神的手里,现在已经在社会间广泛分享。在罗马共和国扩张到意大利全境前,还没有大于城邦的自由社会单位。所有大的社会单位都要听命于君王。在印刷出版技术和铁路问世前,美利坚合众国是不可能诞生的。电报、电话、飞机、陆上和海上交通的不断进步,正在呼唤更大政治组织的出现。

(叶子南译)

参考译文三

吾人曾将人类联合以成社会及政治单位之发展情形加以叙述矣。在区区万年中,由初期新石器文化之小家庭发达而为现今联合之邦国——唯其范围虽广,犹嫌其狭小而不完全。此种国家大小之变迁,显然为一种尚未完满之变迁——实有性质上甚深之变化与之相伴。强迫役使之风,已为联合而共享自由之观念所代替,昔日集中于专制君主或神王之大权,已播散于共同生活之全体。当罗马共和国未扩张至意大利半岛之日,所谓自由团体者,其大仅至城邦为止,而所有大团体皆系屈服于专制君主下之团体。世无印字机与铁路,则大联邦共和国如北美合众国者将无存在之可能。电报电话飞机及水陆交通至今进步不已,又非日趋更大之政治组织不可矣。

(梁思成主持翻译的《世界史纲》)

短文

我的译文我做主

这个题目本来算不上题目,既然是我写的东西,当然要我自己做主了。但是与大多数舞文弄墨的人不同,译者不是作家,自己做主不那么容易,因为背后还有个"主子",即原文的作者。因此,译者总是在原文、译文和自己之间徘徊、纠结、挣扎。翻译有些文本时,译者会不情愿地放弃不少"自我",如硬文本(合同条文等)。翻译另一些文本时,译者却能比较大胆地无视原文的行文特征,把"主子"抛在一旁,如一般宣传广告类的文本。但是大多数情况下,译者总是处于纠结、挣扎的状态,左也不好,右也不是。不过除掉特殊的例子,我们认为，译者还应该奉行"我的译文我做主"的原则，在翻译中尽量排除"主子"的干扰，译得像中文，有时甚至译得有译者自己的特色。让我们看下面的一段译文：

> In elective monarchies, the vacancy of the throne is a moment big with danger and mischief. The Rome emperors, desirous to spare the legions that interval of suspense, and the temptation of an irregular choice, invested their designed successor with so large a share of present power as should enable him, after their decease, to assume the remainder without suffering the empire to perceive the change of masters.
>
> 选举君主政体中，君主宝座空缺之时充满了危险和伤害。罗马皇帝们不想让军队经历无主时期，也不希望军队受到不正常选择的诱惑，所以在位时，就给他们的预定继承人以相当一部分权力，使继承人在他们去世后可以继承权力稳住大局，避免整个帝国经历重大易主变迁。

这个译文没有大问题，句子也基本通顺，但是原文的痕迹仍然不少，换句话说，原作者还是牵制着译者。甩掉"主子"干扰的译者就能更多地显出自己的特色：

> 实行选举的君主国中，帝位一旦出缺就危机四伏，祸患滋生。历任罗马皇帝为使军队不至于在大局未定之际遭受诱惑而选择不当，生前即授予预定继位者以很大实权，务求自己去世后新君能在国人不知不觉中取得全权，为天下主。

这个译文的译者就做了自己译文的主，把文章拿过来，基本按照中文的习惯行文。在实际翻译中，我们在很多场合都没有自己去"做主"。看下面这句：

> When he might well have acted with boldness, he found himself filled with doubts, scruples and equivocations, in addition to the ordinary fears of a lover.
> • 当他可以大胆行动的时候，他发现自己除了一个情人所具有的那种普通的害怕之外，心里充满疑惑、顾虑和踌躇。
> • 等到他不妨放胆去追求的时候，他觉得迟疑不定，顾虑重重。至于一般堕入情网的人那种常常有的提心吊胆的心理，那就是更难免了。

第一个例子中译者在"主子"面前唯命是从，第二个例子就是译者自己做主的典范。**但是做主尽管做主，却不应该"造反"。不能觉得反正意思对了，我喜欢怎么译就怎么译，译者仍然要力避天马行空。我们不主张在文化上彻底归化成"国货"的做法，不赞同译文穿长袍马褂的做法。**偶尔也在网上看到一些彻底归化的译文，什么把美国总统的讲话翻译成古文。为了逗趣搞笑，玩一下当然可以，但是这种译文都不能在正式场合使用，毕竟我们日常使用的是现代汉语。

38 The West: Unique, Not Universal

▶ 原文

Promoting the coherence of the West means both preserving Western culture within the West and defining the limits of the West. The former requires, among other things, controlling immigration from non-Western societies, as every major European country has done and as the United States is beginning to do, and ensuring the assimilation into Western culture of the immigrants who are admitted. It also means recognizing that in the post-Cold War world, NATO is the security organization of Western civilization and that its primary purpose is to defend and preserve that civilization. Hence states that are Western in their history, religion, and culture should, if they desire, be able to join NATO. Practically speaking, NATO membership would be open to the Visegrad states, the Baltic states, Slovenia, and Croatia, but not countries that have historically been primarily Muslim or Orthodox. While recent debate has focused entirely on the expansion rather than the contraction of NATO, it is also necessary to recognize that as NATO's mission changes, Turkish and Greek ties to NATO will weaken and their membership could either come to an end or become meaningless. Withdrawal from NATO is the declared goal of the Welfare Party in Turkey, and Greece is becoming as much as an ally of Russia as it is a member of NATO.

The West went through a European phase of development and expansion that lasted several centuries and an American phase that has dominated this century. If

✎ 批改

增强西方的 ~~统一性~~ 凝聚力[1] 意味着 ~~在西方内保存~~ 护西方文化并界定西方的范围 ~~局限性~~。达到第一点的一个必要措施[2] 就是控制来自非西方社会的移民[3]。现在所有主要欧洲国家都已经这样做，美国也正开始行动。~~而且，此外~~[4]，还要确保成功移民者融入西方文化。~~它增强西方的凝聚力~~[5] 还要求我们有以下认识[6]，在"冷战"后的世界 ~~里~~ 上，北约是西方文明的安全保卫组织，其主要目标是捍卫及传承[7] 这一文明。因此凡是历史、宗教及文化上属于西方的国家，若愿意加入北约，都应受到欢迎。~~实际~~ 具体来说，北约的大门应对维塞格拉德诸国、波罗的海国家、斯洛文尼亚和克罗地亚敞开，但 ~~不应接受~~ 不能向[8] 历史上主要是伊斯兰教或东正教的国家 开放。虽然近来讨论的重心是 ~~在~~ 北约的扩张而非收缩 问题 ~~上~~，但 ~~我们也必须认识到~~，因为[9] 随着北约使命的 ~~发生了~~ 变化[9]，所以 土耳其和希腊与北约的关系将会疏远，其成员国身份要么会终结，要么会失去实际意义。土耳其福利党公开的目标就是要该国退出北约，而希腊 ~~正变成俄国的~~ 虽是北约的 ~~盟~~ 成员国，但也和俄罗斯关系紧密。~~同时又是北约的盟国~~[10]。

西方经历了长达几个世纪的欧洲阶段，这段时间里有了极大

North America and Europe renew their moral life, build on their cultural commonality, and develop closer forms of economic and political integration to supplement their security collaboration in NATO, they could generate a third Euroamerican phase of Western affluence and political influence. Meaningful political integration would in some measure counter the relative decline in the West's share of the world's people, economic product, and military capabilities and revive the West's power in the eyes of the leaders of other civilizations.

From "The West Unique, Not Universal"
by Samuel Huntington, Foreign Affairs

的发展与扩张11，后来就是而由本世纪的美国阶段。主宰的本世纪12。北美和欧洲若能重塑道德生活、建立增强文化共性13，并在北约安全合作的基础上14实现更紧密的经济政治融合15，那么就可以开创第三个西方阶段，即欧美阶段16，延续西方的经济富足和政治强大的局面影响。意义深远的政治融合可以在某种程度上弥补抵消西方在占全球人口、经济总量和军事能力比重下降所带来造成的影响，并在世界上恢复西方的影响力17。

文本定位 本单元选自哈佛大学著名教授亨廷顿的一篇文章，是不折不扣的学术文体，语域比较高，说理严密，归入偏硬文本较合适。翻译策略应该是在准确的前提下求得语言通顺，原文逻辑思维不宜轻易破坏，但是长句的处理还是要照顾到汉语行文的特征。

★ 点评

1 coherence 的意思是 the feeling that you have the same beliefs or purpose as other people in a group，译成"统一性""一致性"意思虽然不错，但不如"凝聚力"好，甚至可以译成"团结"。另外，要注意搭配：增强凝聚力，加强团结，但"提高凝聚力"就不好。

2 没有直接译 among other things，但"一个必要措施"说明还有其他措施，起到类似 among other things 的作用。这个词组基本是"口头禅"，分量不大，有时可忽略。

3 为免歧义，可写"移民潮"或"移民人数"等，因为控制移民会有控制他们行动等的意思，而原文是不要让太多移民进来的意思。

4 前面句号断开后，这句就和前面的主语断开。为尽量减轻和前面的断裂感，增强前后连贯，不要用"而且"。"此外"更有前后连贯感。

5 这个 it 指前面的 promoting the coherence。英语可以用代词，但汉语不宜用，因为汉语的"它"指代不明确，况且英语中的 it 并不都可以翻译成"它"，有时重复名词更好。当然受英文影响，这类迁就英文的代词常用在汉语里，其实不很合适。

6 前面无"要求"，这里何来"还要求"。前面文章开头第一句是"意味着"，所以这里就应是"还意味着"，才符合逻辑。"还要求我们有以下认识"可改成"还意味着要认识到"。

7 defend 的目的是针对外部的威胁，所以是"保卫""捍卫"的意思，但 preserve 是保存下来，不让它消失，如不能让西方基督教文化淡化，就属于保存。如用原词，应该是"保存""保全"，但大意和"传承"相近。

8 前面的主语是"北约的大门"，不能说"大门不应接受"。

9 as NATO's mission changes 中动词不是完成时态，是一般现在时态。另外，as 这里不表示原因，整句不是"因为……所以"的关系，as 表示"随着"的意思。

10 希腊并没有和俄罗斯有正式的签约同盟关系，原文仅是说希腊和俄罗斯关系紧密到和与北约的关系一样。

11 这个译法的问题是忽视了整段的连贯。详见本单元短文。

12 这句中的 dominated 和美国主宰没有关系。说 20 世纪由美国主宰并没错，符合事实，但不是这句话的意思。这句话是说，美国阶段占据本世纪的大部分时间，注意是 phase dominated century，主语不是美国，主语是阶段。更确切的译法是"占据本世纪大部分时间的美国阶段"。仅仅说"本世纪的美国阶段"意思略有缺失。

13 应区别 build something 和 build on something。在本文中文化共同性不是被建立的对象，而是 build 的基础，是以文化共同性为基础，继续加强它，build 的东西不是下面的 political integration。这样的结构常可见到，如 build on success（再接再厉）。

14 to supplement 是补充后者之不足，即政经补充军事之不足。原文翻译虽然不错，但最好回归"补充……的不足"这个原文的基本意思。"是……的基础"和"补充……的不足"仍有差异。

15 "实现……融合"可以接受。虽然原文其实是说 develop closer forms，就是创建更紧密的经济整合形式，但这里没有必要贴近原文，因为创建形式的目的也就是为了经济融合，在这类文本中这点差异应该可以接受。integration 目前更常译成"一体化"。

16 此处原文有一个逻辑的问题，因为根本没有第一个和第二个"欧美阶段"，怎么会有第三个"欧美阶段"。所以译者可以改成"第三个欧洲阶段"，并加上"即欧美阶段"。

17 从最基本的意思来说，"在世界上恢复西方的影响力"并不错，应该说是一个可以被接受的 paraphrase。但是其中不少细节没有了，如 the eyes of the leaders of other civilizations 这个就没有了。较为严肃的翻译是不应该忽视这些细节的，见参考译文。

参考译文

　　增强西方的凝聚力意味着既要在西方保存西方文化，又要界定西方的范围。实现前者要做的事包括控制从非西方社会来的移民人数，这一点每一个主要的欧洲国家已经做了，美国也已开始着手去做；此外，还要确保被接纳的移民融入西方文化。增强西方的凝聚力还意味着要认识到，在后冷战的世界里，北约是西方文明的安全组织，其首要目的是捍卫和保护这个文明。因此，在历史、宗教和文化上属于西方的国家，如果它们愿意，就应该可以加入北约。具体地说，北约成员国的资格可以授予维舍格勒四国、波罗的海国家、斯洛文尼亚和克罗地亚，但不应给予那些历史上主要属于伊斯兰或东正教的国家。虽然近来的讨论都集中于北约的扩大而非缩小，但是也有必要认识到，随着北约使命的转变，土耳其和希腊与北约的关系将会变弱，它们的成员资格要么会终止，要么会变得毫无意义。退出北约是土耳其福利党宣布的目标，而希腊虽然是北约成员国，但也和俄罗斯关系很紧密。

　　西方经历了持续数世纪，以发展和扩张为特征的欧洲阶段和占据本世纪大部分时间的美国阶段。如果北美和欧洲重振道德生活，增强文化共同性，创建经济和政治整合的更紧密形式，以补北约安全合作之不足，那么就能创建出经济富庶、政治强大的第三个西方阶段，即欧美阶段。有意义的政治整合可以在某种程度上抵消西方在世界人口、经济产量和军事能力方面相对的下降，并在其他文明领袖们的眼中重振西方的力量。

（叶子南译）

短文

翻译中的连贯问题

　　"连贯"虽然是一个学术议题，但说得通俗点，普通老百姓也懂。讲话行文时你得前言搭得上后语，这就是连贯。我们说话时都会注意连贯，都会注意前后间的衔接。不衔接的话，别人就会说你，讲话不连贯。虽然学术上会对连贯有一些更具体的区分，但大体上就是这么个意思。

　　连贯问题对译者尤为突出，不少人翻译失败的原因并不是某个词组，或某个从句或句子没有译好，而是各个语言单位间缺乏连贯。有些学生单句翻译得相当精彩，但是句子间各部分的衔接不好，结果前言不搭后语，比如下面这段：

The West went through a European phase of development and expansion that lasted several centuries and an American phase that has dominated this century. If North America and Europe renew their moral life, build on their cultural commonality, and develop closer forms of economic and political integration to supplement their security collaboration in NATO, they could generate a third Euroamerican phase of Western affluence and political influence.

西方先是经历了长达几个世纪的以欧洲为主导的发展与扩张。到了本世纪,发展中心则转为以美国为主。但北美和欧洲若能重拾他们的道德理念,倚重共通的文化,并发展更紧密的经济政治一体化形式,来补充北约的安全合作,那就是时候进入第三个发展阶段。这一时期的发展应以欧美共同为主导,积累财富,扩大政治影响。

大致看一下的话,译文语义基本不错,但是我们读起来觉得不顺,比如译者开句时先用了"经历了……的发展与扩张",但是接下来马上改变了述说角度,成了"发展中心……以美国为主",然后又觉得应该添加一个转折,用了一个"但是"(原文没有这层关系),但接下来又突然想起来这段主要是在讲阶段,于是就用了"第三阶段"。译者的思路非常混乱,所以表达就缺乏连贯,而原文是十分连贯的,基本结构是"欧洲阶段、美国阶段、欧美阶段"。下面的译文就反映了这种连贯:

西方经历了持续数世纪,以发展和扩张为特征的欧洲阶段和占据本世纪大部分时间的美国阶段。如果北美和欧洲重振道德生活,倚重文化共同性,创建经济和政治整合的更紧密之形式,以补北约安全合作之不足,那么就能创建出经济富庶、政治强大的第三个西方阶段,即欧美阶段。

也许有人会说,我们为什么要按照原文的连贯特征翻译呢?难道我们就不能照汉语的思路展开句子吗?回答这个问题应该比较谨慎,但基本倾向是,不建议把违背原文连贯特征的译法当作主要策略。照搬原文的连贯特征不见得就会使译文难以接受。当然也不排除改变句型的可能,如:

And whether it is a farmer arriving from Italy to set up a small grocery store in a slum, or a young girl arriving from a small town in Mississippi to escape the indignity of being observed by her neighbors, or a boy arriving from the Corn Belt with a manuscript in his suitcase and a pain in his heart, it makes no difference...

不管是一个从意大利来的农夫,他在纽约的贫民窟里开一个小杂货店,还是一个从密西西比小镇出来的女孩,她来是为了逃避邻里的关注,或是一个走出玉米带,怀揣着带着手稿的行李箱和一颗受伤的心的男孩,都没有什么两样……

这里原文的连贯（不管……还是……或是）被连接词之间的句子（如"他来在纽约的贫民窟里开一个小杂货店"）切断了。按照原文连贯特征翻译的话，可译成：

  无论是从意大利来到贫民窟开小杂货店的农夫，还是从密西西比州某小镇跑出来躲避邻居关注的年轻姑娘，还是从玉米地带满怀酸楚地拎着手稿跑来的小伙子，情况都没有什么两样……

这样译，连贯的问题是解决了，但是连接词之间的文字太长。为避免这点，改变原文的连贯结构并非不可以，如：

  也许是个来自意大利的农民，到贫民区开间小杂货店；也许是个来自密西西比小镇的姑娘，来此是为了逃避邻居的关注；也许是个来自玉米种植带的小伙子，行李中藏着手稿，心中带着伤痛；但他们都没有分别……

简言之，译文必须连贯，而且应尽量保持原文的连贯特征。万不得已，放弃原文的连贯特征，自创新的连贯思路也并非不可，但这样做不应是首选。

Crop Evolution and Human Civilization (1)

▶ 原文

Agriculture evolved independently in many places on this earth, but the earliest evidence of farming dates 10,000 years ago in present day Iraq. For much of the 200,000 or so years prior to agriculture, humans lived as nomadic hunters, gatherers, and scavengers surviving solely on wild plants and animals. Subsequent domestication of these wild plants and animals from their natural habitats launched agriculture, thus radically transforming human societies. This occurred initially in the Fertile Crescent, the Andean region in South America, Mexico, and parts of Asia, but diffused throughout much of the globe. A change from the nomadic lifestyle to farming led us to become community dwellers, eventually spawning the development of languages, literature, science, and technology as people were freed from the continuous daily task of finding food. Some regions caught on much faster than others, by margins of thousands of years.

From *The Genetically Modified Crop Debate in the Context of Agricultural Evolution*, by Channapatna S. Prakash

✍ 批改

虽然农业发展是在地球上许多地方独立进行的[1]，但~~证据显示农耕~~最早的农耕证据[2]出现在今天的伊拉克，距今1万年。在农业出现前的约20万年间[3]，人类以游牧、狩猎、采集为生[4]，完全依赖野生动植物存活。后来人类开始从自然栖息地驯化这些野生动植物[5]，自此便出现了农业~~出现~~，彻底改变了人类社会。这种改变[6]开始于新月沃地、南美洲安第斯地区、墨西哥以及亚洲部分地区，之后传播到全球大部分地区。从游牧到农耕的这种改变让我们成为了社会群体[7]，使得人类从日复一日寻找食物的任务中解脱出来，并[8]最终促成了语言、文学、科学和技术的发展[9]。一些地区发展迅速，甚至比其他地区快上几千年。

文本定位：本段文字选自一本农业植物方面的杂志。由于这是参与辩论的文本，所以文字不会像完全是植物科学那样死板，但是由于主题是农业科学，文笔也不会太活泼，把它归入偏硬文本比较恰当。翻译策略仍然是以准确为主，兼顾文字流畅，但不必过度修饰文字。

点评

1 本句有人任意安排句子，将"在地球上许多地方"放到句子前端主语的前面，这样不妥。此处将 independently 翻译成"独立"当然没错，但是"独立进行的"有可能让人感到是由人类在主动推动，但原文是客观地描写农业在演变进化。尽管所有这些都是人在推动，但行文角度不同，译者有必要想到这一层。另外，"独立"进行当然不错，但用正说反译似乎更好，如参考译文"农业的演化在多处发生，互不关联"。最后，Agriculture evolved 译成"发展"当然可以，但若译成"演化"，就和原文词义更接近了。

2 这里将 the earliest evidence of farming 翻译成"最早农耕的证据"当然无可厚非，但是有的译者翻译成"最早的农耕遗迹"也不错，因为这个证据就是考古探索中发现的真凭实据，都是可触可摸的实物。

3 原文的 for much of the 200,000 or so years 这里翻译成"在农业出现前约 20 万年间"应该可以。有的译者对这里的细节过于认真，觉得有 or so，又有 much，所以翻译时百般努力，希望靠近原文。其实数字的翻译要看数字是虚还是实。在一个数字准确举足轻重的文本里出现 87 这个数字，当然不能翻译成 86，准确性非常重要。但有些数字不是那么实，而是比较虚，如上面由数字表达的时间概念，本身就是一个非常巨大的数字，说实话，原作者也只是大致估量，所以翻译成"约 20 万年间"就可以了。 当然参考译文二翻译成"大约近二十万年"似乎可以反映 much，当然不错，但未必需要花费过多精力在这么个小词上面。

4 这里原文的 nomadic hunters, gatherers, and scavengers 用词性转换法都变成了动词（游牧、狩猎、采集），不够准确；有的学生不转换词性，译成"人类大多是游牧猎人、采集者、拾荒者"，也不够准确。关键是 nomadic 这个词应该修饰后面三个名词，译成"游牧猎人"就把 nomadic 和后面的 gatherers, and scavengers 的修饰关系割断了。nomadic 不仅可以修饰 hunters，也可以说 nomadic gatherers, nomadic fishermen, nomadic scavengers，网上都可查到。本语境中的这个词和 dwellers 相对应，后者是定居一处的人，所以 nomadic 也可译成"居无定所的"。

5 有的学生一眼就看出了 from their natural habitats 中 from 的意思，认为这里面有一个动作，即从一地到另外一地，就是说，这些驯化的动植物原来都在野生地带，人类把他们拿过来，在自己的附近进行驯化。这样理解 from 是正确的。但是从翻译的角度看，这个细节未必需要用非常精准的文字反映出来，比方有人译成"把野生的动植物从自然的环境中带出来到自己的地方驯化"，尽管表达的意思不错，却有些累赘，未必需要这样面面俱到，可放弃些无伤大雅的细节，如"把野生环境中的动植物驯化"，from 的含义没有明显表现出来也并无大碍。

Crop Evolution and Human Civilization (1)

6 this occurred initially 中的 this 指什么？应该是指前面的事，就是驯化动植物，农业诞生，改变人类。有人用"这""农业""这一变化"应该都不错，因为就是指这些事件。用"这"也还清楚。要注意的是，一般 it 指前面出现过的一个第三人称的单数名词，但 this 就不那么明确了。

7 "让我们成了社会群体"似不如"使我们成为群居者"。community dwellers 中的 dwellers 强调住在一个地方，这个意思正和前面的 nomadic 遥相呼应，而"社会群体"却没有强调"居住"。其实很多 nomadic people 也构成社会群体，但他们不定居。此处"居"似乎是关键。

8 此处"使得人类从日复一日寻找食物的任务中解脱出来，并最终促成了语言……"似无并列关系，"解脱出来"是前提，然后才能"促成了语言……"。其实删除"并"字，仅保留"终于"就可以了。一定要用一个连接词，也最好不用"并"。

9 将 eventually spawning the development of languages, literature, science, and technology 翻译成"最终促成了语言、文学、科学和技术的发展"比较模糊。到底是语言文学和科学技术发展了，还是这些出现了。详见本单元短文。

参考译文

地球上，农业的演化在多处发生，互不关联，但是农耕的最早证据可追溯到一万年前当今的伊拉克地区。在农业诞生前大约近二十万年的时间里，人类居无定所，他们打猎、采集、拾荒，仅靠野生动植物为食。接下来，人把源自野生环境中的动植物驯化，于是便有了农业，根本地改变了人类社会。最早开始出现这种改变的地区是两河流域的"新月沃地"、南美的安第斯地区、墨西哥、亚洲部分地区，随后扩散到地球上许多地区。从居无定所的生活方式转变为农耕，人类于是开始群居，最终使语言文学、科学技术得以发展，这是因为人们从每日觅食的劳作中解脱出来了。这种转变在各地出现的先后不一，差距可达数千年。

（叶子南译）

短文

Develop一词的翻译

汉语的"发展"和英语的develop似乎已经紧紧地绑在一起，所以若见到这个英文词不分青红皂白都译成"发展"，你至少能蒙对不少（可能大多数都能蒙准）。**但develop这个词在有些场合翻译成"发展"并不合适。**确实develop可以指一个已存在的事物从较低阶段向更高阶段发展，如economic development，但有时这个词指某事从无到有，比如：

• To come or bring into existence; generate or be generated ⇒ *He developed a new faith in God.* (He didn't have a new faith, but now he has a new faith.)

• To start to happen or exist ⇒ *Large cracks began to develop in the wall.* (There were no cracks, but now there are cracks.)

• To invent something or bring something into existence ⇒ *The company is spending $650 million on developing new products.* (There were no products, but now there are products.)

在上面所有的例子中，用"发展"翻译develop都不到位，应该翻译成"有了新的信仰""出现了裂痕""开发新产品"等。特别是目前商业语境中，不少人频繁使用"发展"，仔细一看，不少地方本该用"开发"。其实develop一词和不同的词搭配，翻译起来必需想一想，不能见了这个词就用"发展"。比如If you develop pneumonia，你总不能翻译成"如果你发展了肺炎"吧？应该说"如果你患了肺炎"。

那么本文中(farming) eventually spawning the development of languages, literature, science, and technology这句怎么理解呢？应该说在没有上下文的情况下spawn the development of something一般指develop something out of nothing，就是produce something 的意思，大部分英语是母语的人会这么理解。所以本句就是说，原来就没有语言文学、科学技术，但是农耕群居这种生活方式促成了这些的出现。但问题来了，说文学、科学、技术在农耕前没有还勉强能解释，但语言不至于没有吧？原始人也得交流。所以这里有两个解释，一个是解释成农耕使语言文学、科学技术诞生，这样解释的话，这几个事物的初级阶段就不能代表事物的存在。另一个是解释成使语言文学、科学技术从低级阶段向高级阶段发展，就是越来越成熟。仅仅从语言上看，前一个解释合理，但从常识看，后一个正确。这个可以从原作者对这句的解释得到证实。他说他自己目前已经不同意自己原来的说法，因为语言毕竟在农耕之前早就存在了。若将spawn the development of something解释成从无到有，那么可以翻译成"促成……的产生""……因……而诞生""孕育出……"，但是若理解成从一个阶段向另一个阶段发展，则可以翻译成"使……得以发展"。

总而言之，译者要警惕，develop这个词在很多情况下，不翻译成"发展"，要区别开来。

Crop Evolution and Human Civilization (2)

▶ 原文

Plants have also evolved or, more accurately, they have been changed rapidly by human intervention. Every crop plant grown today is related to a wild species occurring naturally in its center of origin, and progenitors of many of our crops are still found in the wild. Early humans must have tried eating thousands of feral plant species from a pool of a quarter of a million flowering plants before settling down on less than one thousand such species, which were subsequently tamed and adapted to farming. A little over 100 crop species are now grown intensively around the world, with only a handful of them supplying us with most of what we now eat. Through a process of gradual selection, our ancestors chose a very tiny section of the wild plant community and transformed it into cultivated crops. Some profound alterations in the plant phenotype occurred during such selection, and these include determinate growth habit; elimination of grain shattering; synchronous ripening; shorter maturity; reduction of bitterness and harmful toxins; reduced seed dispersal, sprouting and dormancy; greater productivity, including bigger seed or fruit size; and even an elimination of seeds, such as in banana.

✎ 批改

植物也发生了演化¹，或更准确地说，人类的干预让植物发生了迅速的变化。今天的每一种农作物都与某种从起源中心自然出现的野生物种有关²，我们仍然能在野外找到很多农作物的祖先。早期人类一定从二十五万种³野生被子植物中品尝了几千种之后，才找到不到一千种物种进行驯化栽培作农耕用⁴。目前全世界大量⁵种植的农作物有100多种，但其中只有少数是我们食物的主要来源。经过逐渐筛选，我们的祖先从野生植物中选择了非常小的一部分，培育成农作物。在选择过程中，一些植物表型发生了~~根本~~深刻的变化，包括有限生长习性；作物落粒性消失；同步成熟；成熟期缩短；苦味和有害毒素减少；种子散布减小，发芽期和休眠期缩短；生产量~~力~~提高，例如种子或果实变大；甚至种子消失，例如香蕉⁶。

★ 点评

1. 前面单元的 agriculture evolved 译成"演化"，但这里的 plants have also evolved 译成"演化"或"进化"都可以。在生物学意义上的缓慢变化，一般称为"进化"（演化）。正因如此，后面才说，更确切地说是人为的变化。进化是自身不受人类干扰的变化，作者用了之后感到不够确切，所以才补充了一句。

2 原文的 is related to 翻译成"有关"当然不错。但是这个词组表示在亲缘上的关系。另外，这句中的 center of origin 在一般农业学里当专业词组看待，定义如下：The center of origin is a geographical area where a group of organisms, either domesticated or wild, first developed its distinctive properties. 有人翻译成"起源中心"，但是这里未必需要按照专业词处理，大意就是植物原生地的意思。

3 将 a quarter of a million 翻译成"二十五万种野生植物"很准确，但是有个意想不到的问题。原文读起来很自然，因为 a quarter 感觉像是一个比较含混的词，但是"二十五万"听起来就很精准确切。上个单元讲过，有些数字译个大概就行，未必需要精准。所以这里可以尝试的办法是，加两个字变成"大约二十五万"。甚至可以探讨"二三十万"这个译法。

4 "从二十五万种……品尝了几千种……才找到一千种物种"这个基本结构倒不错，但是读起来感到过程很具体，目的很明确（寻找）。将 settling down on 翻译成"寻找到"有太强的目的性。"找"是个很细致的动作，而 settle down 却不同。这个短语未必需要当作一个翻译单位翻译出来，比如下面的译文就没有用明确的词来翻译 settle down："有花植物不下二三十万，而早期人类尝过的野生物种想必有成千上万，后经驯化成农耕作物的却不到一千种。"

5 grown intensively 表示数量大，种植频繁，但 intensively 并不表示面积广泛（尽管实际可能很广泛），一般 extensively 更接近广泛。这个上下文译成"大量"似乎可以，但是"密集""集中"似乎更好。intensive farming 作为一个专用农业词组，常译成"集约耕种"，但此处是副词（intensively），最好当作普通用语处理。

6 最后这句里面有不少专业词语。有些学生说，专业的东西不会翻译，但是以翻译为职业的人不能见了有一点专业词就都推掉，那样的话，译者就没有工作可做了。其实本篇算不上很专业，这后面几个词基本都可从专业词典中查到。不过查找过程中要注意几件事。首先，农业科学的翻译仍然没有很可靠的高度标准化的词汇库，这个和电脑网络领域不同，后者因为有微软的存在，几乎高度标准化，大部分专业词都有广为接受的译法，有些公司不愿意跟微软走，自定译法，但主流译法基本一统天下。翻译农业、医学等领域的文章，还应该有一本较好的纸质英汉专业词典，但是网上资源仍可利用，比如谷歌和百度的学术搜索引擎就很有用。普通搜索获得的结果良莠不齐，错误的译法也在中间，但是学术搜索的结果就更可靠些。具体译法见参考译文。

参考译文

　　植物也已经进化，或者更精确地说，由于人的干预已发生了迅速的变化。今天我们种植的每一种作物都与其原生地中自然生长的野生物种有亲缘关系，许多作物的祖先仍可在野生环境中找到。有花植物（或称被子植物）在二十五万种上下，而早期人类尝过的野生物种想必有数千种，后经驯化成农耕作物的却不到一千种。目前在全球各地精耕细作的农作物只有一百多种，而我们的大部分食物仅来自其中很小一部分。通过逐渐选择，我们的祖先仅把很小一部分野生植物驯化成农作物。在选择过程中，物种的表现型发生了很大变化，其中包括有限生长习性、作物落粒性消失、同步成熟、成熟期缩短、苦味和有害毒素减少、种子传播能力降低、发芽期和休眠期缩短、产量提高（种粒、果实膨大），甚至还有去籽化，如香蕉。

（叶子南译）

短文

理论在翻译实践中是否有作用？

　　在学校学翻译的人，特别是在硕士层次学习的人，都接触过一些翻译理论。学翻译都学到硕士水平了，总不能啥都不懂，啥理论都没有吧？于是和尚念经似地吸收了不少自己也不明白的理论，对翻译实践并没有帮上多大忙。所以有些人就说，理论并非是用来指导实践的。此话并非没有道理，问题是学生来翻译专业念书，并不是来做文化研究、宏观探索的，他们面对的任务不允许他们空谈。因此翻译专业学的理论应该是有实用价值的，过于宏观抽象的东西，可以留在更高层次学习时再接触，而在那个层次学习的人数应该非常少。

　　其实，译者并非一定要学翻译理论。我们有足够的证据支持这个观点，比如一些公认的优秀翻译家并没有系统地学过翻译理论，但是他们的译著却非常成功，比如傅雷。你可以说，傅雷肯定知道"信达雅"，但他肯定没有学习过对等和目的论这类译论，因为傅雷从事翻译时，这些理论还没有问世。傅雷自己总结了"神似"的说法，但那也基本是源于实践的一点心得体会。老一辈翻译家都没有像我们这样在翻译系学过翻译，不用说翻译理论，连翻译实践也没学过。什么词性转换，正说反译之类的技巧，都是后人从他们的译著里总结出来的，他们自己并没有想到这些技巧。对他们来说，这样转换、那样调整是水到渠成的事，不用刻意去学，翻译时根本不会想到技巧。他们很多是外文系或其他文科专业毕业的学生，因为爱好或其他原因，开始从事翻译，终于硕果累累。但是这些人都有一个共同特点，中外两种语言基础扎实，对语言、文化和跨文化交流的本质有深入的体会，这种体会可以是理论的，也可以是经验的。所有这些经验，如果进行整理，完全可以成为翻译理论。但对于翻译实践者来说，没有系统整理的、分散的、点点滴滴的想法有时反而更有益处，因为翻译实践遇到的问题并不是系统的，而是分散的、点点滴滴的。所以"没有理论的理论"（theorizing without theory）也许是理论切入实践的一个相当不错的角度。

　　难道学习翻译理论就毫无益处吗？当然不是，如果理论学习得法，完全可以使译者如虎添翼。我们并不推崇"理论无用论"。但如果理论应用不当，却完全可能适得其反。如果我们自己并不是真正熟悉某个理论，却硬要在翻译实践中套用，这样结果往往不好。**在翻译这台"戏文"里，理论不应该是总在"前台"晃悠的演员，它应先由译者消化成自己的知识，成为译者雄厚的内涵，然后在背景处潜移默化地影响他在翻译实践中的决策，而不是对号入座地硬把某个理论与某个译法配对成双**。这就像说笑话一样，硬说出来的笑话很难奏效。译者最终的任务是要提供一个好的译文，而不是应用一个好的理论。

Genetically Modified Food (1)

▶ 原文

Societal anxiety over this so-called genetically modified (GM) food is understandable, and it is fueled by a variety of causes, including consumer unfamiliarity, lack of reliable information on the current safeguards in place, a steady stream of negative opinion in the news media, opposition by activist groups, growing mistrust of industry, and a general lack of awareness of how our food production system has evolved. The scientific community has neither adequately addressed public concerns about GM foods nor effectively communicated the value of this technology. Clearly, societal acceptance is pivotal to the continued development and application of biotechnology in food and agriculture.

Two decades ago, many agricultural scientists rightfully saw the emerging recombinant DNA technology as a potent tool in enhancing crop productivity and food quality while promoting sustainable agriculture. Much of this early excitement and expectation was met with successive breakthroughs in scientific research on plant gene transfer methods, identification of valuable genes, and the eventual performance of transgenic crops. Plant breeders saw the technology as an additional means of crop improvement that could complement existing methods.

From *The Genetically Modified Crop Debate in the Context of Agricultural Evolution,* by Channapatna S. Prakash

✎ 批改

社会对所谓的转基因食品的焦虑是可以理解的，有许多原因使得这种焦虑越来越严重[1]，其中包括消费者不熟悉转基因食品，且[2]缺少关于现有食品安全措施部门的可靠信息，新闻媒体的一贯负面报道，反转基因组织的抗议，人们对该产企业越来越不信任，以及对食品生产系统的演变发展情况缺乏认识。科学界既没有充分解答公众对于转基因食品的疑虑[3]，也未能有效传达宣传这项技术的价值。显然，获得社会认可是生物科技在食品及农业方面继续得以开发展[4]与应用的关键。

二十年前，许多农学家很正确地自然地将这一新兴DNA重组技术视为推行农业可持续发展的有效工具，并利用这项技术提高作物产量、提升食品质量[5]。在植物转基因方法、优良基因识别，以及转基因作物最终表现等这些科学研究领域取得的接连不断的突破性进展，实现了他们对这项技术早期的兴奋期待[6]。植物育种专家将这种技术视为农作物改良的另一种途径，与现有技术相辅相成。

> **文本定位**
>
> 本单元和上面的单元选自同一篇文章，文本定位相同。

★ 点 评

1 fueled 确有使某事越加严重的意思，如 The rapid promotion of the director's son has itself fueled resentment within the company，这句说明公司里原来就有不满情绪，但是提拔儿子当官使得这种情绪更强烈了。但这个词也有仅提供燃料动力的意思，此时"越来越强烈"的含意就淡化掉了，如 his rascal heart and private pain fuel his passion as an actor。在本单元的这句中，两种含义都说得通，因为句子中已经有了 causes 这个词。

2 为什么要用这个词？后面有一连串的例子，没有一个特殊的理由一定要在这里分开，故此处不宜用"且"。

3 "解答疑虑"和"消除疑虑"哪个搭配更好？另外，严格说来 address 的意思不是解答，而是设法解答，你可以 addressed a problem，but didn't solve it。但此处这个细微的差别并不重要，可忽略。

4 development 并不能永远都译成"发展"，但目前不少人一见到这个词就翻译成"发展"。我们一般常说的"研发"（R & D）就是研究与开发。与具体技术、产品相关的语境中，development 一般译成"开发"。

5 这句大意能混过去，但仔细推敲汉语有问题，因为句中"视为""推行""利用"的关系很乱。"农学家将技术视为……工具"没问题，但后面的"利用"的主语也是农学家？那样的话，就成了"农学家将技术视为工具，并利用技术提高……"。可是原文的 enhancing 和 promoting 都应该是在 potent tool 之下的短语，而译文显然不是这样。而且，while promoting sustainable agriculture 相比之下应该在 enhancing crop productivity and food quality 后。也就是说，句子表述成 enhancing 为主，promoting 为辅更恰当，见参考译文。另外，saw... as... 可以是"将……视为……"，但是本句中的意思似也可以解释为"预见"，因为当时这么认为完全是一种前瞻。

6 "实现了……兴奋期待"有动宾搭配的问题。本句最好仍然保留原文 met with 的隐喻特征（甲和乙相遇），期盼遇到了成功的现实。基本意思就是有期盼，最后盼到了。见参考译文。

参考译文

面对这种所谓的转基因食品，社会上产生担忧是可以理解的。因为种种原因，这种担心有增无减。比如说，消费者对转基因食品不了解，对目前存在的防护措施缺乏可靠的信息，而新闻媒体对这种食品作持续的反面报道；激进主义团体起而反对，对于企业越来越不信任；大众对于食品生产系统的演变情况缺乏普遍的了解。科学界既没有充分排解社会对转基因食品的担忧，也没有充分宣传这项技术的价值。很明显，社会对生物技术的接受，是食品和农业中继续开发和应用生物技术的关键。

二十年前，很多农业科学家就正确地预见到，新兴的DNA重组技术是一种有效的工具，可用于提高农作物产量和食品质量，并能促进农业的可持续发展。早年的这种激动和期待，迎来了植物转基因方法、有价值基因的识别和转基因作物的最终表现等科学研究上的连连突破。植物育种者认为，这种技术是另外一种改良作物的方法，足以和现存方法相辅相成。

（王之光译）

短文

并列语言单位的处理

并列语言单位的处理，要看文本而定，比如我们一般在正式的实用文本（较硬的文本）中惯用的A and B，或A, B, and C（依此类推）这个特征，在汉语一般也照搬，也翻译成"甲和乙"或"甲、乙和丙"。但是在软文本中，汉语未必就按照原文的这个结构翻译，汉语常要看朗读时的节奏，所以也不常使用那个"和"字，比如我们说"爸爸妈妈"，未必要用"和"这个连接词。这点在翻译软文本时应该关注，有些人译惯了经济报告、商务合同，在翻译散文时也按照硬文本的习惯不停地使用"和"字，反而很生硬，有时不用更上口。

处理并列语言单位（特别是较长的短语）还有一个问题，即并列语言单位在中文里的结构是否需要相同，如：

China's WTO accession represents an opportunity to address a broad range of unfair trade practices, trade barriers, discriminatory regulatory processes, lack of transparency, and other policies which limit American participation in the Chinese market or unfairly affect American trade.

中国加入世贸组织使我们有机会提出各种的问题，如不公平的贸易做法、贸易壁垒、歧视性调控手续、欠缺透明度，以及其他限制美国参与中国市场或给美国贸易带来不公平影响的政策。

其中的"欠缺透明度"（动宾结构）就和其他的并列短语（名词短语）结构不同，所以有的译者就把它改成"透明度的缺乏"，以便使所有并列语言单位都保持为名词短语。本单元也有一句：

... including consumer unfamiliarity, lack of reliable information on the current safeguards in place, a steady stream of negative opinion in the news media, opposition by activist groups, growing mistrust of industry, and a general lack of awareness of how our food production system has evolved.

这句的处理要比上面的困难，因为并列成分太多，数一下共六个，而且后面有的结构复杂。如果我们一定要全部都翻译成名词短语，那么有的短语就会有很长的修饰词，结果读起来就会让人感到有刻意保持一致的痕迹。但是一会儿名词结构，一会儿动宾结构，一会儿主谓结构，再加上个小句子，毕竟太凌乱，不符合汉语求整洁的习惯。所以这时译者就需要动点脑筋，做不到完全整齐无妨，但尽可能不要太凌乱：

比如说，消费者对食品不了解，对目前存在的防护措施缺乏可靠的信息，而新闻媒体对这种食品作持续的反面报道；激进主义团体起而反对，对于企业越来越不信任；大众对于食品生产系统的演变情况缺乏普遍的了解。

参考译文就处理得比较得体，他在中间用了个分号，把六个分成两组，分号后面的三个都是主谓结构，分号前的三个除第一个外都是名词短语。译者肯定考虑到了这个问题。有人在这种情况下会采取调换位置的办法，来分组处理，如把最后一个拿到前面来以便凑成一组结构相同的短语。这种做法不能排除，但是需要谨慎，因为若前后和主次有关的话，调动就不合适了。

我们的建议是，**译者在翻译时应该想到这个问题，尽可能做到并列结构一致，但是对语言还是要听其自然，为了一致而一致，结果弄得非常牵强就不好了。**

Genetically Modified Food (2)

▶ 原 文

For the first time, plant breeding was subjected to rigorous testing, and a regulatory framework was developed to oversee the commercialization of GM crops on a case-by-case basis. There has been widespread acceptance and support for biotechnology from the scientific community. Accumulated experience and knowledge of decades of crop improvement combined with expert judgment, science-based reasoning and empirical research has led to scientists' confidence that GM crops may pose no new or heightened risks that could not be identified or mitigated, and that any unforeseen hazard will be negligible, manageable, or preventable.

Risks from GM crops should be monitored and measured, but concerns about these risks must also be balanced against the enormous benefits from this technology and weighed against alternative options. The strong trust that the American public has in its regulatory agencies (FDA, USDA, and EPA) has helped gain higher public acceptance of GM food in this country than in other nations.

✎ 批 改

植物育种第一次经历了[1]严格检验。同时，转基因作物的商业化也在首次建立的监管制度下以个案基础的形式受到监督[2]。生物技术获得了科学界广泛的接受和支持。作物改良方面的经验和知识已积累了几十年，再结合上外加专家的判断、科学推理、经验实证研究，让使科学家自相信，转基因作物会面临新的、更高的风险，而这些风险是可以被识别和降低的[3]。科学家还相信，任何无法预测的危害都将是可忽略[4]、可控制，或是可预防的。

转基因作物的风险应受到监测，但我们对于这些风险的担忧不能过分，也必须将其与该技术带来的巨大利益相权衡，同时，也要考量其他可行的方法[5]。美国公众对本国监管部门（美国食品药物监管局、美国农业部、美国环境保护署）的高度信任使转基因食品在美国获得了比别国更高的认可度[6]。

★ 点 评

[1] 这个 subjected to 翻译得好，就是 undergo 的意思，但注意与 subject to 的区别。

[2] 译文比较乱。"在首次建立的监管制度下""以个案基础的形式"都很啰唆。原文就是说，建立了制度，逐案监督作物商品化，译文太复杂了。

[3] pose no new or heightened risks 和后面的 that 从句是限定性的，不可分开理解。No new...

risks that could not 的双重否定的意思是"不会有……不可识别的风险"。在翻译这类句子时,译者应该谨慎,因为原作者把话说得滴水不漏。作者没有说不会有风险,但是有的风险都是没有什么大危害的风险。但是,译者的译文读起来让人一下子感到会面临风险,然后再说风险没有危害,感觉上效果不好。见参考译文。

4 严格地说,任何事情都不可轻易忽略。如果我们说,这事我忽略了,就会有失职之嫌。原文是说危害微不足道的意思。

5 该译文有利于 alternative options,但作者是在为转基因食物背书,不符合他的立场。详见本单元短文。

6 若不是在非常正规语境中,一般建议少用"度""性"这类词,说得平易近人些,如"在美国,公众要比在其他国家更容易接受这类食品"。另外"认可"一词也不合适。

参考译文

> 植物育种有史以来第一次采用严格的测试,并制定出一套规章制度,逐案审查转基因作物的商品化。科学界已经广泛地接受并且支持生物技术。几十年积累起来的关于作物改良的经验和知识,外加专家的判断、科学的推理和实验研究,使科学家们坚信,转基因作物不会带来新的或明显的不可识别、不可减轻的风险。他们还认为,任何不可预见的危害都将是不重要的、可控制或是可预防的。
>
> 转基因作物的风险理应监控和测量,但人们对于此类风险的担忧也必须加以克制,两害相权取其轻,毕竟这种技术效益不菲,又非其他方案可比。美国公众对于管理机构(食品和药物管理局,农业部和环保署)深信不疑,所以美国比其他国家更容易接受转基因食品。
>
> (王之光译)

短文

借助上下文解读原文语义

我们常听人说 No context, no meaning。这话对从事翻译的人来说,尤为重要。在原文中解读文本的意思有时都很困难,更何况解读的文本是外文。有时,我们看不懂原文的意思,可是一看上下文,意思就明白了。在不少情况下,我们虽基本了解原文的大意,但还是把握不大。这时我们常会看看所译句子的上下文,希望从语境中找到些"蛛丝马迹",走出"吃不准"的窘境。比如本单元中这句:

Genetically Modified Food (2)

　　Risks from GM crops should be monitored and measured, but concerns about these risks must also be balanced against the enormous benefits from this technology and weighed against alternative options.

　　这里的concerns must also be balanced against the benefits不算难理解，但是weighed against alternative options这部分大家却有些问题。有的学生是这样翻译的：

1. 应权衡这种技术带来的诸多好处并斟酌考虑其他选择。
2. 对风险的担忧要与该技术带来的巨大利益和其他可行方案相权衡。
3. 应在风险与效益间掌握好平衡，并在这项技术与其他可选技术间认真权衡。

　　第一句的意思好像是在鼓励其他选择，这与原文的本意刚好相反；第二句倒不是明显鼓励其他选择，但是"让担忧与其他方案相权衡"的意思说到底还有可能对其他方案有利，与原文本意仍然相悖。第三句意思模棱两可，"与其他可选技术间认真权衡"的目的是什么？权衡之后，是否想鼓励使用其他方案？ 译者可能紧盯着字面意思，所以没有理解清楚原文这句话的目的是什么。这时只要我们看一下上下文，意思就会清楚起来。本文的主旨很明确，就是为转基因食物背书，希望打消人们的担忧。在这个大语境中，这句话的意思就相当清楚，这句话应该有利于转基因技术，而对转基因之外的其他技术不持肯定态度，也许没有反对其他方案的态度，但是绝对不可能是"斟酌考虑其他选择"，而应该是相反。

　　也就是说，此处的weighed against表示其他替代方法也有缺点，是有利于转基因作物的观点。翻译时围绕这个意思的译法都可接受，直说"替代方法也非十全十美"当然可以，但是说"担忧归担忧，但此技术带来的巨大好处毕竟不可小觑，况且也找不到其他更好的办法"也可接受。所以，若有大语境的帮助，第一个译者就不会把意思弄反了，第三个译者就会毫不犹豫地把话挑明，而不会给出一个意思模糊的句子。

　　在我们翻译的过程中，语境是陪伴我们左右的"好朋友"。**每当我们拿不准是什么意思的时候，我们常常会去看上下文，想想整篇的目的，为理解找到依据。但是我们也要注意另外一种倾向，就是在没有仔细阅读语言文字的情况下，便到海阔天空的文本外去找翻译的依据，结果译者的理解就可能和原文相距很远。**一般情况下，应该先向距离最近的文字语境求援，逐渐扩大范围，从社会文化等文本外的"空间"求援未必不行，但是很容易出问题。我们仍然主张，理解原文时最大程度地依靠文本，因为这个比较保险。我们经常看到有的学生不很好地阅读原文，在没有充分利用文字"资源"前，就一下子跳入文本外广阔的空间，胡乱想象，结果理解完全错误。最后，解读不同类型的文本时，对文本的依赖程度也会不同。虽然所有文本的翻译都可能会依靠语境，但解读社会文化类软文本时似乎更可能需要语境帮助，而逻辑严密、行文格式化的文本对语境的依靠就相对小一些。

43 The Saddest Period of My Life (1)

▶ 原文

The next four years, between 1909 and 1913, turned out to be a time of utter misery and destitution for the conquering young man from Linz. In these last fleeting years before the fall of the Hapsburgs and the end of the city as the capital of an empire of fifty-two million people in the heart of Europe, Vienna had a gaiety and charm that were unique among the capitals of the world. Not only in its architecture, its sculpture, its music, but in the lighthearted, pleasure-loving, cultivated spirit of its people, it breathed an atmosphere of the baroque and the rococo that no other city of the West knew.

Set along the blue Danube beneath the wooded hills of the Wienerwald, which were studded with yellow-green vineyards, it was a place of natural beauty that captivated the visitor and made the Viennese believe that Providence had been especially kind to them. Music filled the air, the towering music of gifted native sons, the greatest Europe had known, Haydn, Mozart, Beethoven and Schubert, and, in the last Indian-summer years, the gay, haunting waltzes of Vienna's own beloved Johann Strauss.

To a people so blessed and so imprinted with the baroque style of living, life itself was something of a dream and the good folk of the city passed the pleasant days and nights of their lives waltzing and wining, in light talk in the congenial coffeehouses, listening to music and viewing the make-believe of theater and opera and operetta, in flirting and making love, abandoning a large part of their lives to pleasure and to dreams.

From *The Rise and Fall of the Third Reich*

✎ 批改

从1909年到1913年的4年中，这个从林茨来的雄心壮志的年轻人过得贫困潦倒[1]。不久之后有5 200万人口的哈布斯王朝即将覆灭，而维也纳这欧洲中心城市也将失去王朝首都地位[2]。然而在最后这转瞬即逝的几年间，维也纳一度以其富丽堂皇和独特魅力，在世界首都之中独树一帜[3]。维也纳的魅力不仅源于其建筑风格，雕塑以及音乐，更是因为维也纳人的无忧无虑、喜好享乐、和深得教养[4]。整个城市散发[5]着巴洛克和洛可可式的韵味，这在西方城市中是独一无二的。

维也纳依偎在蓝色多瑙河畔，坐落于维也纳森林的山脚下，山上嵌着黄绿相映的葡萄园。这里的自然风光迷住了无数游人，也让维也纳人相信受到了上天的宠爱。空气中弥漫的音乐，来自于当地的音乐才子，文明欧洲的海顿、莫扎特、贝多芬和舒伯特，还有在最后几年兴旺的时光中，维也纳人最喜爱的约翰·施特劳斯，他的华尔兹轻快活泼[6]。

维也纳的人们受上天眷顾，过着巴洛克式的生活[7]，生活对他们来说就是一场梦[8]。这儿的人享受白天与黑夜，舞着华尔兹，品着葡萄酒，在咖啡馆里低语浅谈，在剧院里听曲看戏。他们打情骂俏，寻欢作乐，在享乐和做梦中挥霍着了生命[9]。

The Saddest Period of My Life (1)

<blockquote>
文本定位

本段文字选自 *The Rise and Fall of the Third Reich*。这本出版于 1960 年的历史书，记述了希特勒和第三帝国的始末，由于文笔好，不是干巴巴地讲历史，而是用活泼的语言娓娓道来，因此成为当年美国和欧洲的畅销书。这里勉强把它列入偏硬文本，主要是文字的语域仍不低，有些句子颇长。如译者把它看作是偏硬文本，则译文可能略严谨些，若译者把它归入偏软文本，则语言可能更活泼些。
</blockquote>

点 评

1 译文基本和原文大意相仿，也就是说，描述的是同一件事。但是译文和原文的角度完全不同，原文是从时间出发展开句子的，即"那四年是艰苦的时日"，但是译文却是从人的角度展开句子，即"年轻人过得艰苦"，但是基本事实和原文一样。这种变化是翻译中经常出现的。我们不完全排除这类译法，但是却要非常谨慎，因为在不少情况下，这种角度的变化有歪曲原文意图的潜在危险，在原文逻辑性非常强的硬文本中尤甚。即便在这个文本中，回归原文的思路和角度仍然是上策，更何况按照原文思路根本没有任何困难（见参考译文）。另外，turned out 这个词有表示意外的意思，如 he turned out to be the chairman，表示后来发现原来他是主席。但是在这里这个分量不大，未必一定要反映出来。

2 原文 In these last fleeting years before the fall of the Hapsburgs and the end of the city as the capital of an empire of fifty-two million people in the heart of Europe 这部分仅仅是后面事件发生的时间，本身不是句子的主要叙述内容，这样用一个句号断开，构成一个单独的句子，就使得这部分成为叙述的重点。虽然译者在后面用了"然而在最后这转瞬即逝的几年间"来概括前面的内容，作为下面主句的时间状语，但是前面这个单独的句子还是构成连贯上与原文不同。我们并不排除这种译法，但是需要指出有些更严谨的译者仍然会依照原文的思路翻译，如参考译文："在哈布斯堡王朝还没有覆亡，维也纳还是拥有 5 200 万人民的帝国在欧洲心脏的首都的最后短短几年里。"当然这个译文的后半句太长，而像上面那样分成两句翻译就能避免长句的问题。在这类情况下，如是软文本，分开处理可能性大些，若是硬文本，不分开更合理些。除掉基本结构外，译者的译文还有可讨论的问题，如 fifty-two million people 应该是修饰 an empire 的，但译者放到前面去修饰哈布斯堡王朝了，所以后面省略了 empire，这样处理是否合适，至少值得讨论。参见本单元短文。

3 这句应该和前面衔接，成为上面分句的主句，这点上面已经提过。但这句本身也有问题，译文是"维也纳一度以其富丽堂皇和独特魅力，在世界首都之中独树一帜"，也就是说，维也纳独树一帜。但是原文显然不是维也纳独树一帜。在原文中 unique 的是 gaiety and charm，而世界的首都仅仅是独树一帜的范围。译者这样的译法，在有些软性文本的翻译中经常见到，但是严格地说来，仍然应该避免，更何况照原文翻译并没有什么困难，如参考译文"维也纳有着一种世界各国首都所没有的独特的快活气氛和迷人魅力"。

4 见本单元短文。

5 译文使用了"散发（韵味）"，但原文显然是"呼吸（空气）"（breathed）。表面上看这是一个选词的问题，但是深入一想，就不那么简单，里面牵涉到语言中隐喻的使用。用"散发"的话，说明维也纳本身有这个韵味，在向外散发，但是原文的 breathed 却给人一种吸收养料的隐喻图式，这些巴洛克和洛可可式的东西不在身内，而在空气中，供城市吸纳，供人们呼吸。所以，建议最好回到原文的隐喻，用"呼吸"，而不用"散发"。

6 如果一般口语讲话，这句话估计大家也都听懂了，但是诉诸文字，就会有行文不紧凑、不严谨的感觉。首先"来自于"不是个好的词，因为它影响句子的连贯。原句的基本架构是 music filled the air, music of the native sons，后面是一连串的音乐家，包括最后一个约翰·施特劳斯。music 和 the towering music 是同位语。这么一个长句最核心的叙述是"空气充满了音乐"，所以这个先说，然后再说这些音乐都是那些大音乐家的音乐，包括最后一个施特劳斯。译者的译文将非主要叙述的内容当成主要内容了，如"空气中弥漫的音乐，来自于当地的音乐才子"（音乐来自于才子），这样主要叙述的事件成了"音乐来自于这些音乐家"，但显然作者主要想说的是"空气中充满了音乐"。另外，"最后几年兴旺的时光"大意没错，原文的 the last Indian-summer years，基本的意思是在快要结束前特别的兴盛，就像晚秋的秋老虎一样。

7 见本单元短文。

8 原文是 was something of a dream，并不是 was a dream，所以严格说来，不应说是梦，而应该说"似梦一般"，反映出 something 的意思。当然，这在一般文本中倒不必计较。另外，由于文化的差异，在这个上下文中 dream 不应该翻译成"一场梦"，因为汉语中说像是一场梦的意思往往暗示空虚，不是正面的，所以参考译文翻译成"一场美梦"，完全反映出原文正面的信息。

9 若仅仅用"在享乐和做梦中挥霍生命"来翻译 abandoning a large part of their lives to pleasure and to dreams，似乎基本达意，但是最好能将 a large part 也翻译出来，另外，"挥霍"不如"消磨"更到位。

The Saddest Period of My Life (1)

> **参考译文**
>
> 　　此后4年（从1909年到1913年）对这个林嗣来的闯世界的青年来说，是一段极其悲惨和贫困的时期。在哈布斯堡王朝还没有覆亡，维也纳还是拥有5 200万人民的帝国在欧洲心脏的首都的最后短短几年里，维也纳有着一种世界各国首都所没有的独特的快活气氛和迷人魅力。不仅在建筑、雕塑、音乐方面，而且在人民的无忧无虑、喜欢享乐、爱慕文化、追求风雅的精神生活方面，维也纳都可以呼吸到西方任何其他城市所没有的那种纷华靡丽的巴洛克和洛可可式的空气。
>
> 　　维也纳位于维纳瓦尔德树木葱郁的山脚下，蓝色的多瑙河畔，山坡上到处点缀着黄绿色的葡萄园，这是一个富有天然美景的地方，外来的游客固然为之心迷神醉，维也纳本地人也自以为得天独厚。空气中充满了音乐，那是当地的天才子弟、欧洲最伟大的音乐家海顿、莫扎特、贝多芬、舒伯特的高尚优美的音乐，而且在最后那几年回光返照的升平岁月里，还有维也纳自己钟爱的约翰·施特劳斯的欢乐、迷人的华尔兹圆舞曲。
>
> 　　对于这样幸运和过惯了巴洛克式生活的人们来说，生活就像是一场美梦，因此快活的维也纳人都过着纸醉金迷的生活，跳华尔兹，喝葡萄酒，在咖啡馆里谈心，在歌场舞榭听曲看戏，打情骂俏，寻欢作乐，把一生之中大部分时间消磨在享受和梦想之中。
>
> 　　　　　　　　　　　　　　　　　　　　　　　　选自董乐山译《第三帝国兴亡史》

短文

翻译中句子焦点的转换

　　本单元中有这么一句Not only in its architecture, its sculpture, its music, but in the lighthearted, pleasure-loving, cultivated spirit of its people, it breathed an atmosphere of the baroque and the rococo that no other city of the West knew。译者将这句翻译成"维也纳的魅力不仅源于其建筑风格，雕塑以及音乐，更是因为维也纳人的无忧无虑、喜好享乐和深得教养。整个城市散发着巴洛克和洛可可式的韵味，这在西方独一无二"。其实这位译者还是很能变通的，灵活地处理了一个十分长的句子，有的地方还真下了功夫，如"维也纳的魅力"就颇见其苦心。因为译者要将Not only in its architecture, its sculpture, its music, but in the lighthearted, pleasure-loving, cultivated spirit of its people这部分从原来的状语（修饰breathed）升格成句子，所以只能添加原文没有的 "魅力"，然后马上用"不仅源于" 和"更是因为"，再用句号分开。且不说添加"魅力" "源于"恰当与否，单就短语升格成句子来说，就能转移原句重点。原句的重点是it breathed an atmosphere，前面的状语Not only in its architecture, its sculpture, its music, but in the lighthearted, pleasure-loving, cultivated spirit of its people全都是修饰breathed的。转换升格后，原来处于附属地位的状语上升一级，构成一个叙述重点。但是原文中这部分并不是重点，于是译者就只能添加原文没有的"魅力来源于"来组成一句话,这样原来的一个重点就变成了两个,而第一个重点(魅力来源于)却并不是原作者想强调的,甚至可以说是原文没有的,因为原作者根本没有说这件事,所以严格地说,升格后意思已有失真。再如To a people so blessed and so imprinted with the baroque style of living, life itself was something of a dream这句,其基本结构就是To a people, life was something of a dream,但是译者却将其翻译成"维也纳的人们受上天眷顾,过着巴洛克式的生活,生活对他们来说就是一场梦"。显然,To引导的短语也被升格成句子了(人受眷顾,过着生活)。当然这句升格后似乎没有大碍,增加的一个句子的重点也还可以接受,缺点是句子不够简练。相反,参考译文按照原文思路翻译,不升格短语,意思照样很清楚:"对于这样幸运和过惯了巴洛克式生活的人们来说,生活就像是一场美梦",而且更准确。

这种将原文的短语升格成句子的译法是翻译时译者有时会使用的手法,在讲解翻译技巧时也会提到,所以我们不排除这种方法。但是译者也必须清楚,**结构的转换和语言单位的升格,可能造成原句重点的转移或分散**,因为原本是一个修饰主要部分的附属成分,一下子就"自立门户",显然就增加了原文没有的焦点。建议译者翻译时慎用这一手段。

44 The Saddest Period of My Life (2)

原 文

There was a seamy side, of course. This city, like all others, had its poor: ill-fed, ill-clothed and living in hovels. But as the greatest industrial center in Central Europe as well as the capital of the empire, Vienna was prosperous, and this prosperity spread among the people and sifted down. The great mass of the lower middle class controlled the city politically; labor was organizing not only trade unions but a powerful political party of its own, the Social Democrats. There was a ferment in the life of the city, now grown to a population of two million.

Democracy was forcing out the ancient autocracy of the Hapsburgs, education and culture were opening up to the masses so that by the time Hitler came to Vienna in 1909 there was opportunity for a penniless young man either to get a higher education or to earn a fairly decent living and, as one of a million wage earners, to live under the civilizing spell which the capital cast over its inhabitants. Was not his only friend, Kubizek, as poor and as obscure as himself, already making a name for himself in the Academy of Music?

批 改

和其他城市一样，维也纳当然也有丑陋的一面。穷人食不果腹、衣不蔽体、居无定所¹。但作为帝国的首都、中欧最伟大的工业中心²，维也纳又是繁荣的。这种繁荣笼罩着人们，像金粉一样撒下³。占大多数人口的~~下层~~中产阶级~~下层~~在政治上控制着这座城市，工人们不~~但~~单成立了工会，还为自己创建了~~一支~~个强大的政党——社会民主党。原本它只是城中一股蠢蠢欲动的力量，现在已经发展壮大到两百万人⁴。

民主党赶走了在历史上实行独裁统治的哈普斯堡王朝⁵，对大众开放教育和文化⁶。所以当希特勒1909年来到维也纳时，他这个身无分文的⁷穷小子也能有机会接受高等教育，或是找到一份体面的工作，加入百万之众的工薪阶层，在文明繁华的首都过得有滋有味。希特勒唯一的朋友库比泽克虽然曾经和他一样一贫如洗籍籍无名，~~后来~~不也在音乐学院混出名堂来了吗？

点 评

1 "居无定所"和 hovel 的语义不同。估计是因为想用四字结构，以便和前面两个四字结构一致，才这么用的。但是译者不应该因词害义。另外，四字结构当然可以使用，但是也要注意，翻译中不要过度依靠四字结构。

2 有的人将 as the greatest industrial center in Central Europe as well as the capital of the empire 这部分翻译成"作为中欧最伟大的工业中心和帝国的首都"，当然可以。不过翻译 as well as 时最好将后面那个放在汉语的前面"作为帝国的首都，同时又是中欧最伟大的工业中心"。这点可套用下面的公式：She is clever as well as beautiful= She is not only beautiful, but also clever。本句其实最好不用"和"，因为 as well as 并不等于 and。其实有很多地方，译者都可以避免用"和"等连接词。最后，不要用"欧洲中部"，此处的 Central Europe 两个词都是大写，为专有名词（中欧）。

3 This prosperity spread among the people and sifted down 表达的意思是繁荣惠及所有人，sifted down 强调是纵向的，说明繁荣惠及下层，而 spread among 是横向的，受惠面广。因此这里没有笼罩的意思，而且"像金粉一样撒下"这个隐喻图像也过于强烈。参考译文很简洁："这种繁荣比较普遍，人人都有一份"。

4 本句理解错误。句中的 a ferment 表示正面的东西，因为上下文都在说正面的事物，经济很繁荣，政治有活力，都是正面的，在这样的语境中说 a ferment in the life of the city 不应该用"蠢蠢欲动"表示，而且这里也不是在说社会民主党，不是指这个组织发展到200万人。见参考译文的"生活之中有着一种沸腾的景象"。人口200万是指城市人口。

5 这个应该是有理解问题。首先，不是民主党，是民主或民主的力量；不是赶走了，而是正在赶走；不是王朝，是王朝的专制势力（autocracy）。

6 "对大众开放教育和文化"的前面是"民主党"，所以就成了"民主党对大众开放教育和文化"，这显然不是原文的意思。可转换句型，如"教育和文化已向群众开放"。

7 说"他这个身无分文的穷小子也能有机会……"的话，和原文的意思就有些出入，因为原文不是特指，而是泛指（for a penniless young man），不是"他这个"，参考译文译成"一个囊无分文的青年"。

参考译文

当然，也有阴暗的一面。这个城市像所有其他城市一样，也有穷人，他们营养不良，衣衫褴褛，住在贫民窟里。但是作为帝国的首都，而且作为中欧最大的工业中心，维也纳是繁荣的，这种繁荣比较普遍，人人都有一份。下层中产阶级人数众多，在政治上控制了这个城市；工人们不仅在组织工会，而且也在组织自己的强大政党——社会民主党。全市人口这时已增加到200万，生活之中有着一种沸腾的景象。

民主的势力正在排挤哈布斯堡王朝悠久的专制的势力，教育和文化已向群众开放，因此到1909年希特勒到维也纳来的时候，一个囊无分文的青年也有机会受高等教育，或者谋得一份相当体面的差使，同其他为数约100万的职工一样，生活在笼罩着首都居民的文明气氛中。他的唯一友人，同他一样微贱和默默无闻的库比席克不是已经在音乐院中初露头角了吗？

选自董乐山译《第三帝国兴亡史》

短文

守住标准汉语这个底线

大家都同意,英译汉时要用标准的汉语,但是怎样算标准,哪儿是底线?答案就可能不那么一致了。有人说,目前的汉语和几十年前的已大不一样,不应该墨守成规,要有新的写法。换句话说,汉语的"基础"已经移动了。也是,目前网上年轻人读的一些文字和他们父辈欣赏的文字可能大不相同,比如:

对你来说,已经没有未来的日子了。你奔向了永远不会来的日子。那些岁月里,我是一个轻狂气傲的无知少年,对所谓港台巨星嗤之以鼻,这也让我错过了你。那几年我在北京,迷茫的就像在能见度只有一米起了大雾的国道上开车,好在我一直没开进逆行车道。(韩寒《写给张国荣》)

其实,"永远"二字乃是一种虚幻罢了,世间"永远"的事情并不多。昔日的飞红流翠、丝裘革羽都已远逝。而真正的歌唱,在板尽处依然缭绕。大音希声,大象无形。(章诒和《一阵风,留下了千古绝唱》)

上面两段都是写人,但行文不同,一目了然。这是老作家和新写手在语言上的代沟,但是我对新写法缺乏热情。以典范的现代白话文著作为语法规范的现代汉语,仍然是我们需要学习掌握的汉语楷模,而在网络世界里大行其道的文字,不能代表汉语的未来,因为典范的现代白话文有着很深的古文渊源,**没有古代汉语的基础,白话文也很难好到哪去。也就是说,二十世纪上半叶涌现出的一大批古文根基扎实的作家仍然是我们需要潜心阅读的。对于一个希望把翻译当成事业的人来说,鲁迅、周作人、郁达夫、郭沫若、谢冰心、林语堂、沈雁冰、朱自清、俞平伯等人的作品应该在必读书的书单上。**换句话说,尽管现代社会瞬息万变,但汉语的底蕴依旧,坐标未变。结构工整、音律优美,读起来上口这个特征是汉语的灵魂,不应该在网络时代消失。时代进步造成语言的变化应主要体现在词汇的增加、流行说法的兴起等方面。这些语言的新"成分"我们不应该抗拒,但这些变化不应该颠覆汉语的基本特征。其实继往开来的当代作家大有人在,如王蒙、章怡和、龙应台、余秋雨、史铁生等在写作中都没有背离汉语的基本特征。

你也许会说,你又不翻译文学作品,在政治经济、法律商务、科学技术等领域,对语言的要求和对文学语言的要求毕竟不同。这话说对了一半。我们确实承认,在实用文本的翻译中文字的运用不同,但是也不能说在这些领域,语言就可以不符合基本的汉语规则,病句总不能有,过于冗长的句子总不是理想的。音律之美虽然不用追求,但是佶屈聱牙总不是什么值得骄傲的吧?换句话说,**即便在实用领域,尽量使用地道的汉语仍然是译者的目标,译者努力的空间仍然很大。作为一个译者,汉语的基本训练不可缺少,翻译实践中守住汉语的基本底线仍然不是什么过分的要求。**

45 The Saddest Period of My Life (3)

原文

But the young Adolf did not pursue his ambition to enter the School of Architecture. It was still open for him despite his lack of a high-school diploma—young men who showed "special talent" were admitted without such a certificate—but so far as is known he made no application. Nor was he interested in learning a trade or in taking any kind of regular employment. Instead he preferred to putter about at odd jobs: shoveling snow, beating carpets, carrying bags outside the West Railroad Station, occasionally for a few days working as a building laborer. In November 1909, less than a year after he arrived in Vienna to "forestall fate," he was forced to abandon a furnished room in the Simon Denk Gasse, and for the next four years he lived in flophouses or in the almost equally miserable quarters of the men's hostel at 27 Meldemannstrasse in the Twentieth District of Vienna, near the Danube, staving off hunger by frequenting the charity soup kitchens of the city.

批改

但年轻的阿道夫并没有追逐他的野心[1]进入建筑学院，即使学院的大门对这个连高中都没毕业，但表现出"特殊才华"的年轻人破格敞开[2]。可就目前所知，希特勒并未提交申请。~~一~~他对贸易[3]或其他正常工作也不感兴趣，反而更愿意把时间浪费在[4]打杂上：铲雪、拍地毯、在火车西站外搬运包裹，还隔三岔五去建筑工地打工。1909年11月，在希特勒来到维也纳"改变[5]命运"还不到一年的时候，他就已经被迫放弃了一间位于西蒙德克巷的带家具的房间。在接下来的四年里~~他~~蜗居在廉价招待所~~和~~或一家同样破烂的男子宿舍。这家宿舍就位于维也纳20区梅德曼大街27号，离多瑙河很近[6]。同时[7]，为了充饥，希特勒还经常光顾城中的施粥站。

点评

[1] pursue his ambition (dreams) 翻译成"追逐野心"不恰当。首先此处的 ambition 不应该用"野心"，应该用一个更中立的词，至少不是负面的词。关键是"追逐"不合适。不要以词为翻译单位，整个词组的意思其实很清楚，却被具体的词给搅乱了，参考译文用"没有去实现进建筑系的抱负"就比"追逐"好。"去实现理想"也是一个可以考虑的译法。

[2] "即使学院的大门对这个连高中都没毕业，但表现出'特殊才华'的年轻人破格敞开"这个译法和原文有出入。在这个译文中，高中没毕业、"特殊才华"破格录取等都和希特勒有关，这个没错，但在原文中 young men who showed "special talent" were admitted without such a certificate 这部分是泛指，不是特指。参考译文分清了这层关系"尽管他没有中学毕

The Saddest Period of My Life (3)

业文凭，他仍有可能进建筑系——凡是有'特别才能的'青年，即使没有这种证件也能入学——"。

3 learning a trade 表示学一门手艺，并非是贸易。

4 此处用"浪费"不恰当。其实此处不要看单个的字，要看全句，如译成"宁愿干些杂七杂八的零活"，把原来 putter 这个词的意思省略了，也无大碍。

5 Forestall fate 中的 forestall 不宜用"改变"。这个词的意思是 to prevent something from happening by saying or doing something before it can happen，也就是说，在命运还没有给他造成不利影响前，"先发制人"，而"改变命运"是对一个业已存在的命运加以改变，和原文的意思不同。参考译文用"掌握命运"或用"操纵命运"都要比"改变"准确。

6 在本句中，把修饰住房位置的修饰语单独一句放在后面是否合适？鉴于原文中这部分仅是用来说明地点的，不构成重要信息，所以参考译文就放在了前面"在多瑙河畔维也纳第二十区默尔德曼街几乎同样简陋的单身宿舍里栖身"。但是参考译文也有弊病，就是句子太长。利弊如何权衡，还得由译者自己决定。我们常常建议译者在遇到长句子时切分句子，这个建议仍然有效。但是我们也要看到，切分并不是一点问题都没有。译这句时译者就可能会很纠结，因为各有利弊。参考译文的译者是位经验非常丰富的译者，他这样放在前面，想必权衡过利弊。

7 这个"同时"在这里是否合适，会有争议。如果译者较注重原文的逻辑思路，就会不用这个词，因为原文是 staving off hunger by frequenting the charity soup kitchens of the city，和前面住在何处不构成并列的关系，staving off hunger 是紧紧地和前面结合在一起的，如参考译文就直接接下去了"在多瑙河畔维也纳第二十区默尔德曼街几乎同样简陋的单身宿舍里栖身，靠光顾施粥站打发饥饿的日子"。当然有人会说汉语的行文可以不顾原文这种细微的差别。用或不用"同时"可能不是大问题，但却值得精益求精的译者关注。

参考译文

> 不过年轻的阿道夫并没有去实现进建筑系的抱负。尽管他没有中学毕业文凭，他仍有可能进建筑系——凡是有"特别才能的"青年，即使没有这种证件也能入学——，但是从目前所知道的情况来看，他没有申请入学。他也不想学什么手艺行业，或者从事任何正常的职业。相反，他宁愿干些杂七杂八的零活——扫雪，拍打地毯，在铁路西站外面扛行李，有时候干几天工地小工的零活。1909年11月，他到维也纳"掌握命运"后不到1年，他不得不放弃在西蒙·丹克胡同租赁的房间，在以后的4年中一直住在只有铺位的鸡毛店里，或者在多瑙河畔维也纳第二十区默尔德曼街几乎同样简陋的单身宿舍里栖身，靠光顾施粥站打发饥饿的日子。
>
> ——选自董乐山译《第三帝国兴亡史》

短文

对照两位大师的译文

非文学作品很少相互对照,因为实用的硬文本没有必要弄出两个译文。但文学不同,为争一字之巧,一韵之美,不同的译者会竞相较量,我们常会看到一个作品数个译本的现象,译本之间有时有优劣之分,有时很难用一个标准分出高下,只能各自精彩。现在让我们来看看两位杰出翻译家的两句翻译,而且这回原文是法文,还有两个英译文对照,再看两个中译文。仅用两个句子作总结当然难免管窥,但通过这样的对比,至少也能对文学翻译有些新认识。请看傅雷和许渊冲两位先生翻译的《高老头》译文一段:

原文:Quant au reste, je vaux bien le bonhomme!? Se dit-elle en se retoumant dans son lit, comme **pour s'attester a elle-meme des charmes** que la grosse Sylvie trouvait chaque matin moules en creux.

[从法文直译]:至于剩下的,我完全配得上这家伙!她边想着边在床上翻过身,仿佛为了向自己证明自己的魅力,胖西尔薇每天早上都会发现些因此凹下去的形状。

[傅译]:至于其他,我还怕比不上这家伙,"想到这儿她在床上翻了个身,仿佛有心表现一下美妙的身段,所以胖子西尔维每天早上看见褥子上有个陷下去的窝。

[许译]:在其他方面,我哪一点配不上这个老家伙呢?"她在床上翻来覆去自言自语。似乎为了证明她有迷人的力量,每天早上都让胖厨娘希尔微在床褥上看到她销魂陷溺的痕迹。

[英译一]:As to everything else, I am quite as good as he," she reflected, turning over in her bed, where the fat Sylvie found every morning the impress of her fair form. (translated by Katherine Prescott Wormeley)

[英译二]:And in other respects, I am quite his equal," she said to herself, turning as if to assure herself of the charms of a form that the portly Sylvie found moulded in down feathers every morning. (translated by Ellen Marriage)

在看傅、许两个译文前,不妨先看一下从法文直译过来的译文,该译文基本按文字直译,最大程度地排除想象而来的言外之音。再对照傅、许两个的译文。显然,傅雷较接近原文的语言文字，但是许译在原文的基础上添加了言外之意。傅译"看见褥子上有个陷下去的窝"显然就是法文文字的意思（对照从法文直译的"发现些因此凹下去的形状"）。许译的"在床褥上看到她销魂陷溺的痕迹"则把那个"窝"是怎么来的缘由说出来，是销魂的结果。至少在此处，添加似乎比不添加好，因为"有个陷下去的窝"算什么意思？再看第二个例子：

Il allait passer la nuit pour la premiere fois au milieu de ce silencieux quartier, car il s'etait mis sous le charme d'une fausse energie en voyant les splendeurs du monde.

[从法文直译]：他将第一次在这静谧的街区度过整个夜晚，因为当他看着这世界的壮丽，误以为自己也充满了活力。

[傅译]：他预备第一次在这个万籁无声的区域中熬夜，自以为精力充沛，其实只是见到豪华的场面的冲动。

[许译]：这是他第一次在这个寂静的地区度过的不眠之夜，其实是看到了这个浮华虚荣的世界，不免心醉神迷，感情冲动，自以为是干劲冲天而已。

[英译一]：It was the first time he had stayed awake in that still and silent quarter of Paris, but he was prepared for it by the strong excitement of his introduction to the splendors of the great world. (Translated by Katherine Prescott Wormeley)

[英译二]：It was the first time that he had attempted to spend the night in this way in that silent quarter. The spell of a factitious energy was upon him; he had beheld the pomp and splendor of the world. (Translated by Ellen Marriage)

和第一个例子一样，傅雷的译文比较接近原文，而许译还是有所添加，"浮华虚荣的世界""心醉神迷，感情冲动""干劲冲天"，看似添加了不少，但是没有实质的添加，实质上和傅译无大差异。但许译选词似乎不错，"不眠之夜"似乎比"熬夜"好些。

造成这种差异的原因，可能无法排除与翻译理念不同有关。但除理念差异外，与译者的性格、风格等都不无关联，这些与译者本身性格气质相关的因素无法言传身教。在这个意义上说，出色的译者会有天生的一面。

但添加很危险，因为一离开文本这个"大地"，译者就悬在了"空中"。添加这个口子一开，到底会走多远就很难说，因为没有一个明确的界限，出色的译者会走得适可而止，让你拍案叫绝，水平不够好的译者就只会胡乱添加。所以，译者为自己设一道"防线"，决不天马行空，还是很有必要的。

我们当然不能凭借两句话来评论两位翻译家。两人在很多地方处理的方法肯定是相同或类似的，但是傅译和许译的倾向性还是比较明显的。傅译总体上更接近原文，在比较狭小的"活动空间"里显出周旋于原文和译文间的高超水平。许译则在不脱离原文本义的前提下，赢得了更大的"活动空间"，更好地发挥了文学的想象力。两个都是很好的译文。

其实文学翻译的差异非常普遍，其他语言也一样，请看两个英文的译文。第二个英译文就比第一个更多言外之音，down feathers可是其他译文都没有的，而les splendeurs du monde也翻译成了the pomp and splendor of the world。

但要记住，我们这里只是在谈文学翻译。非文学翻译，特别是正式文本的翻译，译者想象的空间就更小了。

Race in the United States

原文

One of the most intimate settings of American life is the neighborhood. Neighborhoods are where Americans socialize, shop, and attend school. They are where civic matters have the most impact—and where a place's racial makeup can foster interactions with other groups, or not. For many Americans, the term that comes to mind when thinking about race and neighborhoods is "segregation." The stark separation between blacks and whites across broad swaths of American neighborhoods was deeply rooted in the discriminatory forces that denied blacks anything resembling equal access to jobs, adequate schooling, and public services—both before and after the civil rights movement of the 1960s.

Vestiges of that segregation remain. But the twenty-first century has brought a diversity explosion that holds the potential to reshape neighborhoods as the country moves forward. In the case of blacks, the emergence of a middle class, their continuing flow to prosperous metropolitan regions in the South, and their more widespread movement to the suburbs are driving a shift toward more integrated living settings than was the norm for much of the last century. This development is especially remarkable when viewed in the context of the "ghettoization" of much of the last century, one of the most defining and regrettable episodes in American history.

From *The New republic*, by William H. Frey

批改

美国人生活中人际间关系最亲密的场合地方是邻里[1]。邻里是美国人社交、购物、和上学的地方，是公民的事务物最具影响的地方[2]，由于一个地区的特殊种族构成，会促进不同群体间的互动，或恰恰相反[3]。对于许多美国人来说，想到种族和社区就会自然想到"隔离"。在广大的美国各地许多社区中，黑白间的明显隔阂深深植根于歧视的力量[4]，正是歧视这个力量剥夺了黑人就业、接受足够教育和公共服务的机会[5]，无论是上世纪60年代的民权运动前还是后，都被剥夺了情况都一样。

虽然种族隔离的痕迹仍然存在[6]，但是随着国家的前进步，21世纪的多元样化[7]浪潮很有可能重塑美国的社区。对于黑人来说，出现了中产阶级的出现，中产阶级人口向南部繁华都市区的不断涌入及向郊区更广泛的迁移，这些都使生活环境比上个世纪愈加整合[8]。上世纪黑人的"隔离区贫民窟"是美国历史上最具标志性[9]也是最可悲的时期，在这个大背景下看今天的发展，这一发展就尤为显著。

文本定位

这是选自一篇发表在《新共和》上的政论文章，文章语域较高，归入偏硬文本。但这篇文章显然不仅是信息，作者的态度观点也很明显，所以译者不能把这样的文字翻得太死板，它毕竟不同于第四部分的"硬文本"。翻译策略仍然是在准确的前提下，争得一些灵活自由的余地，以达到语言通顺的目的。

★ 点评

1 这句中有两个值得讨论的问题。首先是 intimate settings 这个词组，很多同学都翻译成"亲密的""私密的"，但是"美国生活中最为亲密的环境是社区"这样的说法很别扭，你若自己写文章，会这么写吗？形容词 intimate 就是 personal 或 private 的意思，表示人和人之间接近，如两人关系亲密等。有人用"最贴近美国人日常生活的地方"，是个很灵活的译法，但"贴近生活"的意思接近"贴近现实"，与之对应的是"远离生活"，脱离现实的意思，而本文中 intimate settings 强调的是人与人间的关系，黑人与白人的关系是文章的主题，所以有人译成"人与人之间距离最近的地方""人们关系最紧密的环境"都和原文比较接近。另外，neighborhood 的翻译也出现好几个，如"街坊""邻里""社区""居民区"，应该说都和原文的意思有关，但都会有些差别，如邻里和邻居多以家庭为构成单位，且这两个词更多指人（我们是街坊邻居），中国特色似乎比较强，一说到街坊邻居，脑海中就会出现中国人邻里间交往的特征。"居民区"虽然意思也很接近，但是这个词强调实体的建筑，如汉典中的定义是"任何由各种各样的住所及与之有关建筑构成的建筑群；特指向人们提供小群的单幢住所的机构"，至于"社区"所指的也是差不多的地方，唯一缺点是这个词一般已经有一个英文的译法（community）。所以很难说其中一个对，其余的错。参考译文选择了"社区"。

2 这里的 civic matters 指的是公民为履行公民职责所做的事务，如参与社会活动，参加投票等。说 civic matters have impact 就是说我们公民的一举一动（如投票给张三而不是李四）对社区产生的影响最大。

3 Can foster interactions with other groups, or not 中的 or not 翻译成"或恰恰相反"不错。有的人翻译成"或阻止互动"似乎略强烈了些。原文是说社区人口构成的特征可能会促使人们互动，但也可能恰恰是因为某种人口构成的特征，反而不互动了，但是还谈不上"阻止"，似乎"妨碍互动"或"互动与否"更合适。

4 这里的 force 很多人都翻译成"力量"，但这个语境中翻译进去反而不好。见本单元的短文。另外，本句中的 was rooted in 翻译成"植根于"完全可以，但是这个隐喻无重要意义，翻译成"源于""是因为"都不错。

Race in the United States 46

5 这句中的 anything resembling equal access 表示被剥夺的可能还算不上是 equal access，但同样被剥夺。resembling 表示不足但接近（inadequate proximity）。如果不熟悉这个表达法，译者可借助网上信息，如果查一下，会发现不少句子含有这个表达法，比如 No other society on the globe offers anything resembling China's exam system，就表示相似的意思。翻译时这个细微的差别可以保留，如说"连算不上平等的机会也被剥夺"；但根据语境和翻译目的，也可不翻译这个意思，比如仅说"平等机会"（equal access）虽不够准确，但可接受（参见第 10 篇短文"什么叫'够好了'理论"）。核心意思就是"不足但接近"。

6 这句的动词是一般现在时态（remain），有别于前面那段中最后一句中过去时的动词（denied blacks anything）。原作者似乎在说那种由法律保护剥夺黑人权利的现象是过去时了，但是目前仍然还有种族歧视的现象。确实仅仅从法律来说，当代美国并不存在歧视性的法律条文，但是歧视却仍然存在。翻译时译者若把这个考虑进去，选词时就可能更准确些。如"种族隔离"一词就有主动的意思，是实施一种政策的结果，在美国 1960 年代公共汽车上不许黑人和白人坐在一起，就是种族隔离的例证。当我们说 vestiges of that segregation remain 时，显然这里的 that segregation 指的就是那个在法律保护下的隔离，那种隔离目前没有了，但是黑人和白人还不住在同一条街上，这种现象就是这里的 vestiges，译成"残留痕迹"意思不错，但是有同学翻译成"种族隔离的阴魂不散"倒很灵活。总之，vestiges 并不是由法律保护的种族隔离，而是自然形成的隔离现象。参考译文用"隔离的余毒"来译 Vestiges，使其有别于 20 世纪存在过的种族隔离。

7 这个 diversity explosion 表示的意思就是一下子大家都主张要多元了。多元与隔离相违背，因为隔离是建立在一元的基础上的。explosion 这个词表示突然的增加，词本身未必有什么重要的意义，但是仅翻译成"21 世纪带来了多元"显然缺少了些细节和色彩，但是"爆炸"似不妥，当然用惯了也就可以了。参考译文译成"多元的浪潮"也是一个选择。

8 "中产阶级的出现……使生活环境比上个世纪愈加整合"这样翻译不够准确。原文的大意是，中产阶级的出现等因素促成转变，向更融合的生活环境转变，这就完全有别于上个世纪大部分时间里的种族隔离常态。翻译时未必一定要用"转变"这个词，但是意思应该接近上面的大意，两个意群（"向更融合的生活环境转变"和"有别于……种族隔离常态"）不宜合在一起。参考译文是"这些正促成一种更加融合的生活环境，与上个世纪的隔离常态相比已大有改善了"）。最后，这句中还有一个小问题值得讨论。原文的 for much of the last century 显然指的不是整个 20 世纪，而是指上个世纪的大部分时间。即"隔离区"这一现象普遍存在的那段时间（the "ghettoization" of much of the last century）。若在细节至关重要的文本中，这点需要翻译出来，如"发生在上个世纪大部分时间的'隔离区现象'"，但一般仅说"上个世纪"大家也不会误解。

9 defining 这个词表示某事物有别于其他事物,即 characterizing 或 distinguishing 的意思。词义源于视觉上的区别（define the shape of something）。在本句中主要是说那段时期在美国历史上是一个比较特殊的时期,翻译成"具有代表性"或"具有特殊性"基本到位,但是"最有决定性的"不适合这个语境。

参考译文

> 美国人生活中的社区是人与人之间最贴近的一个地方。正是在这里,人们社交、购物、上学;也是在这里,公民事务的影响举足轻重;社区的种族构成既能促成族群间的互动,也能妨碍这种互动。很多美国人一想到种族和社区就自然想到"隔离"。在美国各地无数的社区里,黑人和白人之间壁垒分明的隔离源于歧视,而歧视彻底剥夺了黑人求职、求学、求公共服务的平等机会,1960年代民权运动前如此,那之后亦然。
>
> 今日隔离的余毒并未完全肃清,但是21世纪崇尚多元的浪潮高涨,这可能带来潜在希望,随着国家进步,也许社区也能焕然一新。黑人中产阶级出现了,他们不断流入南部繁荣的都市,继而又有不少移居市郊,这些正促成一种更加融合的生活环境,与上个世纪的隔离常态相比已大有改善。若以上世纪"隔离区"这个大背景为参照,如此成绩已是相当不简单。上个世纪大部分时间内都存在"隔离区"现象,那是美国历史上一段最特殊、最不幸的时期。
>
> （叶子南译）

短文

Force一词的理解和翻译

这个词已经和汉语的"力量"紧紧地绑在一起了。人们一见到force这个词,就自然地用"力量"（或"力"）取代,好像它们之间可以画上等号。确实,在大多数情况下这个等号可以成立,如force of personality人格的力量,force of nature大自然的威力。**但是在有些语境中,译者如果用"力量""力"来翻译就很别扭**,如这里的the discriminatory forces 翻译成"歧视的力量"就不合适。黄邦杰先生有个很好的例句：

There were many forces at work, which made virtually inevitable the discovery of America at about the time Columbus accomplished it.

有许多力量在哥伦布发现美洲的那个时期前后起着作用,使美洲的发现成为实际不可避免的事。

Race in the United States

  显然"许多力量起作用"的说法不仅不符合汉语的习惯，读者也看不懂作者到底想说什么。黄先生提供的一个译文就很清楚："美洲的发现实际上是势所必然的，因为在哥伦布完成这一使命的前后时期，就已经有许多重要因素在起作用。"这里译者把forces翻译成"因素"就很恰当。为了能把这个词的翻译说清楚，让我们先看看英英词典。在这个词条下，force的一个定义是：

  [COUNTABLE] someone or something that has a powerful influence on what happens.

  从这里我们可以看出，force在这个语境中是一个可数名词，而且它可能指人或事物，但都是可数的。这就说明force到底指什么要看上下文，而且可能的选项无穷，任何可以影响结果的人、事、物或者其他的因素都可以是这个force，请看下面的：

1. The social and political forces that shape people's lives
2. For years he was a dominant force in Spanish politics.
3. The U.N. is a force for stability.
4. The most obvious force for change in industry is technical advance.

  这几个例子中的force都是可数的，第一句指的是可以影响人们生活的社会和政治因素，在没有上下文的情况下，我们不知道这些因素是什么，可能是政治运动、社会进步或反动的力量等，所以翻译成什么还得看上下文，但是在没有语境的情况下，翻译成"力量"似乎可以接受。第二个例子就清楚了，原文告诉你这个force就是人，所以可翻译成"西班牙政界的重要人物"。第三个例子中force的所指也很清楚，说"联合国是一支稳定的力量"应该可以，因为读起来并不别扭。但如语境允许，翻译成"是一个稳定的因素"也可以。第四个例子的所指也很清楚，是技术的进步，所以译成"对工业变化最明显的影响力是技术的进步"当然可以，但是说"促成工业变化的最明显的因素是技术进步"也完全可以。**从上面的例子我们可以看出，force这个词到底怎么翻译应该先看一看这个可数名词到底是指什么，然后再根据所指的人或事或物选择最佳的译法。**我们不排除直接用"力量"或"……力"这些接近原文的词，但是一旦汉语不通顺，就要选其他词。若明显是指人，那么翻译成"人"应该也可以（如例二），但不少情况下，可以用"因素"来翻译force这个词。另外还有种情况，如本单元这个例子（deeply rooted in the discriminatory forces），不翻译出来似乎更好，因为所谓的discriminatory forces就是discriminations，译成"黑人和白人之间壁垒分明的隔离源于歧视"完全可以，根本不必硬去翻译force这个词。

47 The Loss of Public Sanity

原文

A civilization is a shared understanding, and the decline of a civilization is the decay of this communal understanding from sensible to senseless. A community maintains its understanding by passing its traditions from generation to generation. That is, each generation is charged with rearing its progeny as dutiful citizens who revere the beliefs, hence the manners, customs and laws, which are the tradition of their parents. When this process fails then the community stops maintaining, but starts to corrupt, tradition: that is, it starts to discard or reverse the manners, customs and laws, so they cease to be a duty but become an indulgence.

The corruption of tradition progresses a generation at a time, with each succeeding wave of offspring corrupting more tradition, which in turn means showing less restraint and thus less understanding than the last generation. As previous restraints are discarded, citizens find themselves less able to resist their private impulses. With a reduced need to control their urges they become more susceptible to the temptations of conceit, vanity, envy, sloth, rage, lust, greed and fear; losing not only the ability to control their actions but their thoughts. Hence with each successive generation the character of the citizens becomes increasing uncontrolled, irresolute and silly.

From *A Study of Our Decline*, by Philip Atkinson (November 2011)

批改

文明是一种共同的理解，文明的衰退就是这种社会的理解从理智到无知的衰退[1]。为维持自身的这种理解，(一个)社会一代代地传递传统。也就是说，每代人作为尽职的公民承担着抚养后代的责任[2]，他们[3]崇尚信仰，因而尊崇规矩、习俗和法律，这些都是他们先辈的传统。如果这个传承失败[4]，那这个社会就会停止保持传统[5]，而开始腐蚀传统，也就是开始抛弃或颠覆这些规矩、习俗和法则，于是这些传统就不再是一项责任，从而成为了放任[6]。

腐败程度随着新一代的到来而逐次加深[7]，因为新一代继承人会腐蚀更多的传统，这反过来这意味着新一代人比上一代人展现出更少的克制与理解。由于抛弃了先前的克制，公民发现[8]更难抵抗个人冲动。随着控制强烈欲望的必要性削减，他们更容易受到诱惑而变得[9]自大、虚荣、嫉妒、懒惰、愤怒、贪欲、贪婪和害怕，不仅失去了控制自己举止的能力，而且也失去了控制自己思想的能力。因此，公民的性格随着每代人变得越来越一代比一代更于控制、更优柔寡断，变得傻乎乎的了[10]。

The Loss of Public Sanity 47

> **文本定位**　本段文字选自一本社会科学的书，属于社会学范畴，较抽象地讨论社会大问题，这里归入偏硬文本。但也可以归入偏软文本。若按偏软文本处理，就能扫除更多翻译腔，若照偏硬文本处理，则可能更严谨些，但就会保留不少翻译腔。社会科学的文章目前一般都译得较死板，但是其实社科类未必就一定要译得味同嚼蜡，译者仍应争得几分自由。

★ 点评

1 首先，senseless 在这里不是"无知"，而是失去理智的意思。但这句还有一个值得讨论的问题（文明的衰退是社会的理解从理智到无知的衰退），说"衰退是衰退"本来倒未必不行，但"理解的衰退"这说法就有点别扭。若再加上"从理智到无知"，句子内似乎就包含太多信息，显得"臃肿"。所以可考虑重组句子，不一定要守着"衰退是衰退"这个基本结构，如参考译文一"文明的式微则是这份共识从理智退化至理盲的过程"。或者可以像参考译文二那样把 from sensible to senseless 拿出来单独处理，如"而文明的衰落就是共识的逐渐丧失，就是社会不再由理智指导，而被愚昧引航"，用两个"就是"把句子分开。两个参考译文都比本译文安排得好。另外，将 communal understanding 翻译成"社会的理解"不错，但是从概念上说，communal 和 societal 还是有差异的，所以要看文本在概念上是否有严格要求，无严格要求可译成"社会的"，但"群体"似更接近原文。

2 这里的"每代人作为尽职的公民承担着"是将 as dutiful citizens 用来修饰主语 each generation 了，但原文是修饰 progeny 的，就是每代人都有责任把后代培养成有责任心的人。

3 此处的"他们"指代不清，可理解为 each generation，也可理解为 dutiful citizens。原文是 who，指代紧跟前面的 dutiful citizens，所以最好用比较清楚的译法，比如"让公民尊崇父辈的信仰"。参考译文一把 dutiful citizens 和后面的并列处理，似乎也可以（每个世代均有责教导子孙尽职守分、崇敬上辈奉为传统的信仰，乃至于礼仪、习俗和律法）。

4 将 this process fails 翻译成"这个传承失败"，大家都懂，但似乎还可以挖掘更好的汉语搭配，如"中断"。另外"这一传承"可以，但更靠近原文的"这一过程"（process）也可以。

5 将 stops maintaining 翻译成"停止保持传统"有太明显的英文痕迹，可换一个视角，处理成"传统就不能传承"。不能因为是严谨的社会科学文本就把最起码的翻译转换都忘掉，译者还是需要在语言上符合译入语的基本规范。

6 此处的 an indulgence 应该是和 duty 相对的词，最常使用的"放纵"等都不很合适。其基本词义是 something special that someone does for pleasure, not because they need to，这个

和 duty 刚刚相反（things that you have to do as part of your job），所以说 an indulgence 就是可以取舍，可以避免的事，或者说偶尔自娱的选项。

7. 翻译需要精练，能用五个字说的话，就最好不用六个字。但就意思来说"腐败程度随着新一代的到来而逐次加深"并不错，但文字太啰唆，且"腐败"一词似乎也不合适。The corruption of tradition progresses a generation at a time 的基本意思就是传统遭到破坏，一代不如一代，那么"传统的败坏与代俱增"基本概括了大意，但文字少多了。

8. 原文 citizens find themselves less able 中确实有"公民发现"。其实这个结构表示发现自己处于某种境地，所以有主观的成分，翻译成"公民发现"应该没错。但是这个口气在这里并不重要，所以如果将"发现"一词拿掉应该基本也可以（人们越发不能控制私欲）。要指出的是，放上去还是拿掉在细节上肯定不同，只是这点差异是否重要要由译者决定。要学会在不同语境中掂量词的分量，再决定保留还是放弃。

9. 说"变得自大、虚荣、嫉妒、懒惰、愤怒、贪欲、贪婪和害怕"并没有错。但是原文是 susceptible to the temptations of，就是受到"自大、虚荣、嫉妒"等的诱惑，也就是说这些自大、虚荣、嫉妒等都是客体，而翻译成"变得自大、虚荣、嫉妒"的话，自己就成主体了。当然受诱惑后的一个结果就是自己变得自大、虚荣、嫉妒，但原文没有涉及诱惑的结果。两个参考译文都注意了这个细节。

10. 将 silly 翻译成"傻乎乎"一下子就和前面比较正规的文字脱节了，应该保持语域的一致，如"愚昧不堪"。

参考译文一

　　文明即共识，而文明的式微则是这份共识从理智退化至理盲的衰败过程。族群共识的维系，仰赖传统的火炬代代相传。亦即，每个世代均有责教导子孙尽职守分、抛却自私、崇敬上辈奉为传统的信仰，乃至于礼仪、习俗和律法。一旦有怠，则族群不再维系传统，以致社群腐蠹丛生。换言之，礼仪、习俗和律法被视为敝屣甚或被推翻，不再是义务，而可以回避。

　　传统的腐化后浪推前浪，每波新浪均腐蚀更多传统，意味跟前一代相比，他们展现的自制越来越低，共识也每况愈下。约束既除，人们更难抵抗私欲。他们越是不需控制欲望，越易受自负、虚荣、嫉妒、懒惰、愤怒、色欲、贪念与恐惧所诱，不但丧失控制行为的能力，更无力左右自己的思想。因此，他们的性格一代比一代更难驾驭，更优柔寡断，也更昏聩颠顶。

（杨盈译）

参考译文二

所谓文明，就是一种共识，而文明的衰落就是共识的逐渐丧失，就是社会不再由理智指导，而被愚昧引导。一个群体将传统代代相传，以维系这种共识。每一代人都要把子女培养得有担当，让公民尊崇父辈的信仰，遵循传统的习俗和律法。一旦这一过程中断，社会就不再将传统传承下去，而是开始败坏传统。于是，群体开始抛弃习俗和律法，甚至背道而驰。于是敬畏传统、尊规循法就不再是肩上必须承担的责任，而变成偶尔自娱的选项。

传统的败坏与代俱增，传统于是每况愈下，结果新一代比上一代更少约束，更缺理解。由于摆脱了约束，人们越发不能控制私欲。由于不再如前那样需要控制欲望，他们便更经不住诱惑，任由自负、虚荣、嫉妒、懒惰、愤怒、欲望、贪婪、恐惧摆布；他们无力控制自己的行动，也无法驾驭自己的思想。所以，人变得越发不能自控、不能抉择，越加愚昧不堪。

（叶子南译）

短文

读社科文章未必味同嚼蜡

科学技术性的文章有时读起来晦涩难懂，但目前社会科学的文章读起来也让人感到味同嚼蜡。难道就不能让读者在阅读这类文章时感到轻松，至少不让人感到乏味吗？

社科文章仍然应该有可读性，这点要求并不过分。但是我们也应该为社科文章的译者设身处地地想想，他们有他们的难处。不少社科文章概念、定义、逻辑严密，在翻译转换过程中稍一疏忽，译文的意思就和原文的有出入，所以译者不得不跟原文跟得很紧，而紧跟原文的结果就是我们读到的一篇篇味同嚼蜡的文章。我们常不无幽默地说，最近我啃了一部大部头著作，我们只能用"啃"这个动词来形容。比如下面一段译文就是选自从免疫学角度讨论社会法律问题的文章：

变异性不确定性有时称为本体论不确定性或者随机不确定性，源自正在研究的系统状态中的自然内在不纯一性。还是举疫苗的例子，变异性不确定性来自不同社区中疫苗有效性的科学评估。

这样的文字岂能不"啃"？但指出社科文章译者的难处后，我们也要为读者说几句话。**面对目前社科文章普遍味同嚼蜡的局面，读者还是有理由抱怨的**。我们并不排除有些特殊的领域，有些特殊的文章不宜在翻译时灵活处理，换句话说，死板一点在所难免。但是目前味同嚼蜡的文章却比比皆是，说泛滥都不过分。究其根源，译者并没有真正弄明白原文的意思可能是主因。反正看不懂，最好的办法就是依样画葫芦，你是葫芦，我的也是葫芦，总不能说我不准确吧？另外一个原因可能是懒惰，一个好的句子需要辛勤劳动才能创造出来，可劳动很累，所以就画一下葫芦吧！另外可能还有一个原因，就是译者翻译理念造成的，认为这类文章就应该复制葫芦，就应该死板。但是实际情况是，大部分社科文章在翻译时，译者仍然有不少灵活的余地，但是由于上述三个因素，译者却没有去充分"挖掘"这个灵活译法的空间，让译文止于晦涩难懂、味同嚼蜡。比如：

A civilization is a shared understanding, and the decline of a civilization is the decay of this communal understanding from sensible to senseless. A community maintains its understanding by passing its traditions from generation to generation.

1. 文明是一种共同的理解，文明的衰退是社会理解从理智到无智的衰退。为维持自身的这种理解，一个社会一代代地传递传统。
2. 文明即共识，而文明的式微则是这份共识从理智退化至理盲的衰败过程。族群共识的维系仰赖传统的火炬代代相传。
3. 所谓文明，就是一种共识，而文明的衰落就是共识的逐渐丧失，就是社会不再由理智指导，而被愚昧引导。一个群体将传统代代相传，以维系这种共识。

其实第一个译文意思和下面两个没有本质的差别，但是怎么读都觉得别扭，因为译文被原文束缚，译者解读不足。也许你会说，在本书不少地方，你经常强调不要过度解读，怎么这里反过来了？因为语境不同，译法也不同。在这个文本中，译者仍然有介入解读的余地，不利用这个"余地"就不明智了。就像你有过期作废的余款，不用就作废了。第二个译文虽然结构上变化不大，但是在词语的选择、技巧的利用方面显得相当自由，译文的可读性陡增。第三个译文甚至在结构上也有所突破，把from sensible to senseless索性拿出来，放到后面（"就是社会不再由理智指导，而被愚昧引导"），结果更接近中文的行文。

社科翻译有时需要严谨些，有时可以放宽些，什么时候需要拘谨，什么时候应该灵活，全在译者的判断，端看译者的智慧。

第四部分

硬文本

这类文本中，作者的主观态度有极大的收敛。文本大都非常正规，文中不少词或词组都有较固定的词义，一般不容易引发歧义，因此译者翻译时也不应有过多的介入，不宜将原文没有的主观因素引入译文，要保持译文的高度客观性。鉴于这类文本都承担明确的实用任务，与社会的经济法律等活动相关，所以译文的准确常要比文字的流畅更重要，但译文又必须符合汉语的基本要求，因此译者必须在文字通顺和译文精准之间把握适当。

48 Guide to E-Business Integration

▶ 原文

Building an e-business is a complex undertaking. The key to long-term success is an agile e-business infrastructure that can quickly and easily accommodate changes in business processes and technology. Creating such an infrastructure demands the integration of diverse technologies, applications and business semantics.

While many vendors claim to have a "comprehensive, end-to-end solution", in reality most offer functionality in specific areas. e-Business infrastructures will commonly be multi-vendor solutions. The challenge is to match your individual business requirements to specific vendor offerings. This, however, is no easy task when all the vendors and their products sound alike.

XXX has developed an e-business Integration Road Map to guide companies in distinguishing among the vendor offerings. The road map is based on stringent criteria in various technology areas.

Enterprise Application Integration

An EAI solution integrates different applications through a common API. It includes data translation and transformation, rules- and content-based routing, and application connectors or adapters to packaged applications such as SAP and PeopleSoft. Some EAI vendors have more support for legacy integration than others do. Many legacy integration tools require custom programming and are responsible for most of the cost of implementation. Companies should evaluate performance and adaptability requirements before choosing a legacy integration solution.

✐ 批改

从事电子商务业务[1]是项复杂的工作。取得长期成功的关键在于建立起一个灵活的电子商务基础结构[2]，以便能快速应对商务过程和技术的变化。要创建这样一个基础架结构，就要结合[3]多种技术、应用程序[4]和商业语义。

尽管很多供应商声称自己有"全面的、一条龙式端对端的解决办法[5]"，但实际上他们中大多数只在某些方面发挥作用。电子商务基础结构通常需要由多个供应商来共同解决。面临的挑战是客户该如何将个人业务需求与不同供应商的产品或服务进行匹配。然而，当所有供应商的产品听起来都相差不大时，这种匹配就不容易了。

XXX公司为指导企业辨别不同供应商的产品和服务研发了一个电子商务"一体化集成路线图"。该图是基于不同技术领域的严格标准而制定的。

企业应用程序集成

EAI解决方案通过一个共同的API整合集成不同的应用程序。这个解决方案包括数据翻译与转换，基于规则与内容的路由选择，以及应用程序连接器或应用程序适配器，这种适配器可以根据SAP和PeopleSoft这类集成化应用做出相应改变的[6]。有些EAI供应商在老旧版系统集成[7]方面提供的支持多于其他供应商。很多老旧版系统集成工具要求用户自定义编程，而且这些工具负责承担占用主要实施成本[8]。公司应在选定某一老旧版系统集成解决方案前，对性能及适应性方面的要求进行评估。

文本定位

> 这个文本选自有关电子商务的介绍文章，虽然是介绍推广性的文字，但内容属于高科技，而且在这个领域，标准化程度最高，很多词或词组都已经被标准化了，因此可以将本单元归入硬文本。翻译的策略应该比较严谨，专业词汇按照规定翻译，非专业语言部分，则以简单明白为主，不用过度修饰语言。

⊛ 点 评

1 Building an e-business 是表示要建立起一个电子商务的环境或公司，business 一词当复数用时应指实体。另外，e-commerce 和 e-business 概念不同，前者只包含买卖的部分，但后者范围则包含所有商务流程，不过两个词一般都翻译成"电子商务"。

2 Infrastructure 一词在本文中属于专业技术词语，要按照规定的译法翻译，不能自创译法，如此处就应翻译成"基础结构"或"基础设施"，而且下面再出现时也应该用同样的词，保持一致。

3 Integration 这个词在计算机文本的语境中一般翻译成"集成"（繁体汉语翻译成"整合"），所以"结合""整合"，以及国际政治经济领域常用的"一体化"在计算机和网络语境中都不合适。也就是说，只要这个词用在这个场合，都是"集成"，当然同一个词不用在技术语境中则另当别论。

4 Applications 一词一般翻译成"应用程序"。但是目前有一种倾向，这个词常翻译为"应用"，这是因为智能手机中的 apps 常译成"应用"。严格说来，"应用"不符合汉语表达实体的意思，因为 applications 的复数表示一个一个可数的程序，但汉语"应用"不用来指实体。但目前大家都这么用，所以日后也许就只能跟着用。

5 这里的专业术语必须按规定翻译，如 end-to-end 就是"端对端"，solution 就是"解决方案"，没有什么通融的余地。其他的"点对点""解决办法"等都不合适。

6 本句似乎理解有些问题（and application connectors or adapters to packaged applications such as SAP and PeopleSoft）。这里的 to packaged applications 是表示与打包应用程序连接的连接器或配适器，而 SAP and PeopleSoft 只是这种打包应用程序的例子，大意就是：包括连接诸如 SAP 及 PeopleSoft 等打包应用程序的程序"连接器"或"适配器"。

7 这里的 legacy integration 表示现在已在使用的或已经老旧的系统的集成，此处的 system 其实省略了，翻译时加进去才清楚。

8 将 responsible for 按照字面意思翻译成"负责承担"未免太直译了。本句大意一看就懂，翻译时应摆脱原文的束缚，如"占用了大部分的实施成本"。

参考译文

电子商务集成指南

创建一个电子商务企业是一项十分复杂的任务。要想取得长期成功，关键在于建立一个灵活的电子商务基础结构，从而能快速适应商务流程及技术的变化。要建立这种基础结构，需要集成多种技术、应用程序及业务语义。

尽管许多供应商宣称自己具备"综合全面的端对端解决方案"，但事实上其中大多数却只能提供特定领域的功能。电子商务基础结构通常是多供应商式解决方案，而用户所面对的主要问题则是使自己的商务需求与特定供应商的产品相匹配。但如果所有供应商及其产品都十分接近，这种匹配却实非易事。

×××已开发出电子商务"集成导向图"，可协助公司区分不同供应商的产品。该导向图是基于不同技术领域的严格标准而制定的。

企业应用程序集成

EAI 解决方案通过某个常用 API 集成各种不同的应用程序。它包括数据翻译和转换、基于规则及内容的路由选择，还包括连接诸如 SAP 及 PeopleSoft 等套装应用程序的应用程序"连接器"或"适配器"。有些 EAI 供应商为旧系统的集成提供了更多支持。许多旧系统集成工具需要自定义编程，因此会占用大部分实施成本。选用旧系统集成解决方案前，公司应对性能和适应性方面的要求做出审慎评估。

短文

计算机及网络相关文本的翻译

至少在这个领域，英文系的博导未必翻得过他班级里成绩平平的学生，因为计算机及网络翻译自有一套"游戏规则"，教授们未必懂那一套。结果，教授自以为不错的译文会被翻译公司的项目经理否决，采用的译文反而出自学生之手。这里的原因很简单，计算机及网络相关文本的译者自己要做的决策不多，很多决策都是别人已经为你安排好的，你不得违背，只能照办。比如本篇短短200个词，已有规定译法的词竟达近40个（见下表），其中有些词在简体中文里和繁体中文里的译法完全不同，比如 Integration 一词，简体中文是"集成"，但是繁体中文称"整合"。在这个专门的领域外，译者就未必要遵守这样严格的译法。

为什么要这样"死板"呢？我们看到过其他科技领域的翻译，好像也没有这么严格，专业词汇当然也都有，但是执行时却不那么严格，常看到一个专业词的不同译法。其实，计算机网络领域翻译之所以特殊，和微软操作系统的广泛应用有关，在全球计算机操作系统中，微软有绝对优势，而计算机上的视窗是统一词汇的绝佳平台。微软的 Language Porter (http://www.microsoft.com/Language/en-US/Default.aspx) 上列出了大量专业术语的译法，罗列广泛，面面俱到，如表中的vendors一般人都不会想到也会被列入其中。计算机网络公司之所以要这样做，主要是商业目的。一种产品，在极短时间内，要同步翻译成几十种语言，各语言又不能互不相干，必须有协调、要统一，所以才有了词汇表。一般翻译这类东西，往往都是先有一个由客户认可的词汇表，译者按着翻译就行，千万不要自作主张，擅自创新。"统一步调"到这个地步，在其他科技翻译中是不多见的。

恰恰是由于这类翻译的高度"统一"特征，结果翻译活动被机器取代的可能性就增加了。目前较大的翻译项目都借助翻译记忆软件完成。翻译公司为缩短时间，减低成本，都使用塔多思（Trados）之类的计算机辅助翻译记忆软件，把规定好的译法输入翻译软件后，便可以反复使用，根本不用译者一次一次去翻译。目前很红火的本地化翻译全都使用辅助翻译记忆软件，辅助的作用已不可小觑，大大减少了人的作用。当然人并不是毫无作用。至少在校对由计算机辅助翻译完成的译文时，人的作用仍然重要，因为计算机不可能完全取代人。这类软件价格昂贵，所以个体译者往往买不起，不少译者就常用免费翻译软件，如谷歌的translate。由软件翻译后，人仍然需要编辑，但还是节省不少时间。用软件翻译情书确实雷人，但是翻译计算机相关文本却并不离谱，不妨一试。

简单地说，翻译计算机或网络文本时千万不要自作主张，要按照现有的译法翻译专业词。专业词当然也会有不同的译法，微软自己的词汇库里有时都不相同，况且公司和公司之间也会有差别，但这些都不是大问题。关键的是，你先要和客户商定专业词汇，不要擅作主张。下面是本单元中的专业词汇：

英　　文	简 体 中 文	繁 体 中 文
E-Business	电子商务	電子商務
integration	集成	整合
e-business	电子商务	電子商務
infrastructure	基础结构，设施	基礎結構
applications	应用程序	應用程式
vendors	供应商	廠商
end-to-end	端对端，端到端	端對端
solution	解决方案	解決方案
multi-vendor	多个供应商	
communications	通信	通訊

英　文	简体中文	繁体中文
servers	服务器	伺服器
Web Servers	web服务器	網頁伺服器，Web伺服器
Web	网站/网页	網路/web，網頁
Enterprise Application Integration	企业应用程序集成	企業應用程式整合
workflow	工作流程，工作流	工作流程
Process Management	流程管理	流程管理
B2B	企业到企业的集成，B2B	B2B
Systems Management	系统管理	系統管理
API	API	API
enterprise application integration	企业应用程序集成	企業應用程式整合
data（translation）	数据（翻译）	資料(翻譯)
transformation	转换	轉換
routing	路由	路由
content-based routing	基于内容的路由	根據訊息內容決定路由
connectors	连接器	連接器
adapters	配适器（卡）	介面卡，配接卡
packaged	打包的，封装的	已封裝的
support	支持	支援
legacy	旧的，旧式，旧版	舊版
custom programming	用户自定义编程	客戶訂制程式設計
implementation	实施	實施
performance	性能	效能
adaptability	适应性	可適性

Memorandum of Understanding

原文

University of XXX (hereafter referred to as XXX), US, and University of YYY, PR China, (hereafter referred to as YYY), recognizing that the two institutions share common interests in the pursuit of excellence in the field of graduate education; that the respective institutions are held in high esteem in national and international academic circles and that there is a demand in both countries for qualified professionals to help promote cross cultural communication and intercultural understanding between the peoples of the United States and the peoples of the People's Republic of China and throughout the world, hereby resolve to cooperate in promoting academic exchanges between the two universities. To this end, it is agreed as follows:

The two institutions, based upon the principles of mutual benefit and respect for each other's independence, will cooperate in the following activities:

- Cooperation in degree or non-degree programs
- Teacher training
- Joint research activities
- Exchange of faculty and academic materials

In order to carry out the activities stated in this MOU, detailed plans may be discussed and formed as appendices after further consultation between the two institutions, either in XXX or in YYY.

This MOU does not impose any financial obligations on either institution.

This agreement will be in force for three years as of the date of signature.

批改

中国YYY大学（以下简称YYY）与美国XXX大学（以下简称XXX）达成共识[1]，双方[2]均致力于提供良好的研究生教育[3]，并在国内外学术界享有盛誉。双方认识到[4]，中美两国均需专业人才推动双方[5]及世界人民的跨文化交流与理解。两校特决定加强学术交流，并达成协议如下[6]：

两校本着互利原则，在尊重彼此独立性的基础上[7]，将展开以下合作：

- 学位/非学位项目
- 师资培训
- 合作研究
- 教职人员互访及学术材料共享[8]

为落实本备忘录所列合作项目，双方将可[9]进一步协商讨论，形成具体方案，列入附录。协商地点将可选在YYY或XXX。

本备忘录不向对任何一方构成施加经济义务责任。

本备忘录自签署之日起三年内有效。

文本定位 这是一个比较简单的备忘录，属于严肃的法律文本，因此归入硬文本应无不妥。法律文本中的句子逻辑性强，概念严密，这都要求译者不宜过多解读，过于灵活。

★ 点 评

1 Recognizing 此处不是"达成共识"的意思。是"认识到"的意思。译者这里用"达成共识"，但下面又用"认识到"，这样不好，应该前后一致。有的人用"一致认为"，也不是很好，因为"达成共识""一致认为"都有相互协调观点一致的意思，但是 Recognizing 这个词的本义没有双方达成一致的意思。

2 严格地说，"双方"在法律文件中是 two parties，这里是 two institutions（两校）。这个不是大问题，但不要译成"各方"。

3 语义和原文不一致。原文是在说，两个学院在某方面有共同的兴趣或利益（share common interests），"均致力于"虽然也有共同的意思，但毕竟和原文不一样。

4 前面刚刚用过"双方"，这里又用"双方"，这样重复主语，就是两句了。一般不主张重复。如看原文，我们发现 recognizing 后面跟三个由 that 引导的从句，所以最好不去重复 recognizing。

5 鉴于本文中译者一直将"双方"视为两所大学，那么这里的"双方"就和前面的双方混在一起了。原文这里指两国人民。正规文本中所指必须非常明确。

6 本段有不少问题。这牵涉到正规文本，特别是法律文本的翻译，详见本单元的短文。

7 "本着原则""遵照原则"这类搭配没错，但原文是 based on，一般在法律文本中翻译成"在……的基础上""基于"。另外，原文的"互利"和"彼此尊重"都是原则的内容（the principles of mutual benefit and respect），但译文把它们分开了。这类译文需要精准，所以在文字结构上尽量不要变动太多。

8 Faculty 应仅指教师，不含职员。严格地说，交换材料和共享材料是两个不同的概念。

9 原文是 may，并不是"将"的意思，而是"可"的意思。译者在这类情态动词方面要准确些。

参考译文

中国YYY大学(下简称"ＸＸＸ")与美国XXX大学(下简称"ＸＸＸ")认识到,两校在追求优异的研究生教育方面有共同利益;两校各自在本国学术界和国际学术界享有很高声望;且美中两国都需要合格的专业人员来促进美中两国人民间和世界人民间的跨文化交流和文化间的理解。有鉴于此,双方决定在促进两校学术交流方面进行合作。为此,两校达成协议如下:

两校在互利和尊重各自独立的基础上,将在下列活动中合作:

- 在学位或非学位教育项目中合作
- 教师培训
- 联合研究活动
- 交换教师和学术材料

为能落实本备忘录中的活动,两校在进一步磋商后,可讨论并制订详细的计划,以作为本备忘录的附件。磋商可在XXX大学或YYY大学举行。

本备忘录不向任何一方施加经济责任。

本协议将在签字之日起生效,有效期三年。

短文

正规文本翻译较死板的原因

本单元中的第一段如下:

University of XXX (hereafter referred to as XXX), US, and University of YYY, PR China, (hereafter referred to as YYY), recognizing that the two institutions share common interests in the pursuit of excellence in the field of graduate education; that the respective institutions are held in high esteem in national and international academic circles and that there is a demand in both countries for qualified professionals to help promote cross cultural communication and intercultural understanding between the peoples of the United States and the peoples of the People's Republic of China and throughout the world, hereby resolve to cooperate in promoting academic exchanges between the two universities.

我们首先应该意识到，这篇和前面不少译文不同，是一个正规文本，属于法律文本的范畴，尽管算不上非常严谨的法律文件。**作为法律文本，翻译时首先要一改松散自由的译笔**，比如It's Cold Out There和Ronald Reagan Is Dead这样的文本，我们一直主张灵活处理，要见细不查，但是这里我们却持相反态度。

因此，翻译时就要注意语言结构，甚至语法结构有时都最好保留，如这句的主干是：Two institutions, recognizing that A..., that B..., and that C..., hereby resolve to cooperate。翻译时就最好保留这个结构："意识到两校在……方面有共同利益，……享有很高声望，且美中两国都需要合格的专业人员来促进……的理解"。由三个that构成的并列关系，在译文中基本保留下来，有时甚至还可以完全像原文一样用分号隔开。当然灵活之处不是没有，比如上面保留了that引导的结构，结果句子就无法像原文一样仍然保持一句。译者只能在译完三个that引导的从句后，用句号把句子断开，然后外加一个"有鉴于此"和下面的"双方决定……进行合作"衔接起来。

译者一般会很注意细节，如cross cultural communication and intercultural understanding不能因为大意接近而合并，between peoples... and throughout the world也不能用翻译杂文时的策略见细不查，而是要亦步亦趋，如"促进美中两国人民间和世界人民间的跨文化交流和文化间的理解"。有人把cross cultural communication and intercultural understanding合并起来，认为两个概念差不多，但是原文是两个概念，还是不合并为好。

本单元第二段有的地方也需遵照这一原则，如The two institutions, based upon the principles of mutual benefit and respect for each other's independence, will cooperate in the following activities，最好不要译成"两校本着互利原则，在尊重彼此独立性的基础上"，因为原文的基本结构是"在……原则的基础上"，而这个原则的内容有二，即互利和互尊，不宜分成两个，一个分给原则，一个分给基础。英文的based on一般译成"在……基础上"或"基于"，不是说绝对如此，但是若不换可行，又何必换掉？这种尽量不变的原则主要是因为变了会有潜在的错误。有时变一下未必就出问题，但错误的后果较大，所以译者就谨小慎微些。这样难免会影响可读性，但是这类文本，准确性这把剑毕竟总是悬在译者头上。

China's WTO Accession (1)

▶ 原文

China's WTO accession represents an opportunity to address a broad range of unfair trade practices, trade barriers, discriminatory regulatory processes, lack of transparency, and other policies which limit American participation in the Chinese market or unfairly affect American trade. The broad set of commitments China has made today, and the substantial negotiations which remain to be held, will advance American interests in a fundamental way, and complement broader policies intended to move China toward internationally accepted standards of conduct.

China's accession process includes bilateral negotiations including market access (with the United States and other trade partners); bilateral negotiations toward a "Protocol" addressing U.S. concerns on issues including dumping, safeguards, and others; and multilateral negotiations on those and the remaining Protocol issues. WTO accession is thus a complex and multi-faceted process. This fact sheet covers the market access; a second (attached) covers the Protocol commitments.

✍ 批改

中国加入世贸组织提供了一个机会,使我们能处理解决[1]包括不公平贸易行为、贸易壁垒、歧视性监管手续、透明度缺失等一系列不公平政策。这些政策限制了美国在中国市场的参与度,又或者对美国贸易产生不公平的影响[2]。中国今日所做出的一系列广泛承诺,以及即将进行的实质性[3]谈判将会从根本上增进美国的利益,并对更广泛的政策形成补充,以便引导中国向国际行为准则接轨[4]。

中国入世讲过程包括涉及（与美国及其他贸易伙伴进行的）市场准入的双边谈判；旨在推动达成"议定书"的双边谈判,"议定书"谈及倾销、保障措施等美国关切的议题[5]；以及[6]关于上述议题和《议定书》遗留问题的多边谈判。因此,入世进程内容复杂,涉及多个方面。这份简报介绍了市场准入的情况。第二份简报（见附件）涵盖了《议定书》中做出的承诺。

文本定位 这两个单元选自当年中美就中国入世问题谈判的美方文件,立场是美方的。文本相当正式,句法严谨,其中不少与世贸组织相关的语言基本都有固定译法,文本无疑应归入硬文本。翻译策略应是以严谨为主,原文逻辑特征不应轻易违背,行文应没有语言错误,不求流畅,但求通顺。

★ 点 评

1 有的时候，译者把 address 翻译成"解决"似也可以，但是应该记住，address 一词的本意不是"解决"的意思，而是处理某事的意思。有关 address 的这个意思，详见下一单元的短文。

2 理解错误！原文的 which limit American participation in the Chinese market or unfairly affect American trade 不是指前面这些政策，是后面的其他政策。当然你会说，前面的所有情况都限制了美国的参与，但是语法上 other policies which limit... 中由 which 引导的定语从句是修饰 other policies 的。正确的译法应该是"包括不公平贸易做法、贸易壁垒、……以及其他限制美国参与……的政策"。另外，这一长句中包含的一系列名词短语最好能在汉语中保持词性一致，比如"不公平贸易行为""贸易壁垒"是名词短语的话，其他最好也是名词短语。如果后面说"缺乏透明度"，就是动宾结构了。详见本书短文"并列语言单位的处理"。

3 没有语境的 substantial 并不一定只指"实质"，也可指"大量"，要看上下文。也就是说，这个词既牵涉到质，也牵涉到量。但目前很多场合都译成"实质性的"。

4 这句和原文出入比较大。译者的自由度太大了，忘记了这是一个相当"硬"的文本，原文的逻辑思维不宜轻易变换。首先，complement 这个词翻译成"补充"基本到位，该词就是表示原来的还不够，这里补上，在本段中是说 broader policies 还不够，需要 The broad set of commitments and the substantial negotiations 来补充，来完善。另外，译文最大的问题是把 to move China toward 翻译成"以便引导中国向"。这个 move 是和 intended 在一起的，译文没有翻译出来，而 intended 则是和前面的 broader policies 紧紧绑在一起的语言单位，换句话说，intended 和 policies 的修饰关系是限定性的，只能放在前面。最后，"引导"（中国）完全不能反映原文的意思。原文是 move，所以应该是"推动"，这是两个完全不同的隐喻图像，前者劝说加诱导，后者就是在后面推着你走。见参考译文。

5 这句的基本结构是"入世包括双边谈判，双边谈判和多边谈判"。译文把"'议定书'谈及倾销、保障措施等美国关切的议题"这部分放到后面，就阻断了原文基本结构的连贯，既不能和前面的衔接，也使得后面的"以及"不能与前面的衔接。详见本单元短文。

6 同上，并见本单元短文。

Chinese's WTO Accession (1) 50

> **参考译文**
>
> 中国加入世贸组织使我们有机会提出许多不同的问题,如不公平的贸易做法、贸易壁垒、歧视性调控手续、透明度的欠缺,以及其他限制美国参与中国市场或给美国贸易带来不公平影响的政策。中国今天所作的一系列广泛承诺,以及还有待进一步完成的实质性谈判,将从根本上促进美国的利益,并补充旨在推动中国遵守国际行为准则的更广泛政策。
>
> 中国加入世贸组织的过程包括(同美国和其他贸易伙伴进行的)涉及市场准入等事项的双边谈判、为达成针对美国所关注的问题(包括倾销、安全保障和其他)的议定书而进行的双边谈判,以及有关上述这些事项和议定书所涉其余事项的多边谈判,因而加入世贸组织是个复杂而多面的过程。本情况介绍包括了市场准入部分,所附在后的一部分是有关规则承诺的。
>
> (网络资源,略有修改)

短文

正规文本的句型转换

本段翻译中有这么一句:

China's accession process includes bilateral negotiations including market access (with the United States and other trade partners); bilateral negotiations toward a "Protocol" (i.e., rules) addressing U.S. concerns on issues including dumping, safeguards, and others; and multilateral negotiations on those and the remaining Protocol issues.

大家翻译起来颇感费力。其实本句的基本句型非常简单(The process includes bilateral negotiations, bilateral negotiations and multilateral negotiations),如果没有修饰语,翻译起来非常容易,如"入世过程包括双边谈判、双边谈判和多边谈判"。即便是稍添加一点修饰语,也可沿用这一句型,如"入世过程包括涉及市场准入的双边谈判、为达成议定书而进行的双边谈判和相关的多边谈判"。但是原文修饰的成分很长,比如第一个双边谈判中在主句动词includes后又添加了一个including market access,还有with the United States and other trade partners,第二个双边谈判的修饰语就更长了,结果译者就可能想用其他办法,因为汉语在名词前的修饰语太长总很别扭。有人翻译成下面这样:

中国入世过程中,与美国和其他贸易伙伴举行了关于市场准入等事项的双边谈判，为订立"议定书"，针对美国关注的倾销、保障措施和其他问题举行了双边谈判，并就这些事项和议定书所涉其余事项举行了多边谈判。

这个译文完全调整了句型，将一个简单句换成一个个的小句子，读起来顺口，语义也都包括进去了，没有漏掉信息。我们并不排除在翻译中做这样的调整，其实这类句型的变通正是基础翻译学习时老师反复介绍推荐的。但是在正规的文本中，特别是政治、经济、商业、法律领域的文本，很多译者都不这么做，因为他们怕这样调整句型会在无意中造成语义失真，比如下面这句：

中国入世的过程包括双边谈判和多边谈判。双边谈判有两类。第一类双边谈判涉及市场准入，谈判对象是美国和其他贸易伙伴。第二类双边谈判的目的是达成"议定书"，谈判内容涉及倾销、保障措施等美国关切的议题。另外还有关于这些事项和议定书所涉其余事项举行的多边谈判。

本句和上面的那句都改变了原文的句式，都很流畅，但这个译文强调对双边谈判的两个类别的明确区分，但原文里并没有作这种明确区分，这样就出现了一些极其细微的差别。有鉴于此，目前较常见的译法是尽可能不改变句型，尽量在原文的框架内做些归化的努力，比如参考译文：

中国加入世贸组织的过程包括（同美国和其他贸易伙伴进行的）涉及市场准入等事项的双边谈判、为达成针对美国所关注的问题（包括倾销、安全保障和其他）的议定书而进行的双边谈判，以及有关上述这些事项和议定书所涉其余事项的多边谈判。

译者保留了"包括……双边谈判、……双边谈判和……多边谈判"这个基本句型。**大多数正规文本的翻译中，译者似乎都常采用这种保留原文句式的做法，其背后的原因也许是怕改变句型会造成意思的失真，而正规文本意思的准确又是关键，所以就牺牲了可读性。**

China's WTO Accession (2)

原文

Broadly speaking, the market access commitments China has made will bring China at or above existing WTO standards on issues and sectors of major concern to the U.S. They address each layer of Chinese trade barriers to American exports. For example, at present, an American good faces not only high tariffs and at times quotas, but a web of other barriers which, if unaddressed, could make tariff reductions meaningless. These include application of unscientific sanitary and phytosanitary standards in agriculture, non-tariff barriers to industrial goods, restrictions on distribution and trading rights, and discrimination against imports and foreign-invested companies.

In each case, the U.S. has achieved commitments that address the principal barriers to American products; are highly specific and fully enforceable; are phased-in over a relatively short period of time, with increased market access in every area as of day one of China's ultimate accession; do not offer China special treatment; and meet or exceed commitments made by many present WTO members.

批改

大体而言，中国所做出的市场准入承诺将使中国达到或超出世贸组织标准，特别是在美国重点关切的议题和领域上¹。这些承诺意在解决子²中国对美国出口产品所设贸易壁垒的各每个方层面。例如，当前美国产品不仅面临高关税，不时还有配额，而且还要面对其他贸易壁垒。如果这些问题不解决，削减关税将毫无意义。这些壁垒包括实行不科学的农业卫生和植物检疫标准，设立工业产品非关税壁垒，限制分销和贸易权，以及歧视进口商品和外资企业。

在各每种情况下，美国履行子已获得解决针对美国产品设置的主要壁垒的承诺³。以上承诺高度明确，完全可行⁴；并将在较短时间内逐步施行，从中国正式加入世贸组织第一天起在各领域扩大市场准入⁵；不向中国提供特殊待遇；达到或超出世贸组织现有成员所做出的承诺⁶。

点评

1 本句值得商榷。不能用"特别是"这个结构把修饰部分放到后面，意思会有出入，因为"特别是"表明还有美国以外的议题。但是原文就是说在美国关切的议题上，没有说特别是在美国关切的议题上。基本结构应该是"承诺将使中国在……的议题和领域上达到或超过……"。另外，sector一词不少专业译者常译成"部门"，但为了顺口，不少人也翻译成"领域""行业"，可根据上下文选择。

2 理解错误。原文的 address 没有"解决了"的意思。用 deal with 解释差不多，但不是解决。有人用"设法解决"，这主要是想避免"解决"，因为该词不牵涉处理后的结果。Cambridge Dictionaries Qnline 定义是 to give attention to or deal with a matter or problem。见上一单元的点评和本单元的短文。

3 理解全错了。履行承诺的应该是中方，应该是美国获得了中方的承诺。另外，注意这里又有一个 address。

4 Fully enforceable 应该是"完全可执行（实施）"。"可行"的对应词是 feasible。

5 本句的主语是什么？要时刻注意这一整段的主语都是"这些承诺"，任何一个分句都要考虑到和整句的连贯。原文的 with the increased market access，应该是和前面的 are phased-in 有相互关系的。大意是，随着市场准入的程度提高，这些承诺将在短期内逐渐实施。

6 最后一段由于主语是"这些承诺"，所以译文也必须和这个架构相符合。原文一共有五个定语从句（address, are highly, are phased-in, do not offer, meet）汉语反复重复"这些承诺"五次太复杂，建议少用几个，但仅用一个怕是不够，见参考译文。

> **参考译文**
>
> 　　概括地讲，中国已经作出的市场准入承诺会使中国在美国关注的问题和行业上达到或超过目前世贸组织的标准。这些承诺涉及中国对美国出口所设贸易壁垒的每个层面。例如，目前美国商品不仅面临高额关税和不时的配额，而且还面临其他一系列贸易壁垒。这些壁垒如果不加以限制，将会使关税降低变得毫无意义。这包括农业方面不科学地应用卫生和植物卫生标准、工业产品非关税壁垒、分配及贸易权限的限制，以及对进口和外资企业的歧视。
>
> 　　在每一个领域中，美国都得到了处理针对美国商品的主要壁垒的承诺。这些承诺是极为详细、完全可实施的；这些承诺将在一个较短时期内分期分批地纳入轨道，而且从中国最终加入的第一天起，中国每一领域的市场准入都将增加；这些承诺不给中国带来特别待遇，而且将达到甚至超过目前许多世贸组织成员所作出的承诺。
>
> （网络资源，略有改动）

短文

关于address这个词的翻译

本文中动词address一词出现好几次，有必要重点讨论一下这个词的译法。该词有不同的意思，如I addressed my letter to him personally这句中的address是在信封上写上姓名地址的意思，The president addressed the meeting中的address表示在大会上发言讲话的意思。我们这里的address不是那些意思。请看这两个单元中有address的句子以及其他几个例句：

1. China's WTO accession represents an opportunity to address a broad range of unfair trade practices, trade barriers, discriminatory regulatory processes, lack of transparency, and other policies...
2. bilateral negotiations toward a "Protocol" addressing U.S. concerns on issues including dumping, safeguards, and others
3. They address each layer of Chinese trade barriers to American exports.
4. In each case, the U.S. has achieved commitments that address the principal barriers to American products.
5. We also address opportunities in the renewable energy space...
6. The scientific community has not adequately addressed public concerns about GM foods.

有的学生见到原文语境中的address都觉得是"解决"的意思，所以见到"中国加入世贸组织使我们有机会提出一系列不同的问题"这样的翻译就认为，将address翻译成"提出"不对。有人甚至说，应该翻译成"解决一系列不同的问题"。但是这个词表达的并不是结果，而仅仅是提出问题意在解决。也就是说，address a problem只说明要去设法解决问题，但是否解决没说，完全可能出现addressed a problem, but failed to solve it这样的局面。其实这个词的意思和deal with接近，如牛津字典的定义是Think about and begin to deal with (an issue or problem)，有的直接把这个词定义为 discuss（dictionary.com）。所以，上面说"有机会提出一系列不同的问题"并不错。另一个译法是"处理"（有机会处理问题）。但是这并不是一个需要规范译法的词，意思对的话，怎么翻译都行。比如第二句 "Protocol" addressing U.S. concerns译成"达成针对美国所关注的问题"，把addressing翻译成"针对"。再比如第三个例子They address each layer... 翻译成"这些承诺涉及……的每个层面"，address译成"涉及"。第四个例子commitments that address the principal barriers译成"处理针对美国商品的主要壁垒的承诺，address译成"处理"。第五句We also address opportunities in the renewable energy space...译成"我们也探讨了可再生能源部门中的机会"，address译成"探讨"。第六句The scientific community has not adequately addressed public concerns about GM foods译成"科学界没有充分设法排解社会对转基因食品的担忧"，addressed译成"设法排解"。这些译法虽然各不相同，但都是deal with在不同语境中的变异说法。

简言之，address在原文语境中并不是"解决"的意思，而是表示提出问题设法解决的意思，其英文最合适的对应词是deal with，有时也是give attention to或discuss的意思。翻译时需要根据语境，选用不同的译法，但怎么变化都不应离开deal with的基本意思。

Infrastructure Investment (1)

原文

We begin our assessment of opportunities for participation in the U.S. energy, transport, and water-related infrastructure sectors by estimating the required capital investment needs for these sectors for the years 2013 through 2030. We chose these three segments for their size, definable needs, and past openness to foreign participation. Importantly, in all cases we project minimum floor levels of required investment using conservative assumptions and cover only those subsectors least likely to give rise to controversy. We do not, for example, estimate the amount of investment required to adapt to the likely impacts of climate change; doing so would have resulted in much higher numbers, but may have distracted attention from the principle message of this study—that U.S. infrastructure needs are huge and offer plenty of room for major growth in foreign participation—by inviting side debates about climate science. We thus estimate capital investment for only those subsectors of energy, transport, and water-related infrastructure offering reliable economic data, third-party analysis, and general consensus among experts. These subsectors are listed in Table 1 and are discussed more fully in the Technical Appendix.

From U.S. Chamber of Commerce website

批改

我们开始通过[1]对2013年至2030年美国能源、交通和与水相关基础设施部门[2]所需资本投资的预测来评估上述部门的外资参与机会[3]。这些部门的发展规模、可计算的投资以及对外资参与的开放态度促使我们选择了上述三大产业[4]。重要的是，保守估计我们的投资将均是投资额度的最低下限[5]，而且只涵盖最不会引起争议的子部门。例如，我们并没有估算应对气候变化所需的投资[6]。那样做会得出较高的预测结果，但是一旦引入气候问题的讨论，就可能会偏离本研究的原则性[7]思想——美国基建需求庞大，外资参与空间广阔。因此，我们只预估能源、交通和与水相关基建的子部门所需的资本投资，提供可靠的经济数据、第三方分析和专家共识。这些子部门列于表1，而在"技术附件"中有更为详细的讨论。

文本定位

本单元和下单元的文本选自美国商会的官方网站，内容涉及基础设施投资，主要是美方设法吸引中方投资。文本属于很正式的文件，是不折不扣的硬文本。翻译策略应该尽量保持原文的正式文体，注重语言的细节，一般不主张采用过度灵活的译法，但语言仍应通顺。

★ 点评

1 严格地说，应该是"我们通过……开始评估……"。但未必要用 by（通过）这个句型，可以变换，参见本单元短文。

2 sector 一词有翻译成"领域""行业"的，但很多翻译正规文本的译者常翻译成"部门"，subsector 则为"子部门"。但是"部门"的译法很容易和一般常用的"部门"混起来，如"人事部门"。建议根据情况选用。一旦选用"部门"，就必须将 subsector 翻译成"子部门"，不能这里用"部门"，那里用"子领域"，要保持一致。普通新闻等大众消费的文章里，就不必坚守"部门"的译法，可随意处理，如新闻报道中的 investing in China's health care sector，就可译成"投资中国医疗行业"，或用"领域"等都行。

3 这句用"通过……来评估……机会"句型可接受，但句子很别扭。未必要这样译，若译成"为评估……基础设施部门中的参与机会，我们在研究之初估算……这些部门的基建投资需求"似更好。begin 转换成"之初"很灵活。

4 这里 segments 和 sectors，所指相同，选词和前面最好一样，如"三个部门"。

5 这个译文和原文有差异，应该是"在各个部门我们都基于保守的假设来预测最低投资需求"。

6 本句大意和原文差不多，但原文的 likely impact 没有，不影响大意，但这要看我们到底希望把译文精确到哪一步。不同的文本不同的翻译目的，译者关注细节的程度不同。比如参考译文就未删除（"可能发生的气候变化影响"）。

7 此处的 principle 疑为 principal，主要的信息？

参考译文

为了评估美国能源、运输和与水有关的基础设施部门中的参与机会，我们在研究之初估算了2013年至2030年这些部门的基建投资需求。我们选择这三个部门是基于其规模、可测定的需求以及过去对外国参与的开放度。重要的是，在各个部门我们都基于保守的假设来预测最低投资需求，并且仅仅涵盖最不可能导致争议的子部门。例如，如果我们估算适应可能发生的气候变化影响所需要的投资数额，我们的预测结果就会高出很多。但是，那样做可能会引发对气候科学的辩论，从而妨碍人们集中关注此项研究的主要信息——美国的基础设施需求巨大，有足够的空间来容纳更大规模的外国参与。因此，我们仅评估能源、运输和与水有关的基础设施部门中某些子部门的投资需求，提供可靠的经济数据，分享第三方分析，并引述专家的一般共识。表1列出了这些子部门，《技术附录》中则对它们进行了更为细致的阐述。

短文

By doing这个结构的处理方法

本段一开头有这么一句：We begin our assessment of opportunities for participation in the U.S. energy, transport, and water-related infrastructure sectors by estimating the required capital investment needs for these sectors for the years 2013 through 2030.

显然这个句子很长，而且其中包含一个由by estimating引导的结构。这个句型最省事儿的译法是"通过"，比如原译文就是"我们开始通过对……的预测来评估……的机会"。这样翻译最不容易使译文走样，可以保证准确性。但是有时这样使用"通过"翻译不很方便，有时虽然并无不便，但译文会比较生硬，翻译腔严重，比如同样是本段中下面还有一个by inviting的结构，由于中间插入了一些成分，句子又非常冗长，所以用汉语的"通过"结构不见得是很好的选择（but may have distracted attention from the principle message of this study—that U.S. infrastructure needs are huge and offer plenty of room for major growth in foreign participation—by inviting side debates about climate science）。看了原译文和参考译文，我们发现译者都没有用"通过"这个结构，比如原译文转换成"一旦引入气候问题的讨论，就可能会偏离本研究"，用了"一旦……就"的结构，而参考译文则是"那样做会引发……讨论，从而妨碍人们集中关注……主要信息"。**所以在比较简单的句型中，如果使用"通过"这个结构并不造成译文别扭的话，译者也不用排除这个译法。但是如果译文较复杂，句子又长，译者最好不要死抱住"通过"这个结构不放，而应该仔细读原文，用较灵活的方法处理这样的句子。**英文by doing这个结构虽是表达方式的，但汉语处理起来可以很灵活，比如可简单地避免"通过"（They defeated the enemy by using pre-modern weapons. 他们用旧武器打败了敌人），还可以像原译文那样用假设的口气说（一旦引入气候问题的讨论），或使用其他的转换办法。关键是基本意思应该没有变化。

总之，**译者不要见到by doing结构就毫不例外地使用"通过"这个结构，而需要灵活地变化句型。**当然，无论怎么变化，基本语义不能改变。基本逻辑关系如无足轻重，可以忽视，如这里译者将"方式"（by doing）换成"一旦……就"，似乎没有影响大意。当然有些句子中by doing引导的关系非常重要的话，则另当别论。

53 Infrastructure Investment (2)

原文

As an initial matter, foreign investment into existing infrastructure businesses may implicate at least three standard regulatory approvals and legal compliance requirements: (1) reviews or notifications related to U.S. antitrust laws; (2) filings with securities regulators and U.S. exchanges; and (3) a national security review conducted by the Committee on Foreign Investment in the United States (CFIUS). The first two of these apply with equal force to both U.S. and foreign investors, while the third is focused specifically on foreign investment.

Infrastructure investments structured as mergers, acquisitions, or asset sales may require a competition review conducted by the U.S. Federal Trade Commission (FTC) and the Department of Justice (DOJ). U.S. antitrust laws prohibit acquisitions of interests or assets of a party engaged in interstate commerce where the "effect of such acquisition may be substantially to lessen competition" in a relevant U.S. product market. The Hart-Scott-Rodino Antitrust Improvements Act of 1976 (HSR) requires parties to submit premerger notification to the FTC and DOJ for most significant acquisitions. The HSR notification requirements apply if the transaction meets certain thresholds based on the value of the transaction and the parties' sizes, or if, regardless of the parties' sizes, the transaction will result in the acquirer acquiring at least $283.6 million of the target's interests and assets.

From U.S. Chamber of Commerce website

批改

首先，投入到现有基础设施~~业务~~企业[1]的外资需满足[2]至少三项标准的监管批准和法律要求：（1）与美国反垄断法有关的审查或通知；（2）向证券监管机构和美国证券交易所提交文件备案；以及（3）由美国外国投资委员会（CFIUS）进行~~的~~[3]国家安全审查。前两项同样适用于美国投资者和外国投资者，但第三项则仅适用于[4]外资。

以兼并、收购或资产出售为形式的基础设施投资可能需接受~~通过~~由美国联邦贸易委员会和司法部进行的~~一次~~竞争审查。美国反垄断法禁止对参与州际贸易的一方的利益[5]或资产进行的、在相关美国产品市场"可能显著削弱竞争"的收购[6]。《1976年哈特—斯科特—罗迪诺反托拉斯改进法》要求各[7]方就大多数[8]重大收购向美国联邦贸易委员会和司法部提交合并前通告。《反托拉斯改进法》通告要求适用于达到以交易价值和各方规模为基础计算的额度的交易，无论各方规模如何，收购方收购的利益和资产不少于2.836亿美元的交易[9]。

★ 点 评

1 businesses 一词用作复数形式，一般指实体，如公司企业。

2 外资要满足要求？外资是资本，应该是"投资需要满足要求"，原文是 foreign investment may implicate。另外 implicate 无固定译法，译成"会遇到三项要求""要满足三项要求"都可。最后 compliance 在合适的语境更常译成"合规"，但译者仍需根据实际情况决定译文，有时译成"符合"也并非不可。

3 为了保持 1、2、3 的语法结构一致当然好。但行文还是不能别扭，该灵活的地方仍须灵活。比如这里的"的"字就最好删除。此处 1 是名词结构，把"的"删除后 2 和 3 就是以动词为核心的结构了。"的"拿掉后句子就不别扭了。但是把三个都换成名词结构如不方便，也可作罢，不必硬求一致。

4 也可以用更靠近原文的译法，如"专门针对"。

5 interests 此处指股票，可译成"股权"。

6 很难看懂。本句按照原文结构很难做到又准确又通顺，比如"美国反托拉斯法禁止收购从事州际商务并在相关美国产品市场中收购可能导致竞争大幅度减少的标的公司的股权或资产"这个译文不符合汉语的要求。此时译者应该考虑换句型，如添加"如果"这类从句，就能解开死结。见参考译文。

7 若收购只有两方，就不能用"各方"。因"各方"一般表示多于"双方"。

8 most significant acquisitions 中的 most 是修饰名词的，不是表示最高级。不是"最重要的"。这里的翻译是对的。

9 这句很难看懂。应该是交易的规模达到一定数额以及公司有一定的规模，就需要提交合并前通告，但是即便公司没有一定规模，但只要收购的资产达到 2.836 亿，那么仍然需要提交合并前通告。本来并不是一个非常复杂的概念，但是译文非常难懂。此时，要摆脱原文的束缚，看看有什么办法，如换句型、加词。见参考译文。

参考译文

外国公司对现有基础设施企业投资首先可能遇到至少三项常见的监管审批和法律要求：(1) 与美国反托拉斯法有关的审查和通知；(2) 向证券监管机构和美国证券交易所提交文件；以及 (3) 由美国外国投资委员会（CFIUS）进行国家安全审查。前两项同样适用于美国投资者和外国投资者，第三项专门针对外国投资。

采用合并、收购或出售资产形式的基础设施投资可能需要通过美国联邦贸易委员会（FTC）和司法部（DOJ）的竞争审查。根据美国反托拉斯法，如果被收购方从事州际商务，并且在相关美国产品市场中"收购可能导致竞争大幅度减少"，则禁止收购标的公司的股权或资产。1976年的《哈特—斯科特—罗迪诺反托拉斯改进法》（HSR）要求交易方就大多数重要的收购向联邦贸易委员会和司法部提交合并前通知。交易价值和交易方规模达到某些指定门槛就需要提交HSR通知；但是，无论交易方规模如何，只要收购方收购标的公司的股权和资产数额达到或超过2.836亿美元，就需要提交通知。

短文

硬文本翻译中句型转换的原则

英中两种语言句法结构的差异是译者需要注意的问题。在软文本中，转换不转换句型限制较少，译者觉得转换句型能使译文更流畅、更好，一般就可以转换。在硬文本中，转换当然也在所难免，只要行文需要，不排除换一个句型表达。但是，我们应该谨慎些，原因是很多正式的硬文本，都可能有重要的作用，转换句型后，语义变化的潜在危险增大。为保险起见，只要不转换中文说得过去，就未必要换句型。让我们用本单元的一个例子来说明正式文本中是否应该转换句型这个问题：

Infrastructure investments structured as mergers, acquisitions, or asset sales may require a competition review conducted by the U.S. Federal Trade Commission (FTC) and the Department of Justice (DOJ). U.S. antitrust laws prohibit acquisitions of interests or assets of a party engaged in interstate commerce where the "effect of such acquisition may be substantially to lessen competition" in a relevant U.S. product market.

如果要以合并、收购或出售资产形式这种方式在基础建设方面进行投资，投资方可能需要通过美国联邦贸易委员会（FTC）和司法部（DOJ）的竞争审查。根据反托拉斯法的规定，如果被收购方从事州际商务，并且在相关美国产品市场中"收购可能导致竞争大幅度减少"，则禁止收购标的公司的股权或资产。

看译文就会发现译文中是两句话，分别有两个"如果"引导的从句，但是细看原文，会发现英文也是两句话，但根本没有连接词if这个词。也就是说，译者改变了原文的句型。用了两个"如果"后的译文并没影响译文的意思，是个可接受的译文。但是我们还应该进一步看看这两个"如果"是不是都非得用。

第一个"如果"其实可用可不用，如参考译文不用"如果"就完全可以接受，甚至更好（以合并、收购或出售资产形式进行的基础设施投资可能需要通过美国联邦贸易委员会和司法部的竞争审查）。第二个"如果"情况略有不同，不用"如果"会很困难。就算勉强译成一句，译文肯定会露出修饰语冗长，行文不自然的痕迹。而将主语变成状语（根据反托拉斯法的规定），然后再加上一个"如果"引导的假设从句，行文不自然的缺点就消失了（根据反托拉斯法的规定，如果被收购方从事州际商务，并且在相关美国产品市场中"收购可能导致竞争大幅度减少"，则禁止收购标的公司的股权或资产）。上面译文中的第一个"如果"从句，其实就没有必要用，因为按照原文的结构完全可以接受，参考译文就没有用。

　　翻译正式文本时，我们不反对句型转换，但建议谨慎考虑。上面的第二个例子之所以转换，是因为不改变会严重影响中文的可接受性。在有些正式文本中，特别是法律条约等非常重要的文本中，为了最大程度保证语义不走样，译者往往尽量不变换句型，以避免语义失真的潜在可能，结果句子就很别扭。

54 A Protocol (1)

▶ 原文

The Department of XXX of the United States of America and the Ministry of YYY of the People's Republic of China (hereinafter referred to as the Parties), in accordance with and subject to the Agreement between the Government of the United States of America and the Government of the People's Republic of China on Cooperation in Science and Technology, signed in Washington, D. C. on January 31, 1979, as extended and amended, for the purpose of promoting cooperation and collaboration in the field of agriculture science and technology, have agreed as follows:

ARTICLE I
Purpose of Cooperation

The Parties agree to cooperate with each other in the field of agriculture science and technology on the basis of reciprocity and mutual benefit.

The Parties agree the purposes of this Protocol is as follows:

1. to increase contact and collaboration among agricultural scientists and institutions of agricultural research and development between the two countries;
2. to provide agricultural researchers and institutions with opportunities to exchange information, ideas, skills and techniques;
3. to enhance opportunities to collaborate in solving problems of common interest relating to agriculture;
4. to utilize special agricultural and development facilities for agricultural research.

✎ 批改

为促进农业科学~~和~~技术领域~~的~~合作[1]，根据并遵照[2]1979年1月31日在华盛顿~~特~~区签署的《美利坚合众国政府和中华人民共和国政府科学技术合作协定》和修订并~~扩展~~延长的补充文件[3]，美利坚合众国YYY部和中华人民共和国XXX部（以下简称双方）~~同意~~达成协议如下：

~~条款~~第一条
合作目的

双方同意遵照互惠互利原则[4]在农业科学和技术领域相互合作。

双方同意本议定书的目的如下：
1. 增加两国农业研究和开发~~展~~领域~~的~~农业科学家（间）和科研机构间的接触与协作[5]；
2. 提供农业研究人员和科研机构机会，以便交流信息、思想、技能和技术；
3. ~~增进~~加强合作解决共同~~感~~关注~~兴趣~~[6]的农业问题的机会；
4. 利用特殊的农业和开发~~展~~设施进行农业研究。

A Protocol (1)

> **文本定位**
>
> 这是一个非常正式的议定书，而且参与双方的级别非常高，所以是个硬文本。文中有些地方的说法系法律用语或其他正式的说法，结果翻译的时候就需要按照一般的常规译法处理，不应凭自己喜好翻译。译文须符合汉语规范，但是译法不宜过度灵活。

⊛ 点 评

1 正式协议书、议定书、合同文本一般都不会把很后面的文字放到最前面，把原文相关签约组织的名称放到很后面。这一点请参看本单元短文。另外，在这个短语中的 cooperation and collaboration 是很接近的词，翻译时注意。一般来说，cooperation 是合作，而 collaboration 是协作。它们之间的区别会很复杂，大家可以在网上找一下相关定义。但是在正式文本（如法律）中，这两个词往往用在一起，有时并没有大区别，是一种法律写作的行文习惯，比如本议定书中，就可以看到这两个词交替使用（在同一语境中一会儿用"合作"，一会儿用"协作"）。法律文本中经常见到这种近义词并用的情况，如 terms and conditions, rent or lease 等。为了保险起见，可翻译成"合作和协作"。

2 这里的 in accordance with and subject to 和上面谈到的 cooperation and collaboration 性质是一样的，前者一般翻译成"根据"，后者在不同语境中有不同的译法，但基本意思就是 to 后面的词是需要遵从的对象，比如 subject to GATT disciplines 就是关贸总协定原则是必须遵照的。所以，此处翻译成"根据并遵照"是可以的。但是我们仍然不能忘记，这类成对词的使用常是习惯使然，而非刻意选择。早期的法律工作者为了天衣无缝，放了一个词后，怕没有说全，就再放一个，以便万无一失，甚至用三个（Bankruptcy, liquidation, winding up）。后来的法律文本写作者就根据这种习惯，顺势写下来，自己并没有想多少，因此我们常常可以见到格式化的法律文本在网上供大家使用，你可以拿来就用，把信息填进去。建议翻译这类词组时，遵照目前大家常用的译法，但是如两个词之间无大区别，合并也是一个选项。本例为保险起见，可翻译成"根据并遵照"。

3 就意义来说，"修订并延长的补充文件"并不错，也就是说，要遵照的除了1979年两国签署的协议外，还要遵照那之后修改并延长的补充条文。但问题是原文并没有将那些后来补充的内容当作另外一个主体，而仅仅是协议的一部分，严格地说甚至不构成协议的一部分，因为被修改被延长的就是协议本身。换句话说，遵照的主体只有一个，那就是1979年签署的协议。 所以译者唯一的译法就是把这部分放到前面，作为协议的修饰成分（根据1979年1月31日在华盛顿特区签署，后经修订和延长的《……协议》）。这样句子当然就很长，但是这里准确性要高于可读性。议定书等正式文本不是用来欣赏的，而是用来规范人的。译文必须要达到汉语的基本语言标准，但在准确性受到影响时，译者应该考虑放弃些许可读性。

4 介词短语 on the basis of 一般翻译成"在……基础上""基于……",这样和原文的意象接近。其实这个短语给你一个清晰的图像,互惠互利就像是一个建筑的基础,我们在这个上面展开合作。而"根据……原则"的意思是"互惠互利"是一个我们必须遵从的东西,完全不同的图像,意思虽然不能说大相径庭,但还是很不一样。

5 此处原文用了 collaboration,但是本段的标题显然是 Cooperation,可见原文没有统一起来,也许是作者失误,所以此处翻译成"合作"应无问题。

6 这里将 interest 翻译成"兴趣"似乎不很合适。鉴于这个词在本文中多次出现,我们将在下一单元的短文中集中讨论。

参考译文

中华人民共和国YYY部和美利坚合众国XXX部(以下简称"双方"),根据并遵照1979年1月31日在华盛顿特区签订,并经修订和延长的《中华人民共和国政府和美利坚合众国政府科学技术合作协定》,为促进两国在农业科学技术领域的合作与协作,达成协议如下:

第一条 合作目的

双方同意在互惠互利的基础上,在农业科学技术领域相互合作。

双方同意本议定书的目的如下:

1. 加强两国农业研究和开发领域的农业科学家和科研机构间的接触与协作;
2. 为两国农业研究人员和科研机构提供交流信息、想法、技能和技术的机会;
3. 增加解决双方共同关注的农业问题的机会;
4. 利用专门的农业和开发设施进行农业研究。

短文

翻译议定书等正式文本的注意事项

本单元和另外两个有关世贸组织的单元都是相当正式的文本,译者在翻译时不宜过度发挥,原文的词义比较清晰,可供译者自由解释的余地不大,情感因素基本排除在外,逻辑关系相当严密。也就是说,这些文本是典型的"硬"文本,有别于本书第一部分的"软"文本,甚至与我们翻译过的"谅解备忘录"都不同,后者虽然也有法律特征,但正式程度还没有现在这篇高,说得形象些还不够"硬"。这篇由于比较"硬",相当正式,所以翻译时规矩就更多些。

比如第一段，上面的译文将"为促进……合作，根据……《……协议》"放到句子前面，觉得这部分放在前面后面似乎都不影响意思。但是正式的议定书一般不宜这么变换结构。相反，有经验的译者会完全按照原文的顺序翻译，即"YYY部和XXX部，根据……《协议》，为促进……合作，达成协议如下"。之所以可按原文语序，是因为按原文语序并不影响汉语的表达，汉语完全可以接受这种安排。但在变换语序后，原文正式文本的特征就大打折扣。试想，原文以两个国家部委的全称出现，给人一种非常庄重的感觉，若译文以"为了……合作"开头，那种庄重的气氛就没有了。此处要注意，原文都用全称，所以不要用"中美两国"之类的译法，而应该译成"中华人民共和国""美利坚合众国"。我们在上面的点评中建议的一些译法以及下个单元中的一些明确规定的译法，其实也和正式文本有关，如清楚交待某些词的处理原则（cooperation and collaboration），都是因为特殊的语境才再三叮嘱、详细说明。若是在一般的软文本中，我们未必需要这样规范，因为那种情况下，决策的依据往往在译者自己（choices made from within），而不是像这些正式文本那样，有些词或表达法的译法要看别人怎么翻译（choices made from without），因为已经有了常规译法。

另外还需要说明的是两个签约组织的前后安排。细心的读者也许看到英文美国在先中国在后的秩序在参考译文中换成了中国在先美国在后。但在我们看过的不少合同协议翻译中，译者并没有作这样的调换。这主要是因为签约双方都有同样的地位，两个文本的法律效力相同。两个文本意在取得同样的地位、同样的分量，那么不调换的话，分量就不同了。这在高层政府间协议、合约等文件的翻译中常可看到。在商界一般情况下，如果界定成翻译而不是具有相同效力的平行文本，那么译者并不这么做。这种情况下，我们常看到的一种现象是，译文的后面有时会附带说明，如"如有分歧，请参照英文原文"之类的文字，说明译文的地位并不和原文一样。

最后，我们也许已经意识到，这类议定书等正式文本的翻译，译者往往非常依靠语法分析。比如第一段的文字仅仅一句话，到底整句是什么意思，各部分之间的关系是什么？不用语法分析清楚是无法翻译的。比如有人分析错误，就得出这样的结果：

"美利坚合众国YYY部和中国华人民共和国XXX部，为促进农业科学和技术领域的合作，在1979年1月31日在华盛顿特区签订了《美利坚合众国政府和中华人民共和国政府科学技术合作协定》，后来又做了修订并延长，根据这个协议，现在达成协议如下。"

若不看原文，看上去也通顺，但是意思和原文却相差十万八千里。根据语法分析，我们知道这个句子的主要框架是The two departments have agreed as follows，其他的都是修饰这个主干的，即According to the 1979 agreement, and for the purpose of cooperation, the two department have agreed as follows。至于as extended and amended，就是指the Agreement which was extended and amended。**这个过程基本就是语言的逻辑分析过程，句子各部分修饰被修饰的关系必须非常严密地搭建起来。这种"硬"文本翻译的思维过程和翻译"软"文本的过程当然非常不同。**

55 A Protocol (2)

原文

ARTICLE II
Areas and Scope of Cooperation

Specific areas of cooperation may include, but are not limited to, such areas of mutual interest as:

1. agricultural biotechnology;
2. agricultural environments;
3. dairy production;
4. food safety;
5. agricultural products processing; and
6. water-saving agricultural technology.

To generate broad interest and increased activities, the Parties shall, by mutual agreement, involve other interested government agencies, scientific and business communities, and private sectors of both countries in cooperative programs and exchanges in implementation of this Protocol. The Parties shall, by mutual agreement, encourage and facilitate direct contacts between these groups to work toward long-term cooperation in programs of research, extension, and training, and to identify potential joint ventures in agribusiness.

ARTICLE III
Implementing Arrangements

Joint activities shall be established and implemented pursuant to this Protocol. All cooperative activities shall be mutually agreed by the Parties and shall be described in and subject to individual plans of work delineating arrangements between participants that are specific for each activity.

批改

~~条款~~第二条
合作领域和范围

具体的合作领域可包括~~（但不限于）~~[1]如下有共同利益[2]的领域：

1. 农业生物技术；
2. 农业环境；
3. 乳制品生产；
4. 食品安全；
5. 农产品加工；以及
6. 节水农业技术。

为~~产生~~激发广泛兴趣~~和~~并促成更多活动[3]，在执行本议定书时，双方~~可通过协商~~应按照协议[4]，在合作项目和交流中吸收两国其他~~感兴趣的~~政府机构、科学~~团体~~和商业团体及私营部门[5]。双方~~可通过协商~~应按照协议，鼓励并促进这些团体~~努力~~实现研究、推广和培训项目的长期合作，并确定潜在的农商企业合资经营项目。

~~条款~~第三条[6]
实施安排

以本议定书为指导，建立、实施合作活动[7]。所有联合行动须经双方一致同意，并根据活动参加方各自的工作安排来进行具体描述和实施[8]。

⭐ 点 评

1 这个 include, but are not limited to 已经成为法律文本中反复出现的套语，是律师保护自己的手段，目的是留有余地。汉语基本已经有固定译法（包括但不限于），而且常常中间不加逗号。

2 这里的 interest 和上面出现的 common interest 是否都翻译成"关注"？见本单元短文。

3 在 generate broad interest and increased activities 中又有一个 interest, 是否和上面的一样？见本单元短文。另外，这部分能否翻译成"为产生广泛的兴趣与更多的活动"？ 其实即便是这种"硬"文本，仍然需要符合汉语最基本的规则。我们会说"产生兴趣"，但一般不用"产生活动"，所以是否需要用不同的动词？ generate 是表示把原来没有的东西弄出来，这里似可用两个动词，如"激发人的兴趣，促成各种活动"。

4 此处 by mutual agreement 中的 agreement 不是已存在的协议，而是动作，即 agreeing 的意思。如果是现存的协议，应该有冠词（the agreement）。"按照协议"应该是 According to，但是这里是 by，应该译成"通过协商"。最后，文中的 shall 翻译成"应"似可商榷。一般情况下，shall 确实应该翻译成"应"，这点不应有异议，因为 shall 确实带有一定程度的强制性。如果说 you must go，说明有责任或义务需要去，但法律文本中的 shall，和 must 一样也有强制性，表示有一定责任或义务，你应该去。然而如果用 may，你就没有责任或义务，没有强制性。在本文中，下面邀请参加的单位和个人都不受本议定书的约束，所以应该没有责任必须去邀请他们。相反，应该是给双方的一种选择，不应该有强制性。所以此处翻译成"可"要比"应"更合适。这个在法律文本中常出现，明明写着 shall，但却没有"应该"的意思，究其原因，可能是使用不够确切。有些法律研究学者认为 shall 在此类情况下属于滥用。参见李克兴《法律翻译理论与实践》（115～116页）。美国最高法院大法官金斯伯格就说过下面的话：Though *shall* generally means *must*, legal writers sometimes use, or misuse, *shall* to mean *should*, *will* or even *may*。有的法学专家就认为，当你把 by mutual agreement 放在这里，实际已经没有了强制性，因为是协商的。

5 involved A in B 这个结构可以译成"吸收 A 参与 B 的活动"。此处就是"吸收其他政府机构……参加……合作项目"。译文翻译成"在合作和交流项目中，吸收其他政府机构……"，应该也可以。另外，这句中的 sector 在很多场合都译成"部门"，但有时"部门"很别扭，容易和"人事部门"中的"部门"混起来，所以译者可根据具体情况，选用其他词，如"领域""行业"。

6 法律文本中的 article 一般翻译成"条"，这个基本被广泛接受。译者不能仅看一本词典，而要熟悉法律界常用的译法。像 Article, section, subsection, paragraph, subparagraph, item

这样的词往往都有常用的译法，并不能随心所欲地查查词典就翻译，必须要了解这些词在相同语境中广为接受的译法。汉语从大到小依次是"条、款、项、目"，英文与它们对应的是什么词会因语境不同而异。译者要做些研究，不宜自作主张。

7 Joint activities shall be established and implemented pursuant to this Protocol 这句有些同学翻译成"合作活动应根据本议定书建立并实施"，但汉语"建立活动"很别扭。所以为了照顾到搭配，就需要考虑换一个动词或想其他办法。如果换成"开展活动"，汉语是没有搭配问题了，但是 establish 这个词一般不译成"开展"。所以译者可以想其他办法，如改主语，以求搭配合理，比如可以说"建立合作活动项目"，"项目"和"建立"就没有搭配问题。上面这个译文还有一个小问题，pursuant to this Protocol 这个介词短语最好不要用"以……为指导"，尽管意思差不多。一般经常用"根据"来翻译这个短语。

8 这句很长，译者应该考虑分开两句处理。正确的判断是，在 plans of work 和 delineating arrangements between... 之间切分。另外,shall be described in and subject to 也要分开处理，先说在工作计划中应有所描述，然后再说要遵照工作计划来做。只有这样切分句子，译文才能读起来不别扭。如"所有合作活动均应由双方协商同意，载入工作计划并遵照执行。工作计划……"。

参考译文

第二条　合作领域和范围
具体合作领域可包括但不限于如下双方共同感兴趣的领域：
1. 农业生物技术；
2. 农业环境；
3. 乳制品生产；
4. 食品安全；
5. 农产品加工；以及
6. 节水农业技术。

为激发广泛的兴趣并促成更多的活动，经协商同意，双方可吸收两国其他感兴趣的政府机构、科学和商业团体及私营部门参加有关本议定书的合作和交流项目。经协商同意，双方应鼓励并促进这些团体间的接触，以实现在研究、推广和培训项目上的长期合作，并确定农商企业方面潜在的合资项目。

第三条　实施安排
应根据本议定书建立并实施合作活动项目。所有合作活动均应经双方协商同意，写入工作计划并遵照执行。工作计划详细说明双方参与者在每一具体活动中的安排。

短文

Interest一词的意思和翻译

一提到interest这个词，我们的头脑中就会出现两个与之对应的中文词：兴趣和利益。确实，在大部分情况下，用这两个词来翻译interest都正确，但是interest未必只用这两个词翻译，而且即便是用这两个词中的一个，那又该如何取舍呢？所以，我们应该对这个词在不同语境中的语义做一下全面扫描。

查Cobuild Dictionary，我们可以找到十个不同语境中的定义。为了叙述简便起见，可将该词的语义覆盖领域看作一个连续体（continuum），在这个连续体的左端是一些生活中普通的爱好或关注，如have interest in poetry, Indian food, Peking opera等都属于这类，常可译成"兴趣"；而在这个连续体的右端是一些以利益为基础的关注，如have interests in a company 等属于这类，也就是说，这时该词接近vested interest，有时可译成"利益"。但实际的情况却不只有这两种。换句话说，在这个连续体的两极之间，会有不少其他可能性。这时我们就有必要靠语境寻找最佳答案，怪不得在《英汉大词典》中便有了兴趣、兴味、关注、爱好、利益、私利、福利、利害关系、权益等多种译法，而我们却仅仅记得最典型的两个译法。语境是关键，空谈无益处，所以让我们先来看看我们这两个单元中的interest到底是什么意思：

1. to enhance opportunities to collaborate in solving problems of common interest relating to agriculture
2. Specific areas of cooperation may include, but are not limited to, such areas of mutual interest.
3. To generate broad interest and increased activities, the Parties shall, by mutual agreement, involve other interested government agencies.

第一个例子中的common interest被译成"共同感兴趣的问题"，但是英文中的problem显然不是什么好的事情，正因为是问题，所以才要去解决它。"感兴趣"一般是指正面的东西，比如我们对开奔驰车感兴趣，有兴趣看场电影。对让人头疼的问题怎么会感兴趣呢？所以，这里的interest翻译成"兴趣"就不是很好的选择。尽管这个词确实表示这个问题都牵涉到双方的利害关系，但是译成"共同利益"太强烈。所以选择介于"兴趣"和"利益"之间的"关注"似乎更妥当（共同关注的问题）。第二个例子areas of mutual interest比较模糊，这里指的具体合作领域就是"农业生物技术""农业环境""乳制品生产"等，都是双方能达成一致意见，共同感兴趣，双方都有利益可图，因此双方都关注的领域。你看"兴趣""利益""关注"都能靠点边儿。其实你查一些官方网站就能发现下面的说法，这些可能都可追溯到areas of mutual interest，可见这个词组的译法是何等不统一：

1. 双方有共同利益的领域
2. 双方感兴趣的领域
3. 共同关心的领域
4. 共同感兴趣领域
5. 共同感兴趣的各个领域

  利益是以自己得失为基础的，但是这里在营造合作机会，所以mutual interest还是用"共同感兴趣""共同关注"来翻译更合适。第三个例子中有两处出现interest (broad interest和interested government agencies)，该词在上述两处应该是同样的意思，即如果前面的是什么意思，第二个也应该是同样的意思，因为说的是一回事儿。本句是在说签署议定书的双方可以让双方之外的机构参与其中，但这是一个鼓励参与的过程，没有义务，你有兴趣你就参加。尽管我们也可以说，签约双方也可以利诱人，但在这种通过协商鼓励人参与的语境中，"兴趣"似乎更合适。

  有的学生说，何必那么麻烦，一般当复数用时是"利益"，当单数用时是"兴趣"。但是这条定律也靠不住，你看这句：our hopes are set on inaccessible El Dorado; we come to an end of nothing here below. Interests are only plucked up to sow themselves again, like mustard，其中的interests就是复数，但显然这里主要不是以得失为基础的"利益"，更强调希望、兴趣、兴致等。

  所以每次见到interest这个词最好还是按照语境分析一下其含义，然后再翻译。翻译时也不要只在"兴趣"和"利益"之间选择，要记住《英汉大词典》中可供选择的词有七八个。最后，还有必要顺从目前已经流行的译法，比如外交部、联合国等权威机构有时会有约定俗成的译法，这些译法未必就一定正确，但若目前已经广为采用，译者也不妨跟着用，语言的演化进步是一个缓慢的过程。

附录：补充练习

补充练习没有分类，目的就是鼓励读者自己根据书中介定的分类标准，自己将文本定位，但下列练习包括本书中提到的各类文本。大部分文本均可在网上找到全文，翻译时可参照全文，以获得相关的语境。

1. There was a day a few weeks ago when I found my 2½-year-old son sitting on our building doorstep, waiting for me to come home. He spotted me as I was rounding the corner, and the scene that followed was one of inexpressible loveliness, right out of the movie I'd played to myself before actually having a child, with him popping out of his babysitter's arms and barreling down the street to greet me. This happy moment, though, was about to be cut short, and in retrospect felt more like a tranquil lull in a slasher film. When I opened our apartment door, I discovered that my son had broken part of the wooden parking garage I'd spent about an hour assembling that morning. This wouldn't have been a problem per se, except that as I attempted to fix it, he grew impatient and began throwing its various parts at the walls, with one plank very narrowly missing my eye. I recited the rules of the house (no throwing, no hitting). He picked up another large wooden plank. I ducked. He reached for the screwdriver. The scene ended with a time-out in his crib.　(From "All Joy and No Fun", *New York Magazine*)

原文文本定位：_____
翻译目的假设：_____
制定翻译策略：_____
提供中文译文：_____

2. This month, we Americans confront our fears, or in any event our relationship to our fears. Most of us—82 percent—say we agree with F.D.R. that we have nothing to fear but fear itself. But to that, many women add "walking alone at night on a city street," and many men mention "being stopped for a traffic violation." (Sorry, a traffic violation? Authority issues, anyone?)

　　Some interesting political differences: Democrats seem to fault fear, Republicans to harness it. Democrats say that fear is the emotion that has caused the most harm in the world, edging out anger; Republicans, by a two-to-one margin, say anger rather than fear is to blame. But even though two-thirds of Americans feel the U.S. would be more secure if it were loved rather than feared, Republicans found more safety in being feared, by 50 percent to 47 percent. (Democrats overwhelmingly chose the love-us route to national security.) We are consistent across the political spectrum when it comes to what's most likely to end humanity: nuclear war is the top vote-getter, with liberals, moderates, and conservatives within just three percentage points of one another. Consensus at last! (From "What Are Americans Most Afraid Of?", *Vanity Fair*)

原文文本定位：_____
翻译目的假设：_____
制定翻译策略：_____
提供中文译文：_____

3. The voters are furious at "Washington," as they demonstrated once again in the recent midterm elections. It's almost a tautology by now: People hate "Washington" because "Washington" has come to mean everything they hate. Washington is not the Lincoln Memorial or the Smithsonian. It's the bitterness of the debate, the ugliness of the rhetoric, the stupidity of the political ads on television.

Of course, as many have pointed out, the bitterness, ugliness, and stupidity wouldn't exist if the voters didn't respond to them. And the bitterness, ugliness, and stupidity seem slightly, shall we say, unhinged from any particular complaint about what the government does and does not do. Americans have turned all their substantive complaints into one big procedural complaint: Washington (or Obama, or Congress) spends too much time bickering. But it takes two not to bicker. People bicker because they disagree, and the voters themselves are the ones who decide how much bickering they want. The politicians don't bicker for exercise. They do it to please the voters, who have offered no sign that they are willing to give in on issues that are important to them in order to reduce the bickering. (From "The Anger Games", *Vanity Fair*)

原文文本定位：_____
翻译目的假设：_____
制定翻译策略：_____
提供中文译文：_____

4. While direct gene transfer is still a relatively new approach, many concerns arising from its use may be addressed with the "benchmark" of conventionally bred varieties, as we have the accumulated experience and knowledge with the latter for more than a century. While it seems logical to express a concern such as "I don't know what I am eating with GM foods!" it must be remembered that we really never had that information before with classically bred crops. With GM crops, at least we

附录：补充练习

know what new genetic material is being introduced, so we can test for predictable and even many unpredictable effects. Consider, for example, how conventional plant breeders would develop a disease-resistant tomato. They would introduce chromosome fragments from its wild relative to add a gene for disease resistance. In the process, hundreds of unknown and unwanted genes would also be introduced, with the risk that some of them could encode toxins or allergens, armaments that wild plants deploy to survive. Yet we never routinely tested most conventionally bred varieties for food safety or environmental risk factors, and they were not subject to any regulatory oversight. We have always lived with food risks, but in the last few decades we have become increasingly more adept at asking questions. (From "The Genetically Modified Crop Debate", *Plant Physiology*)

原文文本定位：_____
翻译目的假设：_____
制定翻译策略：_____
提供中文译文：_____

5. Su Tungpo, therefore, ranks as a major poet and prose writer of China. In addition he was a painter and calligraphist of the first order, a distinguished conversationalist, a great traveller. Quick to comprehend Buddhist philosophy, he constantly associated with monks, and was the first poet to inject Buddhist philosophy into Confucianist poetry. He made a good guess that the dark spots on the moon were the shadows of mountains. He pioneered in a new school of painting, the "scholar painting" which makes Chinese art unique. He opened up lakes and canals, fought floods, built dams. He picked his own herbs and was a recognized authority in medicine. He dabbled in alchemy and was interested almost to his last days in his search for the elixir of immortality. He pleaded with the gods and argued with the devil—and sometimes won. He wanted to wrest the secrets of the universe, was half defeated, and died with a laugh. (From "The Gay Genius", *By Lin Yutang*)

原文文本定位：_____
翻译目的假设：_____
制定翻译策略：_____
提供中文译文：_____

6. Immersing myself in a book or a lengthy article used to be easy. My mind would get caught up in the narrative or the turns of the argument, and I'd spend hours strolling through long stretches of prose. That's rarely the case anymore. Now my concentration often starts to drift after two or three pages. I get fidgety, lose the thread, begin looking for something else to do. I feel as if I'm always

dragging my wayward brain back to the text. The deep reading that used to come naturally has become a struggle.

Sound familiar? Describing, in The Atlantic Monthly, his own struggles to keep his attention span from contracting like the wild ass's skin in Balzac's novel, Nicholas Carr cites a British study of research habits among visitors to two serious scholarly websites which suggests a more general problem: that "users are not reading online in the traditional sense; indeed there are signs that new forms of 'reading' are emerging as users 'power browse' horizontally through titles, contents pages and abstracts going for quick wins. It almost seems that they go online to avoid reading in the traditional sense." (From "Is Google Making Us Stupid?", *The Atlantic*)

原文文本定位：＿＿＿＿＿＿＿＿＿＿＿＿＿＿＿＿＿＿＿＿＿＿＿＿＿＿＿＿＿＿＿＿
翻译目的假设：＿＿＿＿＿＿＿＿＿＿＿＿＿＿＿＿＿＿＿＿＿＿＿＿＿＿＿＿＿＿＿＿
制定翻译策略：＿＿＿＿＿＿＿＿＿＿＿＿＿＿＿＿＿＿＿＿＿＿＿＿＿＿＿＿＿＿＿＿
提供中文译文：＿＿＿＿＿＿＿＿＿＿＿＿＿＿＿＿＿＿＿＿＿＿＿＿＿＿＿＿＿＿＿＿

7. In March 2003, a somewhat unusual news report out of New York caught the attention of people in China and elsewhere who keep an eye on the world of international finance. John Thornton, President of Goldman Sachs, one of the most influential figures on Wall Street, and a personal advisor to business and government leaders across the globe, was at the age of 49 retiring from the famous investment bank and moving to Beijing to become a teacher. If true, it would undoubtedly be the first time that someone of Mr. Thornton's stature had done such a radical thing. Some suspected that the real purpose of the announcement was to provide a cover story while Mr. Thornton went to China and quietly pursued the sorts of mega-deals that had distinguished his entire career. Such cynics would be proven wrong. What was clear, however, was that this was no ordinary news—and no ordinary man.

原文文本定位：＿＿＿＿＿＿＿＿＿＿＿＿＿＿＿＿＿＿＿＿＿＿＿＿＿＿＿＿＿＿＿＿
翻译目的假设：＿＿＿＿＿＿＿＿＿＿＿＿＿＿＿＿＿＿＿＿＿＿＿＿＿＿＿＿＿＿＿＿
制定翻译策略：＿＿＿＿＿＿＿＿＿＿＿＿＿＿＿＿＿＿＿＿＿＿＿＿＿＿＿＿＿＿＿＿
提供中文译文：＿＿＿＿＿＿＿＿＿＿＿＿＿＿＿＿＿＿＿＿＿＿＿＿＿＿＿＿＿＿＿＿

8. Promoting the rule of law at the national and international levels is at the heart of the United Nations' mission. Establishing respect for the rule of law is fundamental to achieving a durable peace in the aftermath of conflict, to the effective protection of human rights, and to sustained economic progress and development. The principle that everyone—from the individual right up to the State itself—is accountable to laws that are publicly promulgated, equally enforced and independently

adjudicated, is a fundamental concept which drives much of the United Nations work.

The principle of the rule of law embedded in the Charter of the United Nations encompasses elements relevant to the conduct of State to State relations. The main United Nations organs, including the General Assembly and the Security Council, have essential roles in this regard, which are derived from and require action in accordance with the provisions of the Charter. (From a UN document)

原文文本定位：_____
翻译目的假设：_____
制定翻译策略：_____
提供中文译文：_____

9. Transport infrastructure in the United States is owned and operated by a mix of private and public sector entities. Some modes, like highways and mass transit, are primarily operated by state and local governments, and they are financed by a combination of state funds, local funds, and user fees. Other modes—like passenger rail (Amtrak), airports, and seaports—rely on a combination of private and public financing.

We project 2013–2030 capital investment needs in transport infrastructure of $2.9 trillion, with an annual average of $163 billion. More than half of this investment will be required to meet highway and bridge capacity needs.

Capital investment needs for highways and bridges, mass transit, airports, freight rail, passenger rail, ports, and the U.S. inland waterways system were considered for this analysis. Because maintenance, financing, operation, and development of these modes are shared between the private and public sector—and federal and state authorities—aggregating total funding needs requires compiling data from varied sources and extrapolating investment demand when data are not available. (From The US Chamber of Commerce website)

原文文本定位：_____
翻译目的假设：_____
制定翻译策略：_____
提供中文译文：_____

10. The autumn leaves blew over the moonlit pavement in such a way as to make the girl who was moving there seem fixed to a sliding walk, letting the motion of the wind and the leaves carry her forward. Her head was half bent to watch her shoes stir the circling leaves. Her face was slender and milk white, and in it was a kind of gentle hunger that touched over everything with tireless curiosity. It was a look, almost, of pale surprise, the dark eyes were so fixed to the world that no move escaped

them. Her dress was white and it whispered. He almost thought he heard the motion of her hands as she walked, and the infinitely small sound now, the white stir of her face turning when she discovered she was a moment away from a man who stood in the middle of the pavement waiting. (From *Fahrenheit* 451)

原文文本定位：_____
翻译目的假设：_____
制定翻译策略：_____
提供中文译文：_____